DU

DROIT A L'OISIVETÉ

ET DE

L'ORGANISATION DU TRAVAIL SERVILE

DANS LES

RÉPUBLIQUES GRECQUES ET ROMAINE,

PAR

L.-M. MOREAU-CHRISTOPHE.

PARIS

CHEZ GUILLAUMIN ET Cᵉ, LIBRAIRES,

Éditeurs du Dictionnaire du Commerce et des Marchandises, de la Collection des principaux Économistes, etc,

RUE RICHELIEU, 14.

1849

THE BUSINESS HISTORICAL
SOCIETY INC.

DU

DROIT A L'OISIVETÉ

DANS LES

RÉPUBLIQUES GRECQUES ET ROMAINE.

Imprimerie de HENNUYER et Cᵉ, rue Lemercier, 24. Batignolles.

A MES AMIS

G. DE BEAUMONT ET A. DE TOCQUEVILLE,

CE PASSE-TEMPS

DE MON OISIVETÉ LABORIEUSE,

EN TÉMOIGNAGE

DE MA VIVE ET RECONNAISSANTE AFFECTION.

MOREAU-CHRISTOPHE.

Paris. *Villa Frochot,* 1er octobre 1849.

INTRODUCTION.

———

Le travail n'occupait pas, dans les institutions sociales des anciens, la place économique qu'il occupe
dans nos sociétés modernes.

Chez les modernes, le travail est l'étoffe dont la vie
est faite; c'est le tissu cellulaire du corps social tout
entier; c'est la condition essentielle de vitalité des individus et des peuples; c'est la source éternelle et unique
d'où peuvent jaillir, à la fois, l'opulence du riche, la condition améliorée du pauvre, la prospérité des empires.
—Chez les anciens, au contraire, lé travail n'existait pas
comme élément primitif, comme élément normal de
production. C'était à peine un filon de la richesse publique; c'était, — comme moyen d'acquérir, la conquête;
— comme système d'échange, la maraude internatio-

nale ; —comme industrie, enfin, le pillage systématique à l'étranger.

Chez les modernes, le travail est le privilége de l'ouvrier libre ; — Chez les anciens, le travail était l'attribut de l'ouvrier esclave.

Chez les modernes, le travail appartient en propre à celui qui l'exerce ; — Chez les anciens, le travail n'était pas la propriété de l'ouvrier : travail et travailleur appartenaient au maître de l'un et de l'autre.

Chez les modernes, travailler est plus qu'un droit, c'est une nécessité pour quiconque ne peut vivre sans rien faire.—Chez les anciens, travailler était moins qu'un devoir ; ce n'était pas même une nécessité pour quiconque était citoyen , fût-il citoyen des plus pauvres.

Le droit *au* travail, dont l'inintelligence du mot et de la chose a fait le plus gros problème social des temps modernes, n'était donc et ne pouvait être dans la pensée de personne, dans les temps anciens.

Le droit *du* travail, problème moins ardu à résoudre , n'y était pas davantage.

L'obligation au travail, seul problème soluble , y était encore moins [1].

---

[1] Chez les païens s'entend, et, à Rome, jusqu'au deuxième siècle de l'ère chrétienne seulement. Voy. ci-après, p. 254 et suiv.

Il en était autrement du droit à l'oisiveté, dans les républiques grecques et romaine.

Ces républiques ne connaissant que deux métiers nobles et libres, l'agriculture et les armes, l'absence de toute occupation professionnelle y constituait, pour ainsi dire, l'occupation légale de l'universalité des citoyens, en ce sens que tous les citoyens avaient le droit de vivre, aux dépens du Trésor public, sans pouvoir être contraints de pourvoir eux-mêmes à leur subsistance par aucune des *sordidæ artes* qui formaient la besogne des esclaves.

Aussi, l'oisiveté, que nous appellerons citoyenne, pour dépouiller ce mot de ce que sa signification française pourrait lui donner de contraire au sens de sa signification latine, *otium*[1], et à celui d'abstention ou exemption de tout travail industriel, *labor*, et non de toute occupation sociale, *negotium*, que nous lui prêtons[2]; — l'oisiveté citoyenne, disons-nous, était soumise à des condi-

---

[1] *Otium*, loisir, n'était synonyme ni de *desidia*, paresse, ni de *segnitia*, indolence, ni de *inertia*, inertie, ni de *ignavia*, lâcheté, ni de *pigritia*, fainéantise. Tous ces mots étaient pris en mauvaise part; *otium* était seulement employé comme le contraire de *negotium* (*non otium*), occupation, affaires. Exemples : *Ut in* OTIO *esset potius quam in* NEGOTIO (Ter.); *Nostrum* OTIUM, NEGOTII *inopiá, non requiescendi studio, constitutum est* (Cic.); *Clarorum virorum non minus* OTII, *quam* NEGOTII *rationem extare oportet* (Id.).

[2] Le mot *negotium* s'appliquait aux occupations, aux affaires de la cité, de l'État; le mot *labor* au travail de l'atelier, de la boutique.

.tions d'être et de réglementation qui faisaient de son exercice une sorte de droit constitutionnel entièrement inconnu dans nos républiques laborieuses.

Quant au travail manuel proprement dit, bien que sa nature servile le différenciât essentiellement du nôtre, il n'en était pas moins soumis, comme le droit à l'oisiveté, à des lois d'organisation disciplinaire qui, sans faire de son exercice le fondement d'aucun droit, ont fait de ses errements les errements constitutifs du travail libre, dans nos sociétés modernes.

Sous ce rapport, l'organisation du travail servile et de l'oisiveté citoyenne, chez les anciens, offre, aux investigations de la science économique, une mine précieuse de rapprochements curieux à faire et d'enseignements utiles à en tirer.

Cette organisation, personne, que je sache, n'a encore songé à se mettre en peine d'en rechercher, d'en recueillir, d'en méthodiser les éléments, épars dans les poëtes, les philosophes et les historiens de l'antiquité.

Cette tâche, je l'ai entreprise, ainsi qu'une autre non moins sérieuse commencée depuis longtemps.

Suspendue, interrompue, puis reprise à divers intervalles, pendant mes dix-huit ans de fonctions administratives, cette tâche a pu, depuis dix-huit mois, être conduite à fin, et je puis aujourd'hui en produire les premiers

essais, — grâce aux loisirs forcés auxquels m'a condamné la République :

DEUS *nobis hæc* OTIA *fecit....*

Loisirs moins provisoires, pourtant, que le DIEU qui
me les a faits...

Ce qui prouve que l'OISIVETÉ peut être bonne à quelque
chose..., alors même qu'on n'y a aucun droit.

M. C.

DU

DROIT A L'OISIVETÉ

ET DE

L'ORGANISATION DU TRAVAIL SERVILE

DANS LES

RÉPUBLIQUES GRECQUES ET ROMAINE.

PREMIÈRE PARTIE.

DROIT A L'OISIVETÉ. — SON ORGANISATION.

CHAPITRE PREMIER.

**Du droit à l'oisiveté et de la servilité du travail manuel
chez les anciens.**

Mépris des anciens pour le travail. — Partout le travail manuel est le lot de l'esclave. — Temps héroïques. — Vaine tentative de Solon pour réhabiliter le travail.—Opinion de Platon, d'Aristote, de Xénophon, de Cicéron, etc., sur l'incompatibilité du travail manuel avec les fonctions de citoyen.—Romulus ne permet aux citoyens que deux professions : l'agriculture et les armes. — Théorie du loisir. — Doctrine des sages. — La théorie devient pratique. —Cette pratique est plus qu'un fait, c'est un droit. — Droit à l'oisiveté dérivant de la Constitution, plus encore que du préjugé. — Droit dérivant encore du droit à l'assistance. — Effets de ce système pour le bien-être des masses.

Les anciens, avons-nous dit, considéraient le travail des mains comme une chose vile, et en faisaient, à ce titre, le lot exclusif de l'esclave.

Chez les Indous, notamment, le repos absolu du corps et même de l'esprit constituait le plus haut degré possible de bonheur, et, qui plus est, de sanctification ; par

1

contre, le travail manuel y était réputé la pire de toutes les conditions. Aussi, le travail le plus continu et le plus rude y fut-il toujours subi comme l'antipode du bonheur, comme le comble de la dégradation. C'est pour cela que la domesticité était si fort prisée par les esclaves indous, les-*soudras*. Le servage personnel, en effet, leur donnait moins à faire, et il jetait sur eux comme un reflet d'honneur et de distinction résultant de leur contact journalier avec les personnes de caste libre et oisive, auxquelles ils étaient attachés [1].

Ce sentiment profond de mépris et d'aversion pour tout labeur physique, pour tout travail corporel, surtout lorsqu'il s'appliquait à la production industrielle et aux métiers mécaniques, mépris reporté par l'opinion générale sur les individus, sur les familles et sur les tribus que la fatalité de la naissance y avait condamnés, passa des superstitions de l'Orient dans les préjugés des diverses nations occidentales qui occupèrent l'Europe pendant les derniers siècles de l'ère païenne:

Nomades et ne vivant que du produit de leurs troupeaux ou de brigandages; les nations scythiques étaient à peu près étrangères à l'industrie, au commerce, à l'agriculture: Simples et sauvages dans leurs mœurs, le peu de travail matériel dont elles avaient besoin était exécuté par les femmes et les esclaves [2].

Plus près de la civilisation, peut-être; quoique encore peu adonnés à la culture des terres, du temps de César [3], les Germains professaient pour le travail un profond mépris: « Ils tenaient pour honteux et lâche, dit Tacite, d'acquérir au prix de leurs sueurs ce qu'ils pouvaient

[1] Lafarelle, *Plan d'une réorganisation des classes industrielles.*
[2] Strabon, XI.
[3] Cæs.; *De bello gallico;* VI, 22.

avoir au prix de leur sang ; ne trouvant que la guerre qui fût digne d'occuper l'activité d'un homme libre ; ils consacraient le temps de la paix à la chasse, aux loisirs, au sommeil, à de longs festins ; chacun ayant alors d'autant plus de droit à l'oisiveté qu'il s'était montré plus brave à la guerre. Tous les travaux étaient abandonnés aux esclaves, sous la surveillance des femmes, des infirmes, des vieillards et d'un petit nombre d'affranchis [1] : »

Quoique plus civilisés que les Germains, les Gaulois regardaient aussi comme honteux toute espèce de travaux, même l'agriculture [2].

En Espagne, les Tartessiens, qui formaient parmi les indigènes le peuple le plus éclairé, rapportaient à leur premier législateur, Habis, la loi qui parmi eux interdisait à tous les citoyens l'exercice d'une profession laborieuse, quelle qu'elle fût, les qualifiant toutes de serviles, c'est-à-dire uniquement faites pour des esclaves [3] :

Demi-sauvages, les Lusitains et les Cantabres, placés à l'extrémité occidentale de l'Europe, comme les Scythes à son extrémité orientale, se faisant gloire, comme eux, de ne vivre que de brigandages, confiaient à leurs femmes et à leurs esclaves le peu de travaux auxquels ils avaient recours [4].

De sorte que l'on peut tenir pour vrai que, chez toutes ces nations, que les Grecs et les Romains confondaient avec mépris sous le titre de barbares, le travail, demeuré comme à son *minimum* et de puissance et de considération, était tout entier entre les mains ou des esclaves seuls, ou d'eux et des femmes à peu près traitées en esclaves [5].

[1] Tacit., *Germania*, 14, *in fin.* et 15.
[2] Cicero, *De Republica*, III, 6.
[3] Justin, XLIV, 4.
[4] *Id.*, *ibid.*, 5.
[5] De Saint-Paul, *Constitution de l'esclavage en Occident*, p. 13-15.

Placées au milieu de cette vaste enceinte de nations ennemies, la Grèce et l'Italie, plus intelligentes et plus riches qu'elles, avaient le même mépris qu'elles pour l'industrie et le travail.

« Je ne saurais affirmer, dit Hérodote, si les Grecs tiennent des Égyptiens le mépris qu'ils font du travail, parce que je trouve le même mépris établi parmi les Thraces, les Scythes, les Perses, les Lydiens; en un mot parce que, chez la plupart des barbares, ceux qui apprennent les arts mécaniques, et même leurs enfants, sont regardés comme les derniers des citoyens; au lieu qu'on estime comme les plus nobles ceux qui n'exercent aucun art mécanique. Tous les Grecs ont été élevés dans ces principes, particulièrement les Lacédémoniens[1].

A Sparte, en effet, le travail des mains était réputé contraire au dogme de la liberté, et à la condition du citoyen[2]. A Sparte, tout citoyen était soldat; la ville était un camp; le peuple une armée. Eloigné du travail par la loi elle-même, le peuple de Lycurgue ne pouvait donc qu'avoir en dédain tout ce qui ressemblait non-seulement à un métier, mais à un art quelconque[3]. Aussi méprisait-il le travail jusque dans le poëte qui l'avait chanté. Il appelait dédaigneusement Hésiode le poëte des ilotes, parce qu'Hésiode avait écrit sur l'agriculture et fait l'éloge des gens de labeur[4].

« A Sparte, dit Lantier, le travail déshonorait; on l'abandonnait aux ilotes; les femmes mêmes eussent rougi de s'occuper des travaux de leur sexe[5].

---

[1] Hérodote, t. II, p. 167., trad. de Larcher.
[2] Aristot., *De Rep.*, I, 9.
[3] Plut., *Vie de Lycurgue.*
[4] Plut., *Apophth. Lacon.*, *Cleom.*, *Anax.*, I.
[5] Lantier, *Voyage d'Anténor*, ch. LIX.

Nulle industrie, d'ailleurs, n'était nécessaire à des gens qui vivaient de brouet noir, qui s'asseyaient sur des madriers mal équarris, qui marchaient le plus souvent nu-tête et sans chaussures !... Nous ne connaissons, dit le Spartiate Damonax, ni les arts, ni le commerce, ni tous ces autres moyens de multiplier les besoins et les malheurs d'un peuple. Que ferions-nous, après tout, des richesses? Lycurgue nous les a rendues inutiles. Nous avons des cabanes, des vêtements et du pain ; nous avons du fer et des bras pour le service de la patrie ; nous avons des âmes libres, vigoureuses, incapables de supporter la tyrannie des hommes et celle de nos passions : voilà nos trésors[1]. »

Un Spartiate, à son retour d'Athènes, disait : « Je viens d'une ville où rien n'est déshonnête ». Il désignait spécialement par là les métiers et les trafics auxquels n'avaient pas honte de se livrer des citoyens[2].

A Athènes, les professions manuelles étaient aussi le partage des esclaves. Mais il y avait une certaine classe de citoyens appelés *thètes*, qui se les partageaient avec eux et les étrangers domiciliés appelés *métèques*. Cette classe de citoyens touchait aux degrés voisins de l'esclavage. C'étaient des mercenaires, hommes de peine, qui, poussés par la misère, étaient forcés de descendre, moyennant un prix de journée, jusqu'aux plus humbles professions. Plusieurs tombaient plus bas et étaient contraints d'aller partager, dans les fabriques et jusque dans les moulins, la condition des esclaves. Il y avait une place à Athènes où ils se louaient publiquement, pêle-mêle avec eux. Ils

[1] Barthélemy, *Voy. du jeune Anacharsis*, ch. XLVIII.
[2] Plut., *Apophth. Lacon.*, t. II, p. 236.

étaient aussi méprisés qu'eux, et que les métiers qu'ils exerçaient [1].

Quant aux citoyens des classes aisées, ils n'avaient d'autre profession que celle de ne rien faire; les autres vivaient aux dépens du trésor public.

« A Athènes, dit M. Biot, les citoyens étaient de véritables nobles qui ne devaient s'occuper que de la défense et de l'administration de la communauté, comme les guerriers sauvages dont ils tiraient leur origine. Devant donc être libres de tout leur temps pour veiller, par leur force intellectuelle et corporelle, aux intérêts de la république, ils chargeaient les esclaves de tout le travail. De même, à Lacédémone, les femmes mêmes ne devaient ni filer, ni tisser, pour ne pas déroger à leur noblesse ?» .

Toutefois, les temps héroïques de l'ancienne Grèce n'étaient pas aussi antipathiques au travail que le devinrent les siècles postérieurs [3].

Dans ces temps de primitive simplicité, les métiers industriels n'avaient rien de dégradant ; plusieurs même assuraient aux hommes libres qui s'y livraient la considération qu'obtiennent, de nos jours, les artistes distingués. C'étaient principalement les arts de construction, et ceux qui, par le travail, soit du bois, soit des métaux, donnaient aux palais leurs ornements, aux guerriers

---

[1] Wallon, *De l'esclavage*, part. I, ch. IV.

[2] *De l'abolition de l'esclavage ancien*, p. 10.

[3] C'est au travail qu'Hésiode a consacré son principal poëme : *Les OEuvres et les Jours.* « Le travail, dit-il, est la condition des mortels depuis que les dieux leur ont dérobé le secret d'une vie facile, et la louable émulation, qui demeure comme l'arbitre du monde, a pour objet de les y exciter. Les oisifs sont semblables aux frelons qui dévorent, sans rien faire d'eux-mêmes, le produit des abeilles. En travaillant, on devient plus cher aux immortels, car ils détestent l'oisiveté. Il y a de l'opprobre dans l'oisiveté : il n'y en a pas dans le travail. » (Hesiod., *Opera et dies*, 20 et 42, 297-309.

leurs armes les plus précieuses. Homère vante l'ouvrier habile qui fit l'arc de Pandarus [1]; il nomme celui qui forgea le bouclier d'Ajax [2], et, dans vingt autres passages, des forgerons, des tourneurs, des architectes [3]. L'architecte ou charpentier est compris, avec les médecins, les devins et les chantres inspirés des muses, parmi ceux qu'on peut admettre aux honneurs d'une hospitalité royale [4]. Entre les classes des artisans et des guerriers, il n'y avait pas de séparation absolue ; le fils de l'ouvrier qui avait construit le vaisseau de Pâris combat parmi les Troyens, et meurt, chanté par le poëte à l'égal d'un héros [5]. D'un autre côté, les héros, les dieux mêmes, ne dédaignaient point la pratique de certaines industries. Le roi d'Ithaque n'avait-il point taillé, de sa main, dans l'olivier sauvage, et revêtu d'or et d'ivoire, ce lit qui sert à le faire reconnaître de son épouse [6] ? Et Vulcain ne fut-il pas trouvé, dans ses forges, tenant lui-même ses tenailles, et couvert de sueur [7] ?

Solon voulut faire sortir, de ce sentiment des temps héroïques en faveur du travail, une institution pour son pays. Ce grand législateur conçut, en effet, et exécuta le premier la pensée d'appliquer les citoyens de l'Attique à la pratique du commerce, des arts et des professions manuelles, dans la vue d'améliorer le sort de la basse classe, et d'enrichir l'Etat par l'industrie. Pour cela, il édicta plusieurs lois contre l'oisiveté, imprimant à la paresse le stigmate de l'infamie; punissant les vagabonds et

---

[1] Homer., *Iliad.*, IV, 110.
[2] *Ibid.*, VII, 220.
[3] *Odyss.*, III, 425.—XIX, 57.
[4] *Ibid.*, XVII, 382 et suiv.
[5] *Iliad.*, V, 59-65.
[6] *Odyss.*, XXIII, 189-202.
[7] *Iliad.*, XIV, 178.— Wallon, *ubi supra.*

les fainéants, comme inutiles ou dangereux à la société ; imposant à chacun l'obligation de faire connaître ses moyens d'existence, et accordant au plus habile ouvrier dans chaque profession le privilége d'un repas gratuit au Prytanée, et celui d'une place d'honneur dans les assemblées publiques [1]. Mais cette assimilation du rien faire au malfaire, de l'oisiveté au délit, parut une idée si révolutionnaire, si hardie, si subversive de l'opinion dominante, que le conservateur Plutarque prend le soin d'en justifier son auteur [2], et que les mœurs athéniennes ne s'en montrèrent que plus antipathiques à l'exercice par les citoyens des états industriels, lesquels continuèrent à rester l'œuvre exclusive des *thètes*, des *métèques* et des *esclaves*.

Vainement Socrate tenta de réagir contre le préjugé qui frappait le travail, en demandant comment il pou-

---

[1] Samuel Petit, *Leg. attic.*, II, 6, 12. — v, 6, 1 et 6. — Boeckh., *Econ. polit. des Ath.*, I, 75.

[2] « Solon, dit-il, voyant que la plus grande partie de l'Attique était inculte et stérile, et que ceux qui faisaient le commerce sur mer n'apportaient rien aux citoyens qui n'avaient rien à leur donner en échange, exhorta les Athéniens à cultiver les manufactures et les arts, et fit une loi qui portait que *le fils ne serait pas tenu de nourrir son père, si celui-ci ne lui avait fait apprendre aucun métier.* Lycurgue, qui habitait une ville où il n'y avait aucun étranger, et un territoire si grand qu'il aurait suffi pour nourrir une fois autant d'habitants, et qui se voyait environné d'une si grande multitude d'ilotes, qu'il fallait humilier et abattre par un travail continuel, Lycurgue, dis-je, fit bien de décharger les citoyens de tous les arts *mécaniques et abjects,* et de ne les accoutumer qu'au seul exercice des armes ; mais Solon, qui devait bien plus accommoder les hommes aux choses que les choses aux hommes, et qui connaissait la nature du pays, lequel, bien loin de pouvoir fournir à la nourriture d'une population fainéante et oisive, pouvait à peine faire subsister les laboureurs, fit aussi très-sagement de relever les arts et métiers par toutes sortes d'honneurs et de priviléges, et de commettre le Sénat de l'Aréopage pour s'informer de la manière dont chacun gagnait sa vie, et pour châtier ceux qui ne faisaient rien. » (Plut., *Vie de Solon.*)

vait être honorable pour des personnes libres d'être plus inutiles que des esclaves, et pourquoi il serait moins digne et moins juste de travailler des mains que de rêver, les bras croisés, aux moyens de vivre [1]; le préjugé dominait l'opinion, et la philosophie contribuait à le propager et à le fortifier, loin de le combattre et de l'éteindre [2].

Socrate lui-même n'appliquait qu'aux femmes l'éloge qu'il faisait du travail manuel, prouvant, par la fable du chien et des brebis, que l'homme a assez, dans ce monde, de son rôle de protecteur et de gardien [3].

C'est à ce titre et sous la même figure que Platon, traçant son utopie sociale, sa république modèle, revendique pour ses guerriers et ses gouvernants le privilége de vivre aux frais des classes ouvrières, et déclare coupable de lèse-liberté tout citoyen qui aurait déshonoré ses mains en touchant un outil.

«La nature, dit Platon, n'a fait ni cordonniers ni forgerons; de pareilles occupations dégradent les gens qui les exercent; vils mercenaires, misérables sans nom, qui sont exclus, par leur état même, des droits politiques. Quant aux marchands, accoutumés à mentir et à tromper, on ne les souffrira dans la cité que comme un mal nécessaire. Le citoyen qui se sera avili par le commerce de boutique sera *poursuivi* pour ce *délit*. S'il est convaincu, il sera *condamné* à un an de prison. La punition sera doublée à chaque récidive. »

Ce mépris pour le travail était partagé par Xénophon. « Les gens, dit-il, qui se livrent aux travaux manuels ne

---

[1] Xenophon, *Memor.*, II, vii, 7, et *OEconomicon*, V,
[2] Wallon, *De l'esclavage*, t. I, ch. xii.
[3] Xenophon, *Mem.*, II, vii, 12 et seq.
[4] Platon, *Rép.*, liv. V.

sont jamais élevés aux charges, et on a bien raison. La plupart, condamnés à être assis tout le jour, quelques-uns même à éprouver un feu continuel, ne peuvent manquer d'avoir le corps altéré, et il est bien difficile que l'esprit ne s'en ressente [1]. »

La même opinion se trouve développée plus explicitement dans la *Politique* d'Aristote. Les guerriers et les gouvernants font seuls, pour lui, l'Etat politique ; et c'est avec répugnance qu'il associe à leur vie civile, mais non à leurs droits, les laboureurs, les artisans, les mercenaires [2]. Les laboureurs, il les voudrait esclaves [3]; les artisans, il les exclut du nombre des citoyens. « Jadis, dit-il, tous les ouvriers étaient ou des esclaves ou des étrangers, et, dans la plupart des Etats, il en est encore de même ; mais une bonne Constitution n'admettra jamais l'artisan parmi les citoyens. C'est en vain qu'on donne à l'artisan le nom de citoyen. La qualité de citoyen appartient, non pas à tous les hommes libres, par cela seul qu'ils sont libres ; elle n'appartient qu'à ceux qui n'ont point à travailler nécessairement pour vivre, c'est-à-dire à ceux qui ne se livrent à aucune occupation d'artisans. On appelle occupations d'artisans, celles qui sont inutiles à former le corps, l'âme ou l'esprit d'un homme libre aux actes et à la pratique de la vertu. On donne aussi le même nom à tous les métiers qui peuvent déformer le corps, et à tous les labeurs dont un salaire est le prix . » Aristote rappelle ailleurs la Constitution de Phaléas, qui asservit tous les mercenaires, et défend

[1] Xenophon, *OEconomicon*, IV et VI.
[2] Aristote, *Polit.*, IV, viii, 6.
[3] *Ibid.*, 5.
[4] *Ibid.*, V, ii, 1, — VII, ii, 2.

l'apprentissage des métiers aux jeunes citoyens [1].

Ainsi, le travail manuel est chose servile; ceux qui s'y livrent ont une existence dégradée, et, esclaves qu'ils sont par l'âme, s'ils vivent libres, ce n'est que parce que l'Etat n'est pas assez riche pour les remplacer par des esclaves, ou assez fort pour les contraindre à le devenir .

C'est d'après ces principes qu'à Thèbes on n'admettait aux priviléges de citoyen l'homme qui avait exercé une profession laborieuse, que dix ans après qu'il s'en était relevé en ne faisant rien[3], et qu'au sein de la démocratique Athènes l'orateur Diophante osa proposer un jour de déclarer esclaves publics tous les hommes libres qui s'étaient abaissés jusqu'à se faire artisans[4].

A Rome, le mépris pour le travail des mains n'était pas moindre qu'à Athènes et à Lacédémone.

Romulus, au dire de Denis d'Halicarnasse, n'avait permis que deux sortes de professions aux gens libres, l'agriculture et les armes. Toutes les autres professions manuelles étaient des arts sordides, *sordidæ artes*, et ne convenaient qu'à des esclaves[5].

Parmi les motifs que Brutus allègue pour exciter le peuple à la révolte contre Tarquin, ce qu'il reproche surtout au tyran, c'est d'avoir changé des hommes de guerre en artisans et en maçons[6].

Ce mépris des professions laborieuses fut un préjugé national, préjugé qui dura aussi longtemps que Rome

1 Aristote, *Politiq.*, II, iv, 13. — V, ii, 1.
2 *Ibid.*, III, iii, 2-3.
3 *Ibid.*, VII, iv, 5. — Wallon, *ubi supra*, t. I, ch. xii.
4 *Ibid.*, II, iv, 13. — Boeckh., *Econom. polit. des Ath.*, i, 75.
5 Dionys. Halicarn., lib. II, p. 98, lib. IX, p. 583.
6 Tit. Liv., I, 59.

vécut ; préjugé tel, que les esprits les plus éclairés ne
purent s'en affranchir. Cicéron lui-même le partagea :
« Que peut-il sortir d'honorable d'une boutique ? s'é-
criait cet orateur philosophe ; et qu'est-ce que le commerce peut produire d'honnête ? Tous les ouvriers, de
quelque métier que ce puisse être, forment une classe
abjecte, et tout ce qui s'appelle boutique est indigne d'un
honnête homme. Pour ce qui est du commerce, quand
il est exercé en grand, et pour l'approvisionnement du
pays, c'est tout au plus un métier tolérable ; exercé en
petit, ce ne peut être qu'un trafic sordide, les petits
marchands ne pouvant gagner sans mentir ; et quoi de
plus honteux que le mensonge ! Donc, on doit regarder
comme quelque chose de bas et de vil le métier de tous
ceux qui vendent leur peine et leur industrie ; car quiconque donne son travail pour de l'argent, se vend lui-
même et se met au rang des esclaves [1]. »

Je ne connais qu'une cité antique, Carthage, qui fût
fondée sur un principe différent. A Carthage, en effet,
tout au contraire de Rome, c'était la guerre qui était
laissée aux classes serviles, et le commerce et l'industrie
professionnelle qui étaient réservés aux citoyens. « Carthage, dit M. Biot, était la fille du commerce. Ses citoyens, uniquement consacrés aux affaires, ne combattaient les ennemis que par les bras des mercenaires ; à
la différence de Rome, qui n'avait pour soldats que ses
citoyens, et pour ouvriers que ses esclaves [2]. »

Donc, à part cette seule exception, en quelque temps
et en quelque lieu que se produise le travail des mains
dans l'antiquité, il est couvert du mépris public et relégué au rang des fonctions serviles.

[1] Cic., *De offic.*, I, tit. II, ch. XLII.
[2] E. Biot, *De l'esclavage ancien*, p. 38 et 39.

Par contre, le rien faire, le loisir, le passe-temps sans labeur est exalté par les philosophes anciens, à l'égal de la noblesse et de la vertu.

Aussi voyons-nous l'oisiveté citoyenne, passant de la doctrine des sages dans les pratiques populaires, devenir partout le privilége de quiconque, pauvre comme riche, portait le noble titre de citoyen.

Nous avons vu que, dans les idées religieuses de l'Indoustan, le repos absolu du corps et même de l'esprit constituait le plus haut degré possible de bonheur et de sanctification.

Platon ne comprenait pas autrement le bonheur des citoyens de sa république[1], et, comme lui, Aristote voulait que les citoyens de la sienne vécussent dans le *plus grand loisir*[2].

La raison principale qui portait Xénophon à répudier tout travail manuel comme indigne d'un citoyen, c'était que « le travail emportait tout le temps, et qu'avec lui on n'avait *nul loisir* pour la république et *les amis*[3]. »

Ce que Plutarque loue le plus dans la Constitution de Lycurgue, c'est le *grand loisir* qu'il avait fait avoir à ses concitoyens en ne permettant pas qu'ils se pussent appliquer à un métier quelconque[4].

Le mot *loisir*, appliqué ici à l'*abstention* de l'exercice d'un métier quelconque, explique suffisamment ce que j'entends par *oisiveté* et surtout par oisiveté citoyenne, la seule qui pût constituer un *droit*. C'est dans ce sens que je comprends M. Biot, quand il dit : « Dans leurs projets de constitution, Xénophon et Platon introduisent des es-

---

[1] Platon, *Rép.*, V, et *Les Lois*, VIII.
[2] Aristote, *Rép.*, liv. III et VII.
[3] Xenoph., *OEconomicon*, IV et VI.
[4] Plutarque, *Vie de Lycurgue*.

claves pour faire exécuter le travail; *parce qu'il fallait
que leur citoyen eût tout son temps* libre pour discuter les
lois de l'Etat et veiller à sa défense. Tout en s'étonnant
de la nécessité des esclaves, Aristote avouait cette nécessité comme le *seul moyen* d'assurer la nourriture du citoyen libre, pendant que celui-ci veillait aux intérêts de
l'Etat, le travail manuel lui semblait indigne de la dignité de citoyen: Ce préjugé dominait sa raison [1]. » Comment, d'ailleurs, s'en étonner; lorsqu'on voit actuellement
encore un préjugé semblable subsister dans une grande
partie de l'Europe orientale?

Un jour, un Spartiate, qui se trouvait à Athènes, ap-
prit qu'un citoyen de cette ville venait d'être condamné
à l'emprisonnement *pour délit d'oisiveté*: Cela lui parut
si extraordinaire qu'il voulut se convaincre de la chose
par ses yeux: Il demanda donc à voir dans la prison, et
regarda comme une curiosité, ce citoyen libre qu'on punissait, dans une république, pour s'être volontairement
affranchi de la servitude du travail [2].

C'était en vertu d'une des lois de Solon, que cette condamnation avait été prononcée. Ce fut peut-être là seule ;
car les lois de Solon sur le travail tombèrent, pour ainsi
dire, en désuétude avant d'avoir été exécutées [3], et l'oisiveté citoyenne demeura depuis, comme avant, la souveraine dispensatrice du temps à Athènes.

L'oisiveté citoyenne exerçait le même empire à Rome.

A Rome, comme à Athènes, c'était autant la Constitution que le préjugé qui éloignait le citoyen du travail.
Avec le suffrage universel, tel qu'il était organisé dans ces

[1] Biot, *Esclav. ancien*, p. 29 et 32.
[2] Plut., *Apophth. Lacon.*, t. II, p. 221.
[3] Voy. ci-dessus, p. 8.

deux républiques, comment les citoyens eussent-ils pu être laborieux? La politique prenait tout leur temps: Quand ils n'étaient plus en guerre avec l'étranger, ils bataillaient entre eux dans les comices, et le Champ de Mars pacifique les occupait autant que le Champ de Mars armé: « Presque toujours en guerre ou en fêtes, dit un magistrat publiciste, les populations libres avaient, en outre, à s'occuper des affaires de la cité; à discuter et à voter sur la place publique; à siéger dans les tribunaux. Pour consacrer ainsi leur temps aux affaires de l'État ou à sa défense, il fallait que les citoyens ne fussent point assujettis à des travaux qui réclamassent de leur part une assiduité continue. Ils ne pouvaient, dès lors, être manouvriers, c'est-à-dire réduits à attendre du travail de chaque jour leur pain de chaque jour: La dépendance où le salaire place celui qui le reçoit à l'égard de celui qui le paye blessait, d'ailleurs, trop profondément les idées d'égalité sur lesquelles reposait l'organisation de ces deux républiques, pour que le mercenaire, celui qui vendait, comme dit Cicéron, son travail et non son art, pût être jugé digne des privilèges du citoyen[1]. »

L'oisiveté citoyenne était donc plus qu'un fait, dans les habitudes de Rome et d'Athènes; c'était un droit dans leurs institutions.

C'était un droit; car, dans toute république organisée, quiconque ne peut travailler pour vivre, doit pouvoir vivre sans travailler.

Or, le citoyen de Rome et d'Athènes *ne pouvait* travailler pour vivre, alors même qu'il était pauvre, puisqu'il y avait incompatibilité entre tout travail manuel et la qualité de citoyen; — incompatibilité prononcée tant par

---

[1] De Saint-Paul, *ubi supra*, p. 21.

le préjugé national qui faisait du travail manuel un travail d'esclaves, que par la Constitution qui le rendait impossible.

Donc le droit à l'oisiveté était réellement un droit ;—droit civique résultant de ce que, loin d'être obligatoire pour tous, le travail manuel était interdit à tout citoyen, avant le deuxième siècle de l'ère chrétienne [1];—droit constitutionnel résultant de ce que la législation républicaine et la législation impériale consacrèrent successivement le droit légal à l'assistance et aux fêtes publiques; droit ouvert, sur le trésor de l'Etat, à tous les citoyens pauvres que le noble orgueil de leur origine empêchait de descendre à se faire artisans.

Maintenant, quels ont été, pour le bien-être des classes populaires, les effets de ce mépris légal des anciens pour le travail manuel, mépris qui substitua, chez les citoyens, à la science pratique des métiers utiles, la philosophie pratique d'une orgueilleuse et stérile oisiveté? C'est ce que je vais examiner dans le chapitre suivant.

[1] Voy. ci-après, 2ᵉ partie, chap. IV.

CHAPITRE II.

**Condition des classes libres ou ayant droit à l'oisiveté,
à Rome.**

PATRICIENS. — PLÉBÉIENS. — PROLÉTAIRES.

Dès l'origine de la société romaine deux grandes divisions sociales se partagent sa population : l'hérilité et l'esclavage ; la classe libre et la classe asservie ; la classe oisive et la classe ouvrière.

La classe ouvrière se composait d'esclaves, d'affranchis et de mercenaires libres de basse condition.

La classe oisive comprenait les divers ordres de citoyens : les patriciens, les plébéiens, les prolétaires.

Nous parlerons, dans la seconde partie, des travailleurs de la classe servile. Nous n'avons à nous occuper, dans celle-ci, que des oisifs de là classe libre.

§ I. — PATRICIENS ET PLÉBÉIENS.

Noblesse et roture. — Opulence et misère. — Pas de classe moyenne intermédiaire. — Tout aux uns, rien aux autres. — Liberté, égalité, fraternité de loup. — Oisiveté pour tous. — Travail pour personne. — Travail industriel et intellectuel frappé d'un même mépris, et abandonné aux esclaves. — Exceptions. — Ignorance et pauvreté du peuple entretenues systématiquement par les riches. — La chambre du pauvre. — Orgueil, bassesse et ingratitude des grands. — Prestige des grands sur les petits. — Droit divin de la naissance. — Griefs et demandes des plébéiens. — Émeutes du Janicule et du Mont-Sacré. — Les patriciens se servent du peuple pour renverser la monarchie. — Promesses de la veille, déceptions du lendemain. — La république tombe. — Le peuple bat des mains à sa chute. — Changement de bât, changement de misère.

Dans l'origine, les patriciens et les plébéiens étaient, à Rome, ce qu'étaient chez nous, avant 1789, les nobles et les roturiers, les seigneurs et les vassaux [1].

---

[1] On pouvait être patricien sans être ni sénateur, ni chevalier. Tous

Mais, depuis la répartition par Servius Tullius des trois ordres du peuple romain,—sénat, chevaliers, peuple,— en six classes censitaires, patricien ne signifia plus noble, mais riche ; plébéien ne signifia plus roturier, mais pauvre. Seulement le lien de vassalité, qui unissait le roturier au noble, continua à rattacher le pauvre au riche, le client au patron.

Riches et pauvres, patrons et clients, tels étaient donc, en définitive, les deux seuls ordres dans lesquels se confondaient les diverses classes de la population libre de Rome.

La liberté était le privilége de tout citoyen romain sous la monarchie; l'égalité y fut adjointe comme pendant sous la république; c'est dire que, reposant sur deux principes inconciliables, la république romaine fut en proie aux dissensions intestines résultant des exigences en sens contraire et des incompatibilités de nature de l'une et de l'autre;—car la liberté et l'égalité, ces deux patronnes éternelles de toutes les républiques, n'en sont pas moins deux sœurs qui ne fraternisent jamais, alors même qu'elles ont la fraternité pour compagne. La fraternité ne pouvait être une vertu civique chez un peuple où l'*humanité* même n'avait pas de nom (*humanitas* signifiait politesse), et dont tout le mutualisme social se résumait dans ce proverbe : *Homo homini ignoto lupus est* [1]. La liberté et l'égalité romaines n'avaient pas besoin de cette fraternité de loup pour s'entre-dévorer; elles se suffisaient à elles seules pour cela. Qui dit liberté, dit

ceux qui descendaient d'une famille ancienne et illustre étaient patriciens, quoiqu'ils ne parvinssent à aucune dignité. Pareillement, un plébéien pouvait devenir patricien. Il lui suffisait pour cela d'être élu à une fonction à laquelle le patriciat était attaché.

[1] Plaute, *Asin.*

action, choix, libre arbitre; qui dit égalité, dit stagna-
tion, négation, absence de volonté propre. La liberté
n'impose de joug à personne; l'égalité soumet tout le
monde à son niveau. La liberté permet aux petits de
s'élever à la taille des grands; l'égalité oblige les grands
à s'abaisser à la taille des petits. La liberté et l'égalité
ne peuvent donc s'asseoir ensemble sur le même trône,
ni flotter en paix sur le même drapeau. Là où la liberté
domine, l'égalité cesse de régner; là où l'égalité est
souveraine, la liberté est déchue de tous ses droits. Si,
par hasard, toutes deux triomphent en même temps,
l'une ne tarde pas à tuer l'autre après la victoire. Heureux
le pays quand c'est l'égalité seule qui succombe.

A Rome l'égalité et la liberté succombèrent à la fois,
dévorées toutes deux l'une par l'autre; toutes deux
n'ayant été, pendant tout le temps qu'elles vécurent
côte à côte : — la liberté que domination et servitude;
l'égalité, qu'inégalité et misère.

Vainement l'égalité républicaine nivela, fixa, tarifa
tout par la loi, — festins, vêtements, frais de table, propriété immobilière, argent monnayé, funérailles…,—La
liberté brisa toutes ces entraves, en en faisant sortir l'inégalité de droits, de condition et de fortune la plus profonde, la plus universelle, la plus extrême qui se vit jamais dans aucune monarchie connue.

L'inégalité des fortunes était telle, à Rome, qu'il n'y
avait plus, à la fin de la République, que des fortunes
colossales aux mains de quelques-uns, et, à côté, l'extrême indigence devenue le partage de tous les autres.

Au temps de Cicéron, sur une population totale de
450,000 citoyens, on en comptait 2,000 à peine qui
eussent quelque chose, *qui rem haberent*, et plus de

320,000 qui étaient inscrits sur le registre des indigents[1].

. . Les grandes fortunes patriciennes et les grandes misères plébéiennes datent de l'an 300 de la fondation de Rome, alors que, l'association complète du Latium avec la ville éternelle étant réalisée, la cupidité du riche patricien, débarrassée de tous soucis venant des dangers du dehors, ne connut plus de bornes, et se manifesta tout à son aise par un envahissement simultané d'autorité et de territoire, le tout au préjudice du plébéien pauvre. Sous les décemvirs (l'an 306 de Rome), il n'y avait plus dans la ville, comme dit Montesquieu, que deux sortes de gens : ceux qui souffraient la servitude et ceux qui la faisaient souffrir[2]. Et qu'étaient les plébéiens, alors, sinon des esclaves[3] ? Et qu'étaient les sept *jugera* du pauvre auprès des cinq cents *jugera* du riche ? A la fin, les cinq cents absorbèrent les sept, et les cinq cents, eux-mêmes, augmentés de toutes les fractions qu'ils s'assimilèrent par force, par raison, par prescription, se développèrent et s'élargirent au point que les petites propriétés disparurent complétement, et que les grandes propriétés seules, les *latifundia*, comme on les appelait, couvrirent et perdirent l'Italie[4]. Pendant ce temps-là, ruiné par la guerre qui l'avait détourné de son champ, ruiné pour s'être trop fidèlement restreint à ses sept arpents de terre, ruiné par les emprunts et par l'impôt, ruiné par les lois mêmes qui voulaient le relever de sa misère, le plébéien, après la tentative des Gracques, comme avant, resta pauvre et obéré, à la merci de son créancier et du besoin

---

[1] Voir ci-après, ch. iv, § 9.

[2] Montesq., *Grand. des Rom.*, ch. i.

[3] V. E. Biot, p. 21, 22, 44.

[4] Voir ci-après, partie deuxième, ch. iii.

jusqu'à la fin de la république. Alors le peuple n'avait plus de pain : *Plebs non pane potitur*, disait Lucilius [1].

Entre le grand nombre de pauvres ne possédant rien et le petit nombre de riches possédant tout, Rome manquait d'une classe moyenne intermédiaire, de cette classe que possédait Athènes dans ses métèques [2], de cette classe active et industrieuse, qui produit plus qu'elle ne consomme, et qui constitue la véritable richesse des empires. De là l'antagonisme éternel du patriciat et du prolétariat au sein de la république romaine, faute d'un trait d'union qui rapprochât ces deux extrêmes opposés.

L'industrie seule eût pu être ce trait d'union; car «l'industrie élève peu à peu les hommes à l'aisance et à la richesse, les rapproche peu à peu de l'égalité, réconcilie le pauvre avec le riche en laissant au premier l'espoir de s'asseoir un jour sur une terre à lui, de pouvoir enfin essuyer la sueur de son front, et reprendre haleine [3].» Or, l'industrie citoyenne n'existait pas dans les cités antiques. Le riche n'avait jamais besoin du pauvre, le travail de ses esclaves lui suffisant. Le pauvre et le riche, enfermés dans la même cité, étaient donc condamnés à se regarder éternellement d'un œil de haine, placés qu'ils étaient en face l'un de l'autre, et séparés l'un de l'autre par une éternelle barrière [4].

Aristote a indiqué, avec une précision admirable, l'ab-

[1] Voir ci-après deuxième partie, chap. III.

[2] Dans la communauté athénienne, les citoyens étaient tous égaux et jouissaient des mêmes droits; mais entre leur classe et celle des esclaves, se trouvait la classe intermédiaire des métèques, étrangers domiciliés, inscrits souvent comme citoyens sur les registres civiques, et qui exerçaient spécialement le commerce et les métiers. V. E. Biot, *Esclavage ancien*, p. 15.

[3] Michelet, *Hist. rom.*, I, 152.

[4] *Ibid.*

sence d'une classe moyenne au sein des sociétés antiques, comme cause première de cette vieille lutte qui
existe, depuis les premiers âges du monde, entre la richesse et la pauvreté. « Toute société politique, disait-il,
se divise en trois classes : les riches, les pauvres et les citoyens aisés qui forment la classe intermédiaire. Les
premiers sont insolents et sans foi dans les grandes affaires ; les seconds deviennent fourbes et fripons dans les
petites choses. Les riches sucent l'indépendance avec le
lait ; élevés au sein de toutes les jouissances, ils com-
mencent, dès l'école, à mépriser la voix de l'autorité.
Les pauvres, au contraire, obsédés par la détresse, perdent tout sentiment de dignité ; incapables de commander,
ils obéissent en esclaves ; tandis que les riches, qui ne
savent pas obéir, commandent en despotes. La cité n'est
alors qu'une agrégation de maîtres et d'esclaves ; il n'y
a point d'hommes libres ; jalousie d'un côté, mépris de
l'autre, où trouver l'amitié et cette bienveillance mutuelle qui est l'âme de la société ? Si le gouvernement est
entre les mains de ceux qui ont trop ou trop peu, il sera ou
une fougueuse démagogie, ou une oligarchie despotique,
et, dans l'un et l'autre cas, il tombera dans la tyrannie.
La classe moyenne seule peut préserver la société de ces
excès. C'est elle qui, en se rangeant d'un côté, fait pen-
cher la balance, et empêche l'une ou l'autre classe de
dominer. La classe moyenne est la base la plus sûre d'une
bonne organisation sociale ; elle seule ne s'insurge jamais ; partout où elle est en majorité, on ne connaît ni
ces inquiétudes, ni ces réactions violentes qui ébranlent
les gouvernements. Les grands États sont moins exposés
aux mouvements populaires. Pourquoi ? Parce que la
classe moyenne y est nombreuse. Les petites cités sont
souvent divisées en deux camps. Pourquoi ? Parce qu'on

n'y trouve que des pauvres et des riches, c'est-à-dire des *extrémités* et pas de *milieu*[1].»

Le seul milieu qui existât à Rome, entre les riches et les pauvres, c'était l'oisiveté citoyenne, leur lien commun. — Riches et pauvres, en effet, étaient également oisifs, c'est-à-dire passant leur vie, en temps de paix, les uns à jouir de leur fortune, sans rien faire, les autres à mendier les secours de la sportule ou de l'annone, sans travailler; car, travailler c'était déroger, pour cette noblesse gueuse et fière.

«Les Romains ne savent que broyer le grain et les hommes», dit un de leurs historiens.

«Les peuples commerçants doivent travailler pour nous, disent les édits des empereurs. Notre métier est de les vaincre et de les rançonner. Continuons donc la guerre qui nous a rendus leurs maîtres, plutôt que de nous adonner au commerce qui les a faits nos esclaves.»

«Nous avons besoin de soldats et non d'artisans, de mercenaires, dit au sénat Ménénius, le plus sage des sénateurs; les vaincus travailleront pour nous. »

A voir ce mépris superbe des citoyens de Rome pour tout ce qui touchait au travail des mains, on est tout naturellement porté à croire que les travaux de l'esprit, que la science, les lettres, les arts et tous les départements de l'intelligence humaine étaient revendiqués par eux comme leur part exclusive, comme leur lot spécial. Il n'en était rien pourtant, et les esclaves, seuls ouvriers de la matière, étaient aussi les ouvriers de la pensée.

A Rome les arts libéraux ne furent jamais cultivés que par des esclaves ou des affranchis. Du moins l'histoire ne mentionne qu'un seul citoyen qui s'y adonna et s'y

---

[1] *Politique*, liv. IV, ch. IV.

fit un nom. Ce fut Fabius, devenu célèbre comme peintre, et que, en raison de la rareté du fait, ses contemporains désignèrent par un surnom tiré de son art, surnom qui lui est resté : Fabius *pictor*.

Le peuple romain n'était point, ne pouvait être un peuple artiste. Ses architectes, ses statuaires, ses sculpteurs étaient esclaves [1].

« Tout ce qu'il y avait chez ce peuple de vraie civilisation, dit M. Dunoyer, toute celle qui pouvait survivre à ses violences, il la reléguait hors de l'Etat. Son industrie à lui c'était la guerre ; ses œuvres, c'étaient des pillages et des massacres ; les monuments qu'il laissa, ce furent des ruines, ce furent l'appauvrissement et la dépopulation de l'univers [2]. »

Toutefois, le génie propre du peuple romain étant la domination et la conquête, tout ce qui tient à l'art de la guerre et à la science du gouvernement dut entrer dans le domaine de ses études. Aussi la politique, la théologie, la jurisprudence et l'histoire furent des sciences réservées aux citoyens des familles libres, et l'esclave ne fut point admis à les cultiver [3].

Quant aux travaux intellectuels, qui ne comportaient que de la réflexion, de l'imagination, du discernement, de la sagesse méditative, tels que la philosophie, la poésie, la grammaire, la rhétorique, la médecine, l'astrologie, etc., ils étaient laissés aux esclaves ; et ce n'est qu'exceptionnellement que des citoyens s'y livraient. Le théâtre était cultivé concurremment par des esclaves et des

---

[1] Wallon, *De l'Esclavage*, t. II, p. 445.

[2] Dunoyer, *Liberté du travail*, liv. IV, ch. IV.

[3] V. Gevers, *De servilis conditionis hominibus artes, litteras et scientias Romæ colentibus*. Leyde, 1816. Thèse.

hommes libres. La fable ne l'était que par des esclaves[1].

Il n'y avait pas de maison patricienne à Rome qui n'eût des esclaves poëtes, grammairiens, rhéteurs, philosophes, soit pour avoir sous la main de la science et de l'érudition toutes prêtes, et pouvoir se les approprier au besoin[2], soit pour faire l'éducation des enfants. Caton l'ancien en avait plusieurs qui étaient chargés d'élever les siens. Plutarque et Xénophon constatent que, par toute l'Italie, comme par toute la Grèce, ce qui concerne la pédagogie était entièrement dévolu aux esclaves[3]. Il en était de même de la médecine. L'argent que les esclaves-médecins gagnaient à leurs maîtres, put bien leur associer quelques hommes libres, mais leur profession garda toujours comme une tache originelle, et cette tache les suivit jusque dans les honneurs que l'empire voulut y ajouter[4].

Du reste, les études littéraires auxquelles étaient appliqués les esclaves chez les Romains étaient une suite naturelle et une conséquence logique de leur servitude. Les maîtres cherchaient à tirer le parti le plus profitable de leurs facultés. Ils envoyaient aux champs ou aux métiers ceux qui n'avaient que de la force musculaire ou dont l'esprit n'était que dans les bras. Ils appliquaient aux usages domestiques ceux qui montraient de la souplesse, de l'élégance et de la docilité ; et lorsqu'il s'en trouvait qui trahissaient des aptitudes artistiques ou intellectuelles, ils les faisaient instruire dans les lettres ou les

---

[1] Voir, contre l'opinion contraire que professe à ce sujet M. Wallon, d'après M. Rinn (t. II, p. 438 et suiv.), la thèse ci-dessus citée de M. Gevers et l'*Histoire des classes ouvrières*, de M. Granier de Cassagnac, ch. XVI.

[2] Corn. Nep., *Att.*, 13. — Aulu-Gell., VII, 3, p. 578.

[3] Plut., *Paul Émile*, c. XXVI. — Id., *Caton*, c. XX. — Xenoph., *De republ. Lacœdem.*, c. II.

[4] Plin, *Hist. nat.*, XXIX, v. II. — Wallon, *ubi supra*, II, 444.

arts, pour profiter directement eux-mêmes, ou tirer, un jour, revenu de leurs talents [1].

C'était là l'unique science intellectuelle des maîtres!

Les patriciens en possédaient une autre. C'était celle de maintenir le peuple dans une perpétuelle ignorance et de le préserver de toute culture. Leur joug ne pouvait se maintenir qu'à ce prix. Rome, après 500 ans d'existence, n'était guère moins ignorante et moins farouche que sous ses premiers rois; et telle était, lorsque Diogène et Carnéade parurent dans ses murs, l'horreur qu'on y avait encore de toute instruction, que Caton se hâta de proposer au sénat de congédier, comme dangereux, ces ambassadeurs philosophes, en traitant Socrate de séditieux et de bavard [2].

De même ne négligea-t-on rien pour inculquer au peuple l'abnégation, le renoncement, le mépris des richesses. C'est pour cela que le peuple est constamment resté pauvre, au milieu de ses déprédations et de ses ravages; la politique des grands avait fait pour lui de la pauvreté une nécessité première; son orgueil en sut faire une vertu.

Pour prouver aux plébéiens que la pauvreté était le secret du bonheur, les patriciens affectaient parfois de chercher pour eux-mêmes, dans un simulacre d'indigence, un refuge contre l'ennui et les embarras des richesses. Au fond, c'était l'excès des richesses et des jouissances qui engendrait pour eux la satiété. Quoi! toujours la même chose! s'écriaient-ils. [3] Et, pour échapper, par la variété, à cette uniformité d'existence, ils avaient ima-

---

[1] Granier, *ubi supra*.

[2] Plutarque, *Vie de Marc. Cat.* — Dunoyer, *De la liberté du travail*, liv. IV, ch. IV.

[3] Senec., *De tranquill. anim.*, II.

giné le bizarre moyen de jouer à la misère. Plusieurs
riches patriciens avaient, en effet, au milieu de leurs
villas somptueuses, ce qu'ils appelaient la *chambre du
pauvre*[1]. C'est là qu'à certains jours ils venaient chercher
un refuge contre le *spleen* qui les dominait. Là, ils mangeaient assis, sans vaisselle d'or ou d'argent, se servant
de vases d'argile et se repaissant de mets simples et fru-
gaux. Mais, le moyen employé ne réussissant pas, ils revenaient à la ville, plus ennuyés qu'auparavant. C'était
toujours eux qu'ils y transportaient[2].

Chose digne de remarque! l'excessive misère du peuple,
mise en présence de l'excessive opulence des riches,
n'excita jamais l'envie de ceux qui n'avaient rien contre
ceux qui avaient tout. Tant était profonde la vénération
que le peuple eut toujours pour les grands, vénération
égale à celle qu'il avait pour les dieux, — la noblesse,
pour lui, ne pouvant qu'être de race divine[3].

Ce qui ajoutait au prestige de la naissance que les familles patriciennes jetaient aux yeux du peuple pour
l'éblouir, c'est que, indépendamment des fonctions politiques et de magistrature qui leur étaient exclusive-

---

[1] Senec., *Epist*, xviii, 100.— Mart., iii, 48.

[2] Senec., *Epist.*, xxviii, 104.

[3] Les familles, d'ailleurs, qui croyaient ou qu'on croyait descendre des
dieux, étaient fort nombreuses. Toutes le rappelaient avec orgueil ; la plupart des grandes races qui avaient régné primitivement dans les villes de
la Grèce descendaient des dieux. Romulus en descendait ; Jules-César
croyait en descendre ; et on lit dans Suétone que Galba avait fait placer,
dans l'atrium de son palais, un arbre généalogique d'après lequel il descendait de Jupiter par son père, et de Minos par sa mère. (Voy. Granier,
Histoire des classes nobles, p. 23.) Plusieurs empereurs allèrent plus loin ;
non-seulement ils voulurent qu'on les crût de race divine, mais ils voulurent être adorés comme dieux. Des empereurs chrétiens même exigèrent
qu'on leur rendît des hommages qui n'étaient dus qu'à la Divinité. (Voy.
Ammian. Marcell., lib. XV, c. iii; lib. XXI, c. vi.)

ment dévolues, eux seuls pouvaient être revêtus de la dignité des divers sacerdoces [1]. Ce privilége constituait, aux mains des patriciens, outre l'immense fortune dont jouissait le clergé païen [2], un élément presque surnaturel de toute-puissance sur l'esprit superstitieux du peuple. Malheureusement ils ne s'en servirent que pour le rendre plus superstitieux encore et pour le dominer et l'asservir davantage, surtout comme augures, en raison du mystère qui enveloppait leurs divinations, et de la foi aveugle qu'on ajoutait à leurs oracles. De même, au lieu d'user du prestige de leur race pour se rendre supérieurs au peuple par leurs vertus, leur noble simplicité, et l'action moralisatrice de leur bienfaisance, les grands abusèrent du respect du peuple envers eux pour s'élever au-dessus de la foule par les débordements de leur opulence fastueuse, par toutes les extravagances de l'orgueil, et par leurs corruptrices largesses.

Tel était l'orgueil des patriciens, même du temps de la république, que non-seulement leurs chars, parsemés d'ornements d'argent ciselé, traversaient les rues au galop des chevaux, suivis d'une bande d'esclaves qui brûlaient des parfums en leur honneur, mais que, tout républicains qu'ils étaient, ils se faisaient appeler *votre*

---

[1] Ainsi les fonctions de roi des sacrifices, de grand-pontife, de grands-prêtres, d'épulons, de duumvirs, décemvirs, ou quindecemvirs préposés à la garde des livres sibyllins, de flamines, de féciales, d'augures, ne pouvaient être exercées que par des patriciens*. Les seules fonctions d'aruspices étaient le lot des plébéiens **, lesquels ne concoururent à celles de curés ou curions, qu'à partir de 540 ***.

[2] V. *l'Histoire des classes nobles*, p. 225 et suiv.

* De Beaufort, *Rép. rom.*, 1, 219.

** *Ibid.*, p. 225. — et Cic., *De nat. deor.*, lib. I, c. xxvi.

*** Chaque curie ou quartier de Rome avait son prêtre particulier. Il y en avait 30. C'étaient comme autant de paroisses ayant chacune son *curé*. — Tit. Liv., lib. XXVII, c. viii.

Sincérité, votre Gravité, votre Excellence, votre Altesse; ils se faisaient même appeler *Rois*, titre proscrit depuis l'expulsion du dernier Tarquin[1].

Il y a plus, lorsqu'un consul venait à passer, tout citoyen devait s'écarter de la route, se découvrir la tête, se lever de son siége, ou descendre de cheval. Quiconque eût négligé de lui donner ces marques de déférence et de respect eût été promptement rappelé à son devoir par les licteurs. Le préteur Lucullus ne s'étant pas levé, dans un moment où il rendait la justice, devant le consul Acilius, celui-ci fit briser à l'instant sa chaise curule[2].

Cet orgueil de l'aristocratie patricienne, qui se gonflait ainsi de lui-même jusqu'à la stupidité, s'aplatissait tout à coup jusqu'à la lâcheté quand il avait besoin, pour se satisfaire, de s'élever à quelque emploi, à quelque dignité, à quelque magistrature, et de recourir pour cela, ce qui arrivait souvent, aux suffrages du peuple; alors il n'était de caresses, de promesses, de largesses que les patriciens ne lui fissent. Mais, une fois leur but atteint, ils oubliaient aussitôt par qui leur ambition avait été satisfaite, et ils se montraient d'autant plus ingrats qu'ils savaient devoir plus de reconnaissance.

La chute de la royauté et l'établissement de la république mirent surtout en relief cette ingratitude des grands envers le peuple.

Ce ne fut point le peuple qui appela cette grande révolution; ce ne fut point le peuple qui l'opéra. Il n'en fut, lui, que l'instrument et la victime. La république ne pouvant profiter qu'aux grands, le peuple n'était point républicain. Qu'avait-il, en effet, à gagner à un change-

---

[1] Hor., *Ep.*, xvii, v. 43.— Mart. i, 113.— ii, 18, 68.— vi, 88.
[2] Adam, *Antiquités romaines*, t. I, p. 163 et 164.

ment de gouvernement? Sous la monarchie, il n'avait qu'un roi, sous la république il en avait plusieurs. La domination de plusieurs n'a jamais valu pour les gouvernés la domination d'un seul. C'est ce qu'exprimait très-spirituellement le fabuliste latin dans son apologue du Soleil et des Grenouilles. « Si un seul soleil suffit à dessécher nos marais, que sera-ce quand il aura des enfants! » s'écrient les grenouilles effrayées, en apprenant que le soleil va se marier.

Pressentant ces dispositions du peuple peu favorables au gouvernement nouveau, le sénat fit suivre la chute de Tarquin de plusieurs mesures propres à se l'attacher et à le séduire. Il fit des approvisionnements considérables de blé pour assurer sa subsistance; il diminua le prix du sel; et, loin d'augmenter les impôts, il déchargea les pauvres du tribut que le dernier roi leur avait imposé [1]. Ces mesures étaient sages, prévoyantes, politiques; mais ce fut beaucoup moins par amour du peuple, et comme système raisonné d'amélioration et de soulagement permanent des classes souffrantes, qu'elles furent prises, qu'à titre d'expédient temporaire, de bienfait transitoire et de circonstance, et dans des vues d'ambition personnelle; ce que prouva d'ailleurs, surabondamment, la conduite que le sénat tint plus tard. Tant que Tarquin vécut, il était à craindre que le peuple, désillusionné des promesses fallacieuses de ses courtisans intéressés, n'en vînt à regretter la monarchie et à rappeler sur le trône le monarque exilé. C'est pourquoi le sénat et les républicains, pourvus et à pourvoir, s'appliquèrent avec tant de soin à caresser le peuple dans ses justes exigences, lui promettant de les satisfaire toutes

---

[1] Tit.-Liv., liv. II, ch. ix.

sans délai dès qu'il y aurait opportunité et que la tran-
quillité publique serait rétablie[1]; mais, la nouvelle de la
mort de Tarquin le Superbe fut à peine arrivée à Rome,
que le patriciat républicain, affranchi de toute crainte
d'une restauration monarchique, se crut affranchi de
tout engagement envers le peuple. Il leva donc le masque, bannit tout scrupule, et organisa sa république de
manière à la faire tourner exclusivement à l'avantage
de ses choses privées. Quant aux intérêts du peuple, il
les sacrifia, sans vergogne et sans pitié, aux calculs de son
ambition et à son amour effréné de la domination et
des richesses, ne songeant à réaliser aucune de ses promesses, et laissant le peuple à l'écart comme on fait
d'un instrument qu'on brise quand on s'en est servi et
qu'il ne vous est plus bon à rien.

Comment donc, si ce n'est par méprise ou par oubli
de ses propres assertions[2], Montesquieu a-t-il pu écrire
ces étranges paroles : « On ne sait quelle fut plus grande
ou dans les plébéiens la lâche hardiesse de demander, ou
dans le sénat la condescendance et la facilité d'accorder[3]. »

Quelles étaient, en effet, les demandes et les plaintes
du peuple ? Ses plaintes portaient sur deux griefs principaux : la dureté des créanciers et la partialité des magistrats; ses demandes sur deux réformes correspon-
dantes : l'abolition des dettes et l'institution de tribuns du
peuple qui le protégeassent contre les injustices des
grands. Certes, loin d'être de lâches hardiesses, ces
plaintes et ces demandes du peuple étaient aussi justes

----

[1] Denis d'Halic., liv. V et VI.—Tit.-Liv., II, ch. XXII et suiv.
[2] Montesquieu, *Esprit des lois.*
[3] *Ibid.*, chap. XVIII.

au fond que modérées dans la forme, et il eût été aussi
équitable que facile de leur donner satisfaction. C'est ce
que proposèrent quelques sénateurs prudents, en émet-
tant cette opinion : qu'il leur semblait convenable qu'on
récompensât les services que le peuple venait de rendre,
et que le sang qu'il avait répandu pour la liberté publique valait bien qu'on se donnât la peine de faire enfin
quelque chose pour lui[1]; mais la majorité du sénat, prenant sa force numérique pour une force morale invinci-
ble, loin de se montrer condescendante et facile, au dire
de Montesquieu, se montra aussi entêtée des prérogatives des patriciens, que Tarquin le Superbe l'avait été
de celles de sa couronne. Plutôt donc que de faire, à
temps et de bonne grâce, une concession juste demandée sans violence, le sénat républicain aima mieux s'exposer au péril d'être contraint par la force à tout accorder.

Ce péril ne tarda pas à venir pour lui, et il y céda lors
des deux fameuses émeutes populaires, émeutes légitimes et pacifiques, qui éclatèrent dans Rome, l'une par la
retraite du peuple sur le Mont-Sacré, l'an 460, année
qui suivit la mort du dernier roi, seize ans après la révolution républicaine ; l'autre, par la retraite du peuple sur
le mont Janicule, six ans après.

Depuis lors, et jusqu'à la fin de la république, la tyrannie des patriciens, un moment ralentie, s'exerça
contre le peuple avec plus d'insensibilité, de morgue que
jamais. Aussi le peuple humilié, rapetissé, appauvri,
vit avec indifférence et sans un seul regret tomber, sous
le poids de ses propres fautes et de ses excès, cette république d'aristocrates qui avait tant promis et su si peu

---

[1] Voy. De Beaufort, *Rép. rom.*

tenir pour lui, malgré tout le sang qu'il avait versé pour elle; et quand l'empire lui succéda, il battit des mains à ses nouveaux maîtres, sans crainte de voir aggraver sa misère, n'ayant plus qu'un vœu à former, celui d'un morceau de pain assuré pour calmer sa faim, et de spectacles gratis pour amuser son oisiveté. Sa misère toutefois s'accrut encore en raison même des moyens pratiqués pour la faire cesser : — misère physique et misère morale, — misère devenue telle à la fin, que le peuple entier devint populace, et tous les plébéiens prolétaires.

§ II. — PROLÉTAIRES.

Les six classes censitaires. — La sixième n'a rien; — Et ne sert qu'à procréer et à faire nombre. — Plus nombreuse à elle seule que les cinq autres. — *Plebs : turba forensis ; tunicatus popellus ; œrarii hirudo ; misera ac jejuna plebecula.* — N'en a pas moins sa part de souveraineté. — Trafic qu'elle en fait. — C'est son seul commerce. — Droit à l'oisiveté, droit à l'assistance. — La richesse du prolétaire est dans sa misère. — La tessère frumentaire le fait *rentier* de l'Etat. — Horreur de l'outil. — Conséquences.

Nous avons dit que le peuple romain était partagé en plusieurs classes censitaires. Ces classes étaient au nombre de six. Chacune d'elles était composée des citoyens qui possédaient la somme de capital ou de revenus déterminée pour pouvoir jouir des priviléges et exercer dans les comices les droits électoraux qui y étaient attachés.

Il fallait avoir cent mille *as* au moins pour entrer dans la première classe, et onze mille au moins pour entrer dans la cinquième. La sixième classe, formant l'assise la plus basse de la société, comprenait ceux qui ne possédaient rien.

Cette dernière classe, quoique la plus nombreuse, se composait de citoyens si gueux, si misérables et de si petite considération, que la plupart des auteurs latins ne la font point entrer en ligne de compte, et ne font mention que des cinq premières [1].

C'était la classe des prolétaires !

On appelait *proletarii* les citoyens qui n'étaient utiles
à l'Etat que par les enfants qu'ils procréaient, *proles*. On
les appelait encore *capite censi,* parce qu'ils ne servaient
qu'à faire nombre, étant exempts d'aller à la guerre, et
ne payant aucune taxe à cause de leur pauvreté.

Les prolétaires appartenaient à cette portion du peuple romain désignée sous le nom de *plebs*, plèbe, ou
de *plebecula,* canaille, par opposition au mot *populus,*
lequel, dans son sens le plus étendu, signifiait : sénat,
chevaliers, peuple ;—patriciens, plébéiens, prolétaires ;
la nation tout entière, enfin, en qui résidait la souveraineté.

Horace appelait les prolétaires *tunicatus popellus,*
parce qu'au lieu de toge ils portaient une mauvaise
tunique brune qui les confondait avec les esclaves [2]. La
plupart couchaient sur la terre ou sur des herbes de marais s'échappant à travers les trous d'une méchante toile
à matelas [3].

C'est à cette partie misérable du peuple romain que
s'adressait Tibérius Gracchus dans ce discours que rapporte Plutarque : « Les bêtes sauvages ont des tanières
et des cavernes pour s'y retirer, pendant que des citoyens de Rome ne se trouvent pas un toit ni une chaumière pour se mettre à couvert de l'injure du temps, et
que, sans séjour fixe ni habitation, ils errent, comme de
malheureux proscrits, dans le sein de leur patrie. On
vous appelle les seigneurs et maîtres de l'univers : beaux

---

[1] Tit.-Liv., lib. III, cap. xxx. — Sallust. *Orat. de ord. rep.,* ii, nº 53.

[2] Hor., *Ep.,* lib. I, ep. vii, vers 65. — Suet., *In Aug.,* c. xl.

[3] Senec., *De vita beata,* c. xxv.

seigneurs et beaux maîtres, ma foi ! que ceux à qui on ne laisse pas seulement un pouce de terre pour leur tombeau [1] ! »

Les prolétaires formaient l'immense majorité du peuple romain ; ils étaient, à eux seuls, plus nombreux que tous les citoyens des autres classes réunies. Nous avons vu qu'au temps de César on en comptait 320,000 sur une population totale de 450,000 citoyens.

Ne pouvant, d'un côté, être enrôlés dans la milice, comme trop pauvres pour en supporter les charges, et, d'un autre côté, ne pouvant être forcés à exercer un métier manuel, en leur qualité de citoyens romains, le droit à l'oisiveté, qui naissait pour eux de cette double impossibilité, faisait naître, pour eux tous, le droit à l'assistance ; de là les sommes énormes que dépensait le gouvernement pour nourrir quotidiennement cette armée d'oisifs affamés, que Cicéron appelait énergiquement la sangsue du Trésor public : *Illa concionalis* HIRUDO ÆRARII, *misera ac jejuna plebecula* [2]. De là le danger permanent qu'offrait à la société cette masse énorme de fainéants libres, n'ayant d'autre pain à manger que le pain prélevé sur la fortune des autres.

Tous les jours on voyait la plèbe inoccupée, la *turba forensis*, comme l'appelait Cicéron, promenant son oisiveté tumultueuse au forum, dans les rues, au Champ-de-Mars, sur les places publiques. Là, elle mendiait, elle gueusait, elle faisait de la politique. La politique était pour elle un amusement, et un amusement fructueux ; car elle usait de sa part de souveraineté pour mettre ses voix à l'enchère et les vendre au plus offrant.

---

[1] Plut., *In Gracch.*, p. 328.
[2] Cic., *Ad Attic.*, lib. 1, ep. XIII.

Exclu de l'agriculture, qu'on lui vantait alors qu'il n'y avait plus de terre pour lui ; exclu du travail des mains, qu'on lui offrait alors qu'il ne le pouvait partager qu'avec des esclaves et sous le poids du même mépris, que pouvait faire le prolétaire oisif? N'ayant de ressources que dans son titre de citoyen, il en usait pour faire le seul trafic que ce titre comportait, le trafic de son vote électoral ; car sa voix comptait dans les comices ; il en savait le prix, et la vendait à qui voulait le nourrir et le faire vivre dans le loisir et dans les fêtes.

Quand les plaisirs ou la guerre ne captivaient pas ces masses capricieuses, il fallait à leur ardeur inactive les agitations de la place publique, des luttes, des révolutions violentes ; aussi, la voix de la plèbe oisive ne suffisait-elle pas à celui qui l'achetait, elle louait son bras aux mêmes intérêts (*operæ conductitiæ*), et son oisiveté soldée assurait à l'émeute qui grondait, à la sédition qui menaçait, à la conjuration qui éclatait, ses recrues les plus nombreuses et les plus déterminées. Celles-là n'avaient rien à perdre !

« Dans un pays où les arts utiles n'eussent pas été avilis et abandonnés à des esclaves, dit M. Dunoyer, cette classe d'individus aurait pu trouver dans l'industrie une ressource contre l'indigence, et, en devenant moins à plaindre, elle eût été moins à redouter. Mais, ne possédant rien et ne se livrant à aucun travail, cette populace gueuse et fière ne pouvait manquer de se rendre à la fin très-redoutable. Aussi la sûreté du peuple romain, si gravement menacée par ses esclaves, le fut-elle encore plus par ses prolétaires [1]. »

Pour conjurer ce danger, le gouvernement organisa,

_____

[1] Dunoyer, *Liberté du travail*, liv. IV, ch. v et ix.

ainsi que nous le verrons bientôt, l'oisiveté citoyenne qui en était la source. Pour cela, il assura aux prolétaires du pain, des jeux, et la liberté. Mais, en fait de liberté, le prolétaire n'apprécia jamais que celle de ne rien faire. *Clitellas dum portem meas,* disait-il; pourvu que je porte mon bât, c'est-à-dire pourvu que je mange et que je boive, et que je dorme sans travailler, *quid mea refert?* Que m'importe que ce soit la monarchie, la république ou l'empire qui me nourrisse et m'amuse ! j'ai un bien qu'aucune révolution politique ne peut m'enlever : ma misère.

Sa misère, en effet, était sa richesse;—richesse provenant de son titre de citoyen;—titre valant pour lui bien plus qu'un titre de noblesse, car c'était pour lui un brevet d'oisiveté. Or, il tenait beaucoup plus à celui-ci qu'à l'autre ; l'autre ne flattait que sa vanité, celui-ci le faisait rentier de l'Etat. Aussi les registres civiques lui importaient-ils moins que les registres annonaires; et la tessère frumentaire lui parut-elle toujours chose plus utile en ses mains qu'une arme glorieuse, et moins déshonorante qu'un outil.

L'horreur de l'outil était même poussée si loin, chez plus d'un prolétaire, que, pour suppléer ou échapper au pain quotidien de l'annone, plus d'un se faisait mendiant ou bandit, — deux métiers libres qui ne déshonoraient pas.

CHAPITRE III.

De certaines classes libres, et de l'abus qu'elles faisaient du droit à l'oisiveté.

VOLEURS. — MENDIANTS. — COURTISANES.

Vol, mendicité, prostitution, conséquences du droit à l'oisiveté. — Voler, mendier, se prostituer, moins humiliant que travailler.

Après les patriciens, les plébéiens et les prolétaires, oisifs et libres, ou plutôt à côté et au milieu d'eux, marchaient, comme cortége ou corollaire obligé, les mendiants, les bandits, les courtisanes, libres aussi, et usant à leur manière de leur droit à l'oisiveté.

Le droit à l'oisiveté impliquait, chez les Romains, le droit à la mendicité. Les mendiants étaient des oisifs qui usaient de leur droit de citoyen en ne travaillant pas, et de leur droit de ne pas travailler, en tendant la main pour vivre. C'est pourquoi le gouvernement républicain ne fit jamais rien pour supprimer la mendicité [1].

Il en fut de même de la prostitution. Nos anciens avaient pensé, dit Tacite, qu'il n'était besoin d'autre peine contre les femmes publiques que la honte même de leur propre impudicité [2]. Pour avoir le droit de s'y

---

[1] On ne trouve même, dans l'histoire des empereurs, aucun acte réglementaire à l'égard des mendiants avant l'année 382 de l'ère chrétienne. Valentinien le Jeune interdit aux hommes valides la mendicité. Ceux qui en faisaient métier, s'ils étaient esclaves, devenaient la propriété du dénonciateur ; s'ils étaient de condition libre, ils lui étaient livrés à titre de colons pour travailler à ses terres. (Cod. Theod., XIV, tit. xviii. — Cod. Just., XI, tit. xxvi.)

[2] Tacit., *Annal.*, lib. II, § 85.

livrer il suffisait de s'inscrire chez l'édile. Plus tard, quand la simplicité antique eut disparu, on apporta plus d'entraves à l'exercice de ce droit à l'oisiveté. Mais ces entraves, étant purement pécuniaires, ne firent que confirmer ce droit en en tirant un impôt [1].

Quant au vol, cette autre conséquence du droit à l'oisiveté, s'il était permis de s'y livrer, de citoyen à citoyen à Sparte [2], il n'était permis de s'y livrer que de citoyen à étranger à Rome, à moins qu'il ne s'agît de vol en grand ou à main armée, ainsi que nous l'expliquerons bientôt.

Nous avons prouvé qu'à part ces trois formules du droit à l'oisiveté,—mendicité, prostitution, vol, qui en manifestaient plus l'abus que l'usage,—l'exercice de ce droit était tenu à honneur chez les Romains, autant que l'exercice des professions manuelles était tenu à opprobre et à honte.

Prouvons maintenant que voler, mendier, se prostituer était, en certains cas, moins humiliant que travailler.

§ I. — LES VOLEURS.

Origine héroïque des voleurs à Rome. — Voleurs externes. — Voleurs internes.

1. — *Origine héroïque des voleurs.*

Romulus et sa bande.—Histoire romaine, histoire de brigands.—Jupiter *prædator.* — Le vol, institution. — La propriété, c'est le vol.

Un jour, vers l'an 750 avant Jésus-Christ, une bande de brigands, les plus forts, les plus expérimentés, les

[1] Voy. ci-après, § 3.
[2] Voy. Plutarque, *Vie de Lycurgue.*

plus intrépides des contrées environnantes, se réunit sur l'une des sept collines, à la voix toute-puissante de son chef, le plus intrépide, le plus expérimenté, le plus fort d'eux tous. « Compagnons, leur dit-il, vous qui comptez au nombre de vos ancêtres, et Sciron, le brigand de Mégare, et Procruste, le brigand d'Hermione, et Sinnis, le brigand de Corinthe, et Tarmerus, le brigand d'Arcadie, et Busiris, et Périphètes, et Cercyon, et Iphitus, et Antée, et Cycnus, et tant d'autres *héros,* la terreur de la Grèce, qu'Hercule et Thésée tinrent à honneur de combattre et de vaincre ; écoutez !... Depuis que vous avez abandonné les grands chemins du Péloponèse pour venir habiter les forêts de l'Etrurie et les cavernes du Latium, vous vous montrez, de plus en plus, dignes du renom de vos aïeux. Comme eux, vous n'ambitionnez d'autres fruits de vos veilles que ceux de la déprédation et de la conquête ; pour vous, comme pour eux, la probité c'est faiblesse, la vertu c'est force, *virtus.* Pour vous, enfin, comme pour eux, la propriété c'est le vol !

« Oui ! mais à quoi aboutissent, le plus souvent, et vos longs jours brûlés par le soleil, et vos longues nuits dévorées par l'insomnie, et vos longs efforts épuisés par la fatigue ? A quelque peu d'or teint de beaucoup de sang, quand ce n'est pas à quelque gibet.... Il est temps, amis, de briser le joug de cet état précaire. Au vulgaire donc le champ rétréci du guet-apens isolé, du meurtre singulier, de la dépouille privée ! Aux héros, des crimes de héros : à nous le vaste champ, le champ glorieux des batailles rangées, de la conquête par le fer, de la victoire par le feu, par l'incendie, par le pillage...

« Dès ce jour, je me pose votre *roi.* Nobles patriciens, approchez...; j'ai à prendre l'avis du *sénat* sur les hautes destinées auxquelles j'ai résolu d'appeler mon *peuple.*

« Mon peuple, il est partout où n'est pas éteinte la race nombreuse des assassins, des voleurs de grands chemins, des banqueroutiers, des déserteurs, des malfaiteurs, des outlaws de tous les pays.

« Faisons donc un appel à toutes leurs sympathies; et que tous ceux qui s'empresseront d'y répondre aient droit de cité parmi nous; qu'ils forment dès ce jour la classe agissante de nos plébéiens, de nos prolétaires.

« Les plus industrieux seront nos chevaliers;

« Les plus jeunes, nos soldats;

« Les peuples vaincus, nos esclaves;

« Les esclaves, nos ouvriers;

« Les rois soumis, nos tributaires;

« Notre dieu, Jupiter pillard, *Jupiter prœdator*;

« Notre *argot* deviendra la langue de l'univers; et quand, dans la suite des siècles, on aura désappris et la Grèce et ses sages, on apprendra encore aux petits enfants, dans les écoles, et nos maximes et nos forfaits.

« Nos forfaits! En sera-t-il encore, quand, embrassant toute une sphère, le cercle de nos brigandages aura reçu les proportions d'une vaste machine gouvernementale?

« Le crime isolé, individualisé, est chose honteuse; le crime étendu, généralisé, est chose glorieuse. Ce n'est plus un meurtre, un assassinat, un incendie, un vol; c'est un combat, c'est un fait d'armes, c'est une ruse de guerre, c'est une dépouille opimè, c'est le fruit de la victoire. Le voleur n'est plus un voleur, l'assassin un assassin, l'incendiaire un incendiaire; c'est un conquérant, c'est un grand capitaine, c'est un grand homme, c'est un héros!

« Appliquons-nous donc à asseoir le crime sur la large base des intérêts sociaux : élevons-le à l'état de vertu civique, à l'état de patriotisme. Pillons, volons, tuons ; mais que ce soit en grand, que ce soit en masse, que ce soit avec ensemble ; que ce soit une ville, une province, un royaume... ; que ce soit le monde.

« Et le pivot du monde tournera sur le socle de notre empire... Ici même, sur la pierre de ce rocher, d'où le fer de ma lance fera surgir la ville éternelle, la ville de mon nom... J'en jure par le dieu Mars qui m'a donné le jour ; par les flots du Tibre qui ont protégé mon berceau ; par les oiseaux de proie qui ont nourri mon enfance ; par les mamelles de la louve dont j'ai sucé le lait. »

Il dit, et Rome fut fondée...

Et, pour qu'un crime en cimentât la première pierre, il assassina son frère qu'on ensevelit dans le fossé.

Et toutes les choses prédites par Romulus s'accomplirent ; et sa bande organisée, accrue, disciplinée, nationalisée, ne laissa bientôt plus sur son passage qu'une longue traînée de sang.

Et ces choses subsistèrent ainsi pendant plus de douze siècles, jusqu'à ce qu'enfin, « comme ces criminels qu'on exécute sur le lieu même de leur délit, les armées romaines, conduites par la main de Dieu, allèrent au loin subir leur jugement dans les contrées mêmes qu'elles dévastèrent ; tellement qu'il n'y eut pas un coin du vaste empire où la Providence ne força ces farouches spoliateurs à laisser des monceaux d'ossements. »

Lisez Herder, Vico, Montesquieu ; lisez Gibbon, Sismondi, Michelet, et vous retrouverez, à la forme près, dans ces historiens, cette origine *héroïque* de la ville éternelle ; et vous reconnaîtrez que l'histoire du peuple-roi se réduit en réalité à l'histoire d'une bande de *bri-*

gands, s'honorant du titre de brigands, et élevant le brigandage à l'état d'institution [1].

2. — Voleurs externes.

Pillage à l'étranger;—Sanctifié par la religion.—Carthage détruite pour des figues.
— Déprédations des généraux;—Partage du lion. — Origine des grandes fortunes de Rome.

L'histoire romaine, dit un économiste moderne, res-
semble pendant plusieurs siècles à celle d'un peuple de
flibustiers. On ne lit dans leurs écrivains que des récits
de vols et de dévastations. Tantôt c'est le pillage de Syracuse, puis celui de Tarente, de la Syrie, des villes de
Numidie; puis enfin le triomphe de Paul Emile, dont le
char est suivi de deux cent cinquante chariots remplis
d'or et d'argent. Manlius dévalise l'Asie Mineure; Sempronius, la Lusitanie; Flaccus, l'Espagne; soixante-dix
villes d'Epire sont saccagées et détruites; 150,000 habitants sont réduits en esclavage : la seule ruine de Carthage produit 500 millions de nos francs [2].

A défaut de l'organisation du travail, qui n'existait
pas, on avait organisé le pillage, qui en tenait lieu. On
y observait à peu près, dit Montesquieu, le même ordre
qui se pratique chez les Petits-Tartares. On y faisait même
intervenir la sanction de la religion, et c'est sous l'invo-
cation des dieux que les féciales, consultés, autorisaient

[1] « Le héros romain, dit Michelet, le fondateur de la cité, doit être
d'abord un homme sans patrie et sans loi, un *outlaw*, un banni, un bandit, mots synonymes chez les peuples barbares. Tels sont les Hercule et
les Thésée de la Grèce. Encore aujourd'hui, les bandits sont la partie héroïque du peuple romain. Le héros du peuple le plus héroïque du moyen
âge, le Normand Roger, fondateur de la monarchie sicilienne, se vantait
d'avoir commencé par voler les écuries de Robert Guiscard. » (*Hist. rom.*,
t. 1, p. 57.)

[2] Blanqui, *Hist. de l'économ. polit.*, 1-70.

chaque expédition nouvelle[1]. Mais cet ordre, mais cette sanction ne faisaient pas qu'il y eût justice dans la répartition des fruits de la conquête. Loin de là. On n'y apportait pas même cette justice de brigands qui admet une certaine probité dans l'exercice du crime. Les gros lots étaient pour l'état-major de l'armée, pour les consuls, le sénat, les patriciens. Le peuple, les soldats recevaient à peine de quoi vivre[2]. Tout aux uns, rien aux autres : c'était le partage du lion.

Cette inégalité de partage avait, d'ailleurs, un but politique, celui d'empêcher que le peuple, en s'enrichissant, ne perdît le goût du pillage et des conquêtes, d'où dépendait la fortune des patriciens[3].

Ce goût, chez les patriciens comme chez le peuple, l'emportait de beaucoup sur l'amour de la gloire. C'était moins, en effet, le stimulant de la gloire que le stimulant des appétits voraces et grossiers, qui les poussait à leurs expéditions lointaines. Le *delenda Carthago* de Caton n'eut pas d'autre mobile. C'est à la vue d'une ample provision de belles figues que le vieux censeur avait rapportées de la côte d'Afrique, que la troisième guerre punique fut votée par le sénat. « La terre qui porte ces fruits, dit Caton, n'est distante de Rome que de trois journées de navigation. »

Et Carthage fut détruite.

Que d'expéditions guerrières ont, depuis, été entreprises et menées à fin par le même motif, dans le même

---

[1] Tit.-Liv., lib. XXXI, c. VIII; lib. XXXVI, c. III. — Les *féciales* étaient des prêtres dont le collége, composé de vingt membres, devait toujours être consulté avant d'entreprendre une guerre, signer un traité, etc. C'était, pour les Romains, le moyen de colorer toutes leurs guerres d'une apparence de justice, car les féciales approuvaient toujours.

[2] Dunoyer, *Liberté du travail*, liv. IV, c. IV.

[3] Dunoyer, *ubi supra*.

but ! « On cherche maintenant, dit Cicéron, quelles sont
les villes les plus riches et les plus opulentes, pour leur
déclarer la guerre, sans autre motif que le désir de les
piller. Il n'y a pas, dans les contrées que parcourent nos
généraux, un temple sacré, une ville sainte, une maison
particulière à l'abri de leurs violences et de leurs déprédations [1]. »

Ce que Cicéron dit ici des généraux doit s'entendre
aussi des soldats : en ce sens que les soldats, pillards
enrégimentés, glanaient et ramassaient pour eux les re-
liefs échappés aux *razzias* opimes de leurs chefs.

C'est ainsi que chefs et soldats suppléaient, par le vol
externe organisé, à l'absence, pour eux, de tout travail,
de tout commerce, de toute industrie.

Cette absence, nous l'avons vu, tenait à l'aversion que
les professions manuelles inspiraient aux citoyens romains, et cette aversion elle-même tenait à leurs mœurs,
à leur origine. Forcés, d'abord, pour exister, d'avoir con-
tinuellement recours aux armes, et de mettre souvent la
force à la place du droit, ils avaient contracté l'habitude
d'agir ainsi. La fortune recherchée par la voie du commerce, où l'on traite d'égal à égal, ne pouvait donc plaire
à ces superbes fils de Mars; un commerçant leur parut
un homme à sentiments bas, peu généreux, se contentant d'un métier qui ne rapporte que de l'argent, tandis
que la profession des armes donnait la considération, la
gloire, la fortune, et illustrait en même temps la patrie.
Si l'on veut examiner l'origine des grandes fortunes de
Rome, on verra qu'elles ont été acquises à la guerre ou
dans les commandements de provinces. Les moyens employés pour amasser ces richesses étaient, il est vrai, in-

---

[1] Cic., *Pro lege Manil.*, 22, 23.

dignes, souvent affreux et presque toujours déshono-
rants. Mais, à Rome, ils ne choquaient personne. On
trouvait tout naturel que les généraux, étant conquérants, ou envoyés pour régir des pays conquis, regardas-
sent les peuples comme leur proie, comme leur butin.
Tant que ces peuples n'étaient point citoyens romains,
ils étaient citoyens conquis et traités comme tels. De quoi
se fussent-ils plaints? Rome avait toujours à leur répondre cette fière parole qu'elle tenait de nos pères :
Malheur aux vaincus [1] !

3. — Voleurs internes.

Pillage à l'intérieur.—Nomenclature des voleurs privés.—*Latrones* et *manticularii*.
—Pirates de mer et de terre. — Haute et basse *pègre.* — Voleurs grands
et petits. = Traite des blancs. — Escarpes et plagiaires.

L'habitude du pillage à l'étranger fit naître chez les
Romains l'habitude du pillage à l'intérieur; n'ayant plus
rien à voler aux ennemis, ils se mirent à se voler entre
eux.

Les voleurs internes étaient ceux qui dérobaient, pour
leur propre compte et à leurs risques et périls, la propriété d'autrui.

Les plus nombreux, aux temps des rois et des tribuns,
étaient les voleurs de grands chemins, les voleurs de
caverne, les bandits, les hommes commandant des troupes armées plus ou moins considérables, les corsaires
et les écumeurs de mer. Mais la profession de bandit et
de corsaire, qui exigeait de l'adresse, de la résolution,
du courage, loin de passer pour infâme parmi les peuples anciens, rehaussait ceux qui s'y livraient [2].

[1] Dezobry, *Rome au siècle d'Auguste* , I, 196.
[2] Voy. Thucydid., liv. I, ch. v. Polyb. *Hist.*, liv. II, ch. viii.]

Les voleurs de grandes routes avaient un peu de la générosité des conquérants : le célèbre grammairien Palœmon étant une fois tombé dans une embuscade de *grassarii*, ces bandits le laissèrent aller sain et sauf dès qu'il se fut nommé à eux, à cause de sa réputation littéraire [1].

Les voleurs les moins nombreux, à la même époque, étaient les voleurs des villes, les filous, les chevaliers d'industrie, les crocheteurs de serrures, les faiseurs de mouchoirs; enfin, tous ces lâches escrocs qui se cachent dans nos cités au lieu de s'armer comme ces braves bandits qui attendaient de pied ferme une armée romaine commandée par Pompée [2].

Cette dernière classe de voleurs était même presque inconnue au temps dont nous parlons, puisque alors une seule prison suffisait à tous les malfaiteurs de la ville [3].

Plus tard, sous les empereurs, on vit s'organiser une *haute* et *basse pègre*, comme on dit chez nous en style de police, et le nombre des prisons s'accrut avec le nombre des voleurs.

Rome, étant comme le cloaque où venaient se rendre et se grossir tous les égouts de l'univers [4], pullulait de voleurs dès le temps d'Auguste. — Les nombreuses distributions de blé que l'on faisait dans la ville et qui y attiraient de toutes parts des paresseux et des fainéants [5]; les somptueuses demeures qui l'embellissaient; les innombrables et riches présents qui décoraient ses temples et

[1] Dezobry, I, 243.
[2] Granier, *Histoire des classes ouvrières*, p. 30.
[3] Juven., *Sat.* III, vers 315.
[4] Tacit., *Ann.*, xv, 44.
[5] Appian., *De bell. civ.*, II, p. 820.

étaient naturellement un appât pour la cupidité, faisaient de cette capitale le véritable pays des voleurs [1].

Outre les voleurs de la ville, il y avait les voleurs de la campagne.

Les voleurs de la campagne exploitaient les grandes routes et détroussaient les voyageurs. C'étaient, pour la plupart, des voleurs d'hommes, qui se faisaient une industrie de la traite des blancs, en enlevant des hommes libres pour les vendre au loin comme esclaves, ou les jeter enchaînés dans les ergastules, où ils les *supprimaient*[2]. Toutefois, à la différence des voleurs modernes, les voleurs antiques ne tuaient presque jamais. Les escarpes étaient très-rares parmi eux. Il n'y avait que des plagiaires. Ces derniers se contentaient de rançonner, de piller; et quand la personne capturée n'avait pas d'argent, ils la rançonnaient, ils la pillaient d'une autre manière, en la vendant.

C'est même parce qu'on ne les tuait pas, que les capturés, devenus esclaves, s'appelaient conservés, *servi*[3]!

La facilité avec laquelle les plagiaires trouvaient à se défaire de la proie humaine tombée en leurs mains, jointe à la rareté des chemins et à l'imperfection de la police, encourageait beaucoup leurs brigandages. Le droit des gens d'alors était accablant. Hors de la ville dont il était citoyen, l'homme volé était une sorte d'épave appartenant par droit de prise au premier occupant. Le seul fait de sa possession valait titre pour le voleur[4].

---

[1] Juven., *Sat.* xiii, vers 147.

[2] *Rapti ergastulis supprimebantur.* Suét., *Aug.*, 32.

[3] « *Servi* ex eo appellati sunt, quod imperatores captivos vendere, ac per hoc *servare*, nec *occidere* solent. » (L. IV, dig. I, v, *De statu hominum,* et *Instit.*, I, iii, 5.)

[4] Festus, vᵒ *Laverniones.*

Et puis le *plagiat* n'était puni, par la loi ancienne, que d'une peine dérisoire, une simple amende, laissée à l'arbitraire des juges ordinaires [1]. Ce n'est que sous Dioclétien qu'il fut puni de mort [2]. Intermédiairement, il l'avait été du *fouet*. De là, sans doute, la qualification de *plagiat*, donnée au délit qui encourait cette peine [3].

Sous l'empereur Auguste, le désordre des guerres civiles qui précédèrent ou suivirent la mort de César avait produit un si grand nombre de voleurs d'hommes et de bandits, qu'on fut obligé de distribuer des corps de garde dans toute l'Italie, pour les empêcher de tenir la campagne par bandes armées et d'enlever les esclaves et les personnes libres [4].

Sous Tibère, les brigandages s'étant reproduits avec plus d'audace encore, cet empereur multiplia les corps de garde dans les campagnes, et fit des gardes prétoriennes une sorte de gendarmerie qu'il préposa à la garde et à la sûreté de la ville [5].

Les voleurs de grand chemin, très-nombreux autrefois, avaient fini par devenir très-rares, grâce aux mesures prises pour en prévenir les brigandages.

On les désignait sous les noms de *grassatores*, *grassarii*, *incessores*, *latrones* [6].

---

1 Wallon, III, 54.

2 Cod. Just., L. 7, IX, XXII, *De plagiariis*.

3 *Plaga*, coup, fouet, plaie.

4 Suet., *Tranquill.*, cap. xxxii. — Un certain Corocotta désolait l'Espagne par ses brigandages. L'empereur irrité promit un million de sesterces (près de 200,000 fr.) à celui qui le lui amènerait. Corocotta saisit l'occasion de cette menace pour en faire sortir son pardon; il eut l'audace de venir se présenter lui-même à l'empereur, qui lui fit délivrer la récompense promise. (Dion., LVI, p. 686. Dezobry, I, 244.)

5 Suét., *Tiber.*, cap. xxvii.

6 Suét., *Aug.*, xxxii, 43. Festus, v° *Grassarii*.

Les voleurs de la ville étaient très-nombreux [1]. Le jour, ils se cachaient dans les campagnes environnantes, et principalement dans la forêt *Gallinaria* [2]. La nuit venue, ils se repliaient sur Rome, où, armés d'épées [3] pour attaquer ou se défendre (ils ne se faisaient pas faute de l'assassinat) [4], de leviers et de pinces pour enfoncer les portes ou percer les murs [5], ils accouraient comme à la curée [6].

Les voleurs étaient embrigadés, reconnaissaient des chefs, et observaient entre eux certaines lois pour le partage du butin [7].

Parmi les voleurs de la ville, beaucoup n'étaient, pour ainsi dire, que des volereaux, des *pégriots*, comme on dit aujourd'hui dans l'argot des prisons, ne se livrant qu'à des vols légers, qui ne demandaient qu'un peu d'effronterie et d'adresse; ils se contentaient de dérober les habits dans les bains publics, de l'encens et des parfums sur les lits funéraires et sur les tombeaux, des serviettes dans les repas, des bourses aux passants [8].

On appelait cette classe de voleurs du dernier ordre, *manticularii*, de *manticula*, bourse, et *directarii*, parce qu'ils se dirigeaient dans les maisons pour y faire leur main [9].

Il y avait encore une autre classe de voleurs internes;

---

[1] Suét., *Aug.*, XLIII. Hor., I, *Sat.* II, vers 42.
[2] Juven., *Sat.*, III, vers 305.
[3] Juven., *ibid.*
[4] Hor., I, *Ep.* II, vers 32.
[5] Festus, v° *Vecticularia*.
[6] Juv., *ubi supra*.
[7] Festus, v° *Laverniones*.
[8] Catul., 12, 30. Mart., XI, 55.
[9] Festus, v° *Manticularum*. Digest., XLVII, tit, I. 7, II. Dezobry, I, 240-243.

mais le nom de voleurs ne leur était pas donné, bien que leurs vols fussent plus considérables. C'étaient les gouverneurs de province et les percepteurs des impôts publics. Les uns volaient à l'aide des armes que leur confiait le peuple romain, les autres volaient sous la protection même de la loi. C'est pourquoi la loi ne les atteignait point. La loi punit les petits voleurs, non les grands. C'est ce qui faisait dire à Caton l'ancien : « Les petits voleurs passent leur vie dans les chaînes et dans les prisons, tandis que les grands voleurs la passent sur l'or et sur la pourpre [1]. »

D'autres voleurs s'affublaient des haillons de la mendicité. Je vais en parler dans le paragraphe suivant.

§ 2. — LES MENDIANTS.

Droit à l'oisiveté, droit à la mendicité. — Mendiants plus nombreux autrefois qu'on ne le dit. — Leurs roueries, leurs habits, leurs rendez-vous, leurs demeures, etc. — Cour des Miracles. — Faux mendiants. — Spéculateurs en mendicité. — Parasites. — Frères quêteurs. — Aumône et sportule. — Ne rien donner aux mendiants.

Un auteur moderne a expliqué ainsi qu'il suit l'origine et les causes de la mendicité chez les anciens :

« La mendicité n'est point un fait contemporain de la première formation des peuples : la mendicité a sa source et sa date dans l'émancipation des esclaves. Il est bien vrai que l'on trouve dans les poëtes primitifs, comme Moïse, Homère, Hésiode, qu'il est fait mention de pauvres et de mendiants; mais le nombre en est infiniment restreint à ces époques reculées. En effet, tant que l'esclavage a existé, la mendicité n'a pas pu faire de grands progrès, parce que chacun se trouvait ou maître ou esclave; s'il se trouvait maître, il possédait une certaine

[1] Dezobry, *ubi supra*, p. 244.

fortune ; s'il se trouvait esclave, son maître pourvoyait naturellement à tous ses besoins. Ce n'est qu'au fur et à mesure de l'émancipation des esclaves qu'il a existé ou de très-petits propriétaires, ou des industriels sans capital, ou des ouvriers soumis à toutes les chances des maladies ; et ces propriétaires, ces industriels, ces ouvriers, à la première gêne un peu sérieuse, à la première crise un peu violente, au premier dérangement de santé un peu grave, surtout s'ils avaient à soutenir une famille nombreuse, se sont trouvés dans la misère et ont été réduits à la mendicité. Aussi voit-on les pauvres augmenter, parmi les peuples anciens, à proportion que les affranchissements se multiplient. Néanmoins, comme les émancipations des esclaves ne s'opéraient jamais systématiquement et en masse, mais individuellement, selon la bonté des maîtres et la bonne conduite des serviteurs, le nombre des mendiants était encore fort restreint au commencement de l'ère chrétienne. C'était seulement dans les villes que les mendiants se trouvaient, par la raison que là aussi se trouvaient les affranchis les plus nombreux [1]. »

Cette opinion pèche en plusieurs points, en ce qui touche, notamment, la république romaine. Nous avons vu, en effet, que les citoyens possédant une certaine fortune, *qui rem haberent*, étaient fort peu nombreux à Rome, et que la masse de ceux qui n'avaient rien était énorme au contraire [2]. C'est dans cette masse, et dans l'oisiveté constitutionnelle qui en repoussait tout travail, que se trouvent naturellement placés le siége de la misère et l'origine de la mendicité romaine, bien plus que dans

---

[1] Granier, *Hist. des classes ouvrières*, p. 376.
[2] Voy. ci-dessus, p. 19.

l'émancipation progressive des esclaves, les esclaves émancipés étant tous des travailleurs qui pouvaient gagner leur vie sans honte dans l'exercice des arts et des professions manuelles, ce que les citoyens de naissance ne pouvaient faire sans se déshonorer [1]. La mendicité provenant d'un droit, le nombre des prolétaires mendiants n'était donc pas aussi restreint qu'on le dit, au commencement de l'ère chrétienne.

A Rome, le nombre des mendiants était devenu assez considérable, à la fin de la guerre punique, pour qu'on les parquât près d'une porte de la ville, dans une enceinte particulière, semblable à nos cours des miracles du moyen âge [2].

A Rome, les mendiants se groupaient, tous les matins, autour des temples, portant dans leurs mains de petites images des dieux, et sollicitant les bonnes âmes païennes. Ils se répandaient de préférence dans les endroits les plus fréquentés, tels que les quais, les ponts, les places publiques [3].

On les voyait aussi sur les montées des routes, là où les chars se trouvaient naturellement ralentis [4]. Ils se portaient là en embuscade, et harcelaient les voyageurs et les passants. Ils leur tendaient la main qu'ils ramenaient de temps en temps vers leur bouche, envoyant ainsi des baisers à ceux qu'ils imploraient [5]. Un *stips* (un demi-centime) formait ordinairement l'aumône qu'on leur jetait [6].

---

[1] Voy. ci-dessus, p. 11, et ci-après.

[2] Voy. Naudet, *Secours publics chez les Romains*, Mém. de l'Acad. des inscript., XII, p. 12; et Biot, *Esclavage ancien*, p. 46.

[3] Juv., *Sat.* v, vers 8. Mart., iv, 53; x, 5; xii, 32.

[4] Mart., ii, 19. Juv., *Sat.*, v, vers 117.

[5] Senec., *De vit. beat.*, 25. Juv., *Sat.* v, vers 117.

[6] Senec., *ubi supra.* Val. Maxim., vii, 3, 8.

Quand était venu le soir, la tourbe mendiante quittait le champ de ses travaux pour se réfugier dans un misérable réduit, où un mince matelas de bourre de roseaux enfermée dans de vieilles toiles criblées de trous, lui servait de couche, et quelques poignées de foin, d'oreiller [1]; beaucoup couchaient en plein air sur le Forum ou sous les portiques [2].

Du temps de Juvénal, on leur louait des emplacements dans le bois d'Aricie pour s'y faire des demeures, ou plutôt des tanières dans lesquelles ils couchaient sur la paille, ayant un arbre pour toit [3].

Plaute parlait de la mendicité avec une sorte d'horreur. «J'aimerais mieux, disait-il, voir mourir mes enfants que de les voir mendier.» *Malim moriri meos quam mendicarier* [4].

On avait inventé un mot de mépris pour le métier de mendiant : on l'appelait *mendicimonium* [5].

Beaucoup de mendiants étaient de pauvres naufragés. Un petit tableau, où était peint leur naufrage, était suspendu à leur cou; ils se promenaient de rue en rue, la tête rasée, en implorant, du ton le plus lamentable, la pitié des passants [6].

Les mendiants faisaient de leur costume un moyen de commisération. Des vêtements malpropres et déchirés, ou plutôt des lambeaux de vêtements qui les couvraient à peine, des cheveux sales et en désordre, une barbe dégoûtante et descendant sur leur poitrine, à la main

---

[1] Senec., *De vit. beat.*, XXV.
[2] Cic., *Pro domo*, XXX. Mart., X, 5.
[3] Juv., *Sat.*, III, 15.
[4] Plaute, fragments de la *Vidularia*, 109.
[5] Naudet, *ubi supra*, p. 11.
[6] Mart., XII, 57.

un bâton dont ils assuraient leur pas, sur les épaules
une besace dépositaire de leurs vivres : tel était en général leur accoutrement [1].

Les faux mendiants, c'est-à-dire les mendiants de
profession, qui n'étaient affligés d'aucun autre malheur
que d'une paresse incurable, étaient aussi très-nombreux
à Rome. Ils étaient d'autant plus difficiles à distinguer
des vrais pauvres, qu'ils copiaient les mendiants malheureux à s'y méprendre, et que, pour mieux tromper
les passants, ils allaient jusqu'à se faire des blessures
apparentes [2].

Il y avait de faux mendiants d'une autre sorte. Certaines gens spéculaient sur la mendicité, entretenant à
leurs frais des familles d'esclaves qu'ils faisaient mendier à leur profit. Ils ramassaient dans ce but les enfants
exposés ou abandonnés par leurs parents, et, afin de les
rendre propres à leur odieuse spéculation, ils les estro-
piaient et les mutilaient de toutes les manières. Ceux
qui, le soir, ne rapportaient pas à leur maître une col-
lecte abondante, étaient livrés aux châtiments les plus
cruels [3].

Sénèque le rhéteur agite la question de savoir si le
mendiant maître usé de son droit dans ce cas. «Les pères
qui exposent leurs enfants, fait-il dire à un mendiant
maître, le *lanista* qui dresse ses esclaves aux combats
du cirque, le *leno* qui force les siens à se prostituer;
l'homme opulent qui, pour satisfaire de honteuses passions, mutile ses plus beaux esclaves, et enchaîne les autres dans ses ergastules, ne font-ils pas tous pis que moi,

---

[1] Mart., IV, 5; XIV, 81. Juv., *Sat.* V, vers 8; *Sat.* XIV, vers 299.
Senec., *De vit. beat.*, XXV.

[2] Hor., I, *Ep.* XVII, vers 58.

[3] Voy. Dezobry, I, 271.

et cependant contestez-vous leur droit d'ainsi faire[1]? » Et Sénèque avait raison !...

Une autre espèce de mendiants s'était élevée sous Auguste. On pouvait appeler ceux-ci les mendiants riches, attendu que le principe de leur mendicité n'était pas le besoin, mais l'avarice. Nous parlerons ailleurs de la *sportule*, cette libéralité que les patrons opulents faisaient chaque matin distribuer à leurs clients pauvres. Eh bien ! il y avait des citoyens appartenant aux premières classes de l'État, des patriciens, qui spéculaient sur ces distributions, en affranchissant leurs esclaves, sous la condition qu'ils en partageraient le produit avec eux..

« Cette habitude de gueuser, dit M. Naudet[3], était le seul métier qui ne répugnât pas aux mœurs du peuple roi : tous l'exerçaient sans honte, depuis l'homme nouveau qui venait d'acheter sa liberté au prix de tout son *pécule*, jusqu'au préteur et au tribun. Si l'on en croit Juvénal, quelques mendiants, sous la robe prétexte, rivalisaient de bassesse et de ruse avec ceux qui allaient vêtus de haillons[4]. La seule différence était qu'ils se couvraient de noms plus honnêtes, ceux de *clients* et d'amis, et qu'au lieu d'aumône, ce qu'ils recevaient s'appelait *sportule*[5]. On ne s'étonnera pas que le poëte Martial ait quêté, en vers platement spirituels, tantôt une tunique, tantôt une robe, auprès de ses protecteurs[6], lorsque Juvénal représente un patricien qui, pour avoir double portion, amène une litière vide et fermée, dans laquelle il feint que repose sa femme malade[7]. »

[1] Senec., *Controvers.*, x, 4.
[2] Juven., *Sat.* iii, vers 249.
[3] Naudet, *ubi supra*, p. 82.
[4] Juven., *Sat.* i, vers 95, 102, 120, 126.
[5] Juven., *Sat.* x, 46.
[6] Martial., *Epigr.*, vi, 82 ; viii, 28 ; ix, 50.
[7] Juven., *Sat.* i, 123.

Il y avait, dans cette troupe famélique, beaucoup de degrés de misère et de bassesse, depuis le malheureux client, attendant l'aumône de la sportule, jusqu'au parasite admis à la table du patron, et mendiant dans la salle à manger ce que l'autre mendiait à la porte. Les parasites étaient, pour la plupart, des prodigues ruinés par leur inconduite. Cette classe de mendiants était nombreuse. Les milliers de gens qui la composaient ne savaient pas, la veille, s'ils mangeraient le lendemain. Ils allaient de porte en porte quêter un dîner, qu'ils obtenaient à force de bouffonneries, de flatteries, de bons mots. Leur profession était d'amuser les grands, de les distraire, de les désennuyer[1]. Quand il n'y avait plus de place sur les *lits*, ils se mettaient sur des bancs[2], et là on leur faisait payer leur bassesse par toutes sortes d'ignominies.

Les *Frères quêteurs*, qu'on croit d'institution chrétienne, figuraient au nombre des mendiants païens. Les prêtres de Cybèle formaient, en effet, dans le clergé païen, une congrégation de religieux mendiants. Minutius Felix les mentionne dans son livre intitulé *Octavius* [3]; Tertullien leur reproche, dans l'*Apologétique*, l'effronterie avec laquelle ils rôdaient autour des hôtelleries [4], et Juvénal, qui n'est pas suspect en ces matières, les représente ivres et couchés sous les tables dans les *popinæ*, parmi les bravi, les matelots, les voleurs, les esclaves fugitifs, les valets de bourreau et les fabricants de cercueils [5].

---

[1] Dezobry, 1, 261.

[2] Senec., *De const. sapient.*, xv. Plaut., *Stich.*, III, 2, vers 32.

[3] Minut. Felix , *Octav.*, cap. xxiv.

[4] Tertull., *Apologet.*, cap. xiii. Tertullien ajoute, un peu plus loin, que les chrétiens nourrissaient même, de son temps, les prêtres des faux dieux, et que *Jupiter tendait la main. Ibid.*, cap. xlviii.

[5] Juven., *Sat.*, viii, vers 173. Granier, *Des classes ouvrières*.

L'aumône faite aux mendiants était jugée, par les anciens, comme elle l'est de nos jours, c'est-à-dire inutile et dangereuse. Témoin ces vers du *Trinummus* de Plaute :

De mendico male meretur qui ei dat quod edit aut quod bibat ;
Nam et illud quod dat perdit, et illi producit vitam ad miseriam [1].

« C'est rendre un mauvais service au mendiant que de lui donner de quoi manger ou boire ; car on perd ce qu'on lui donne, et on prolonge sa vie pour la mendicité. »

Mais, de nos jours, nous avons du travail à donner aux mendiants valides, et les Romains n'en avaient pas, ou, s'ils en avaient, le travail qu'ils offraient avilissait, et le nôtre honore. — Que pouvaient donc faire à Rome les pauvres auxquels manquaient, à la fois, l'ouvrage et l'aumône ? Ne pouvant travailler, ils se faisaient :—les hommes, voleurs ; — les femmes, prostituées.

§ 3. — LES COURTISANES.

Prostitution, formule du droit à l'oisiveté. — Deux classes de prostituées. — Prostituées esclaves ; courtisanes libres. — Hommages rendus par les poëtes aux courtisanes. — Les philosophes et les sages font cercle chez elles.— Curieux catalogue d'Athénée. — La mère et l'ami. — Dévotion des courtisanes. — Culte à Vénus. — Mystères de la bonne déesse. — Train de maison des courtisanes. — Leur vie, leurs habitudes, etc. — Énormes richesses de plusieurs. — Misère morale de toutes. — Causes de ruine pour les familles.

La loi de l'esclavage, en donnant aux hommes libres des cités antiques les moyens de satisfaire la variété de leurs désirs sans sortir de leurs demeures, semblait devoir écarter la prostitution des habitudes des classes oisives. Mais la prostitution publique naquit, au contraire, forcément, de la prostitution privée du toit domestique.

D'un autre côté, les lois qui réglaient l'union des

---

[1] Plaute, *Trinumm.*, II, ii, 296.

sexes, en autorisant, à côté du mariage légitime, des noces non solennelles et le concubinage, autorisaient par cela seul la dépravation des mœurs, et poussaient à la prostitution.

Le concubinage n'avait rien de moralement honteux chez les anciens; il passait pour une sorte de mariage; il était appelé *coutume licite* par les lois.

Avec de pareilles lois, la débauche publique n'offense plus les mœurs; elle en fait partie.

Dans les tableaux, dans les plaidoyers des orateurs, dans les pièces de théâtre, la concubine a le pas sur la femme mariée. La femme légitime n'y figure qu'avec l'escorte de défauts que lui prêtent les poëtes : âcreté d'humeur, esprit de vol et de gourmandise, amour du vin, vices secrets; tandis que la concubine y est parée de toutes les qualités qui justifient la préférence du mari pour elle [1].

Concubinage et prostitution sont frère et sœur.

Ce n'était point à la femme vertueuse, à la beauté chaste, à la maîtrese pure de corps et de cœur, que les poëtes adressaient leurs vers et leurs hommages. Pyrrha, Lydie, Leuconoé, Tindaris, Glycère, Chloé, Barine, Astérie, Lycé, Néobulé, Chloris, Phidilé, Galathée, Phyllis, Phryné, Cinara, chantées par Horace; — Lesbie, Acmé, Quintia, Aufilena, Hypsitbille, chantées par Catulle; — Délie et Néæra, chantées par Tibulle, étaient des courtisanes !

Comme la concubine, la courtisane avait, dans les sociétés antiques, une place distincte, à côté et souvent au-dessus de l'épouse.

---

[1] Voy. Demosth., *In Neœr.* Aristophane, dans les *Harangueuses.* Plaute, Athénée, etc.

Comme le concubinage, la prostitution était donc un acte permis, approuvé, réglementé.

La prostitution n'était autre chose que l'une des formes légales sous lesquelles le droit à l'oisiveté pouvait se manifester librement chez les femmes non mariées. Nulle loi, en effet, n'interdisait à la femme, libre de son corps, de le donner ou de le vendre. La classe des courtisanes et des prostituées avait donc droit de cité, et occupait le premier rang parmi les classes oisives d'Athènes et de Rome.

Toutefois l'on distinguait, dans la classe des prostituées, celles qui agissaient pour leur propre compte et en vertu de leur propre droit, de celles qui agissaient pour le compte d'un autre et sous la domination d'un exploitant. Les premières étaient de condition libre; c'étaient les courtisanes proprement dites. Les secondes étaient de condition serve; c'étaient les prostituées ou filles publiques.

Je ne dirai rien ici des filles publiques, attendu qu'étant esclaves et rentrant, à ce titre, dans l'exploitation officielle des plaisirs du peuple, j'aurai à y revenir bientôt, en parlant des divers rouages de l'organisation de l'oisiveté citoyenne [1].

Je n'ai à m'occuper, en ce moment, que de la condition des courtisanes libres, c'est-à-dire des courtisanes affranchies « que leur beauté faisait libres, et qui soumettaient les riches et les puissants par leurs grâces, comme les esclaves grammairiens ou les esclaves poëtes se les soumettaient par leur esprit. »

Les vices qui régnaient dans l'esclavage antique, par l'influence même des principes dont il relevait, survi-

[1] Voy. ci-après, p. 115.

vaient, par la force de l'habitude, jusque dans l'affranchissement des esclaves. C'est dire qu'élevées dès l'enfance dans l'atmosphère viciée du servage domestique, les filles esclaves, rachetées un jour par le libertinage d'un prodigue, puis affranchies par ses complaisances ou par son dédain, continuaient, étant libres, ce qu'on avait fait d'elles en servitude. Jeunes encore, elles allaient, comme danseuses, joueuses de flûte, figurantes, etc., dans les festins ou les théâtres, louées au jour, au mois, à l'année. Ou bien, elles se constituaient courtisanes en titre, et attiraient les amants dans leurs demeures [1].

C'est dans la classe des courtisanes que se cultivait presque uniquement le goût des lettres et des beaux-arts. Aussi les courtisanes antiques ont-elles eu leurs monuments publics [2] et leur histoire [3]. Aussi ont-elles eu des autels et pas seulement des adorateurs [4].

« Ces aimables sirènes, dit Antenor, joignent aux charmes de la figure, à la séduction de la coquetterie, les agréments de l'esprit, l'atticisme le plus pur, le plus piquant. Des connaissances en littérature, souvent même en mathématiques, rendent leur conversation et leur société délicieuse. »

Des philosophes, des sages de la Grèce, non-seulement ne rougissaient pas, mais tenaient à honneur de faire cercle chez les plus célèbres courtisanes d'Athènes. Athénée nous a laissé le curieux catalogue des noms des

[1] Lucien, *Dialogue des courtisanes*, xv, etc. Plaute, *Asin.*, IV, I, 730 et suiv. Wallon, II, 437.

[2] Témoin Phryné, à qui les habitants de Delphes élevèrent une statue d'or. (Athen., XIII, p. 591, *b*.)

[3] Athen., XIII, p. 556-558, 576-578, et 582, *d*.)

[4] Athen., XIII, 572. Wallon, II, 443.

graves personnages qui prenaient plaisir à ce passe-
temps. On y trouve Socrate qui, fuyant sa femme, la
querelleuse Xantippe, venait avec ses disciples philoso-
pher chez Aspasie. On y trouve aussi Platon et l'épigramme qu'on lui prêtait sur la belle Archéanasse; Aristote, avec le fils qu'il eut de la courtisane Herpyllis;
Euripide, qui maudissait tant les femmes, et Sophocle,
qui souillait parmi elles ses cheveux blancs; Aristippe le
voluptueux, et le cynique Diogène; Lysias, Isocrate, Démosthène, et le fameux Épicure, plus logique dans son
système qu'on ne le dit généralement [1].

Périclès et Céthégus avaient, pour Égéries, leurs maîtresses, et ces maîtresses étaient deux courtisanes, Aspasie et Prœcia.

Aspasie fut, sans contredit, la courtisane la plus célèbre de l'antiquité. Son esprit et sa beauté lui firent à
Athènes une si grande position, qu'elle menait toutes les
affaires de la Grèce. Elle recevait chez elle tous les philosophes et tous les poëtes de son temps, et ses visiteurs
lui conduisaient même leurs femmes, chose étrange à
penser quand on sait d'ailleurs qu'elle tenait une maison
de débauche [2]. Socrate l'allait voir souvent, et Platon
écrit, dans son dialogue intitulé *Ménexène*, qu'un grand
nombre d'Athéniens de distinction allaient apprendre
d'elle le beau langage [3].

Prœcia était à Rome, du temps de Pompée, ce qu'Aspasie avait été à Athènes du temps de Périclès [4].

Toutes ces courtisanes habitaient des maisons char-
mantes, meublées par le luxe et le goût [5]. Les plus riches

---

[1] Athen., XIII, p. 557 à 592, 604 et 605. Wallon, II, 442.
[2] Plutarque, *Vie de Périclès*, ch. xxiv.
[3] Granier de Cassagnac, *Classes ouvrières*, p. 478.
[4] *Id., ibid.*
[5] Voy. *ibid.*, détails d'ameublement, etc., p. 459.

avaient un nombreux domestique et un grand train de dépense. Le plus grand nombre possédait des esclaves; les moins heureuses en louaient.

La plupart étaient, pour le principal de leur entretien, à la charge de quelqu'un. Ce quelqu'un s'appelait un protecteur, un ami [1].

Les courtisanes avaient pour compagne une mère, mère fictive à défaut de mère réelle. La mère, pour la courtisane, ce n'était pas cette femme qui nous a donné la vie, c'était une femme qui donnait un rang [2]. Socrate étant allé voir, un jour, Théodote, jeune courtisane d'Athènes fort à la mode, elle s'empressa de lui présenter sa mère, qui était dans un grand appareil de toilette, au milieu d'un essaim d'esclaves qui la servaient [3].

C'était en général vers midi que ces dames recevaient le monde élégant, dans un costume fort léger, et enveloppées, l'été, d'un vaste moustiquaire de soie, pour se préserver de la piqûre des mouches [4]. A Rome, les jeunes gens riches et les poëtes allaient faire cercle autour d'elles en sortant du forum, quand les affaires de la matinée étaient closes [5].

La journée des courtisanes était consacrée aux relations du monde, leur soirée appartenait aux relations galantes [6].

On ne sait rien de leur costume, si ce n'est qu'étant presque toutes Grecques, elles devaient conserver un peu partout la mode de leur pays [7], et qu'étant courtisa-

---

[1] Xenoph., *Memorabil.*, lib. III, cap. ii, § 4.
[2] Granier de Cassagnac, *Classes ouvrières*, p. 458.
[3] Xenoph., *ubi supra*.
[4] Catull., *Carm.* xxxii. Horat., *Epod.* lib. X, ode ix.
[5] Catull., *Carm.* x. Granier, p. 453.
[6] Voy. à ce sujet *Histoire des classes ouvrières*, p. 454 et suiv.
[7] *Id., ibid.*, p. 464.

nes, elles n'avaient pas le droit d'avoir des bandelettes à leurs cheveux et de porter la longue robe à queue, qui était le privilége des femmes de noble condition [1]. Du reste, les femmes élégantes portaient des colliers de perles et de diamants, avec bagues aux doigts et pierreries aux oreilles, selon leur position de fortune [2]. De plus, elles sortaient en chaise le plus qu'elles pouvaient, ce qui les rapprochait des femmes nobles [3].

Plusieurs courtisanes tiraient d'énormes profits de leur beauté. On connaît les fortunes prodigieuses des Laïs, des Phryné, etc. Phryné avait proposé aux Thébains de rebâtir leur ville, renversée par Alexandre, à la seule condition que le souvenir en serait consacré par une inscription [4]. Flora, la favorite de Pompée, put, à l'aide de son immense fortune, faire décréter par le sénat des jeux publics en son honneur. D'autres étaient riches et avares, mais assez riches, comme la rapace Cinara, pour permettre que, parfois, on leur plût gratis [5].

En général, les courtisanes étaient fort dévotes, ou du moins elles fréquentaient immodérément les temples [6]; c'était un moyen pour elles d'occuper fructueusement leur oisiveté. Properce se plaint à Cynthia de ce qu'elle n'allait pas au temple exclusivement pour prier [7].

Toutefois, il était une dévotion à laquelle les courtisanes se livraient exclusivement pour elle-même. Je veux parler de la dévotion à Vénus. La théogonie des anciens

---

[1] Granier de Cassagnac, *Classes ouvrières*, p. 451 et 465.
[2] *Id., ibid.*, p. 464 et 468.
[3] *Id., ibid.*, p. 468.
[4] Athen., XIII, p. 591, *c.*
[5] Horat., *Epist.*, lib. I, ep. xiv, vers 33.
[6] Granier de Cassagnac, *ubi supra*, p. 452.
[7] Propert., lib. II, *Eleg.* xv, vers 10.

se prêtait avec une prodigieuse facilité à tous les besoins, à toutes les passions des sens. Vénus présidait au plaisir. Fidèles à son culte, les courtisanes de Rome célébraient des fêtes en son honneur; elles lui offraient de l'encens, du myrte, des roses, et lui demandaient la beauté et la faveur du peuple, l'art de plaire et celui de séduire [1]. Elles adressaient plus particulièrement leurs hommages à Volupia, qu'on représentait sous les traits d'une jeune fille foulant aux pieds la vertu. Le front ceint de fleurs pâles, et comme pour imiter les gladiateurs qui, après avoir obtenu leur liberté, suspendaient leurs armes au temple d'Hercule, elles déposaient sur les autels de leurs dieux autant de couronnes qu'elles avaient commis d'actes de débauche [2].

Ces dévotions des courtisanes causeront peu de surprise, si l'on pense aux mystères de la bonne déesse que célébraient les dames romaines, et dont Juvénal a retracé l'impudique tableau [3].

Riches ou pauvres, le métier qu'exerçaient les courtisanes était un métier de mendiantes. Comme la mendiante, en effet, la courtisane tend la main. La seule différence qu'il y ait entre elles, c'est que la mendiante n'offre rien en échange de ce qu'on lui donne, tandis que la courtisane rend en jouissance d'elle-même le prix de l'aumône qu'elle reçoit.

La mendicité et la prostitution ont cet autre point de ressemblance, que toutes deux procèdent de la misère, comme la misère procède de l'oisiveté.

---

[1] Court de Gebelin, *Monde primitif*, IV, p. 385.

[2] Pline, liv. XXI, ch. II.—Juste-Lipse, *Antiq. lection.*, liv. III, p. 493.

[3] Voir, dans mon ouvrage, *Du droit à l'assistance et des divers moyens de soulager la misère et d'obvier à la mendicité, dans l'antiquité païenne,* le chapitre qui traite des causes de la misère antique : *Corruption des mœurs.*

La prostitution et la misère sont liées, d'ailleurs, si indissolublement entre elles, que, quand l'une n'est pas toujours l'effet, elle est toujours la cause de l'autre, et *vice versa*, alors même que la prostitution se produit sous les apparences du luxe et de la richesse.

Les riches courtisanes de l'antiquité pouvaient n'avoir jamais senti les étreintes de la misère avant de s'être livrées au commerce de [leurs banales [amours; mais, outre que la misère morale la plus profonde pouvait seule leur décerner et leur faire recevoir les lubriques hommages qui les faisaient vivre, cette misère ne devait-elle pas nécessairement les précipiter dans l'autre, dès qu'elles avaient cessé d'être jeunes et belles? D'un autre côté, n'étaient-elles pas elles-mêmes une source permanente de misère pour les familles?

Tous les jours, des gens en place, qui n'osaient se montrer en public avec elles [1], des hommes d'un certain âge, des magistrats, des philosophes, des maris délaissant leurs épouses [2], venaient chez elles en secret pour tout autre chose que pour y faire platoniquement l'amour ou pour y discuter des thèses d'école; ils les entretenaient comme maîtresses; ils passaient dans leur intimité la majeure partie de leur temps, et ils en rapportaient souvent des enfants qu'ils adoptaient et confondaient avec leurs enfants légitimes [3].

Pareillement les jeunes gens de famille venaient dissiper chez les courtisanes leur fortune et leur honneur; heureux quand ils ne perdaient pas en même temps leur

---

[1] Terent., *Eunuch.*, act. III; sc. II, vers 42.
[2] Demosth., *In Neœr.*; p. 881.
[3] Samuel Petit, *Leg. attic.*, p. 141.

santé avec quelque prostituée des rues, dans quelque maison de débauche ou de jeu [1].

Qui ne sait l'histoire des courtisanes de Corinthe, si célèbres par leur beauté ruineuse ? Les marchands étrangers accouraient vers elles de toutes parts ; et quelques jours de plaisir passés près d'elles suffisaient pour ruiner un équipage entier [2] ; aussi n'était-il pas donné à tout le monde d'aller à Corinthe.

« La courtisane, dit Plaute, doit avoir bonnes dents, sourires à tout venant, douces paroles aux lèvres, flatteries sur la langue, ruses au cœur. La courtisane est le buisson : nul ne peut l'approcher sans perte ni dommage [3]. »

Telle était la condition des classes oisives à Rome. — Oisiveté honnête et misérable, d'un côté ; oisiveté vicieuse et misérable, de l'autre : oisiveté dangereuse, des deux côtés.

---

[1] *Anarcharsis*, t. II, ch. xx. Horace, liv. II, ode viii, vers 21, 24.

[2] *Anarcharsis*, t. IV, ch. xxxvii.

[3] Plaute, *Trucul.*, II, 1, vers 176 et toute la scène.

CHAPITRE IV.

Organisation de l'oisiveté citoyenne, dans les républiques d'Athènes et de Rome.

Nécessité de cette organisation. — Ses diverses formules.

La grande affaire des Athéniens, c'était la liberté, disait Jean-Jacques [1]. Il eût été plus juste de dire que leur grande affaire c'était l'oisiveté.

L'oisiveté était aussi la grande affaire des Romains.

C'était surtout la grande affaire du gouvernement des deux républiques, en ce sens que ce n'était pas mince besogne pour lui que de contenir, sans le frein du travail, cette masse nombreuse, oisive, affamée, turbulente, appelée : ici le peuple d'Athènes, là le peuple de Rome; car le droit à l'oisiveté était garanti aux deux peuples, plus fortement que ne le sera jamais chez nous le droit au travail; et la difficulté d'organiser le travail chez nous est moindre, peut-être, que ne l'était celle d'organiser l'oisiveté chez eux.

§ I. — ORGANISATION DE L'OISIVETÉ CITOYENNE A ATHÈNES.

Paresse salariée. — Obole quotidienne à tous les fainéants. — *Theoricon.* — Jeux, repas et spectacles gratis. — Gendarmes. — Résultats pour le bien-être du peuple.

L'organisation de l'oisiveté importait surtout à Athènes, ville oisive par excellence, et dont les habitants avaient reçu le nom de flâneurs ou de badauds [2].

[1] J.-J. Rousseau, *Contrat social*, liv. III, xv.
[2] Aristoph., *In equit.*, vers 1260.

Cette organisation reposait sur un moyen bien simple : le trésor public accordait un prix de journée uniforme à tous les fainéants; il salariait la paresse comme on salarie ailleurs le travail[1]. Nul n'était obligé de gagner son pain à la sueur de son front, tout le monde s'en procurait sans rien faire ; et comme il faut une occupation à l'homme, on procurait aux Athéniens celle de s'amuser sans cesse quand ils étaient las de manger et de dormir toujours; de là, les jeux, les fêtes, les spectacles gratis, variant agréablement l'uniformité de l'obole quotidienne, du *theoricon* et des repas publics.

A Lacédémone, les citoyens ne prenaient jamais de repas en particulier, Lycurgue ayant ordonné que tous, sans distinction, rois, magistrats, sénateurs, riches et pauvres, mangeassent ensemble les mêmes viandes, qui étaient réglées par ses lois. Ces repas communs s'appelaient φειδίτια. Les salles communes destinées à ces sortes de repas étaient de quinze personnes : il y en avait pour les enfants, pour les jeunes gens, et pour les hommes faits ; les femmes et les filles mangeaient seules dans leurs maisons. On ne pouvait se dispenser de se trouver aux repas publics. Ceux qui y manquaient sans cause légitime étaient punis.

A Athènes, les repas publics n'étaient pas communs à tous les citoyens comme à Lacédémone ; c'était, au contraire, un honneur singulier d'y être admis. Ils se faisaient dans un vaste édifice appelé Prytanée; on y servait tous les jours, aux dépens de la république, plusieurs tables où l'on ne recevait que ceux à qui ce privilége était accordé en récompense des services par eux rendus à la patrie; on y admettait également les enfants

---

[1] Voy. Blanqui, *Histoire de 'économie politique.*

de ceux qui étaient morts au service de la république.

Dans le principe, cette règle était aussi sévèrement observée que celle de la sobriété. Plus tard, quand les Athéniens eurent étendu leurs conquêtes en Asie, ils prirent les mœurs du pays conquis, et se livrèrent à leur penchant pour la bonne chère et les plaisirs. Alors le droit à l'oisiveté devint la règle du droit aux repas du Prytanée, et il fallut des lois somptuaires pour en limiter les abus [1].

De même que la loi réglait tout ce qui concernait le droit à l'assistance, de même tout ce qui concernait le droit aux fêtes, aux jeux, aux spectacles était prévu, fixé et réglementé par la loi : les deux droits se tenaient. La loi réglait spécialement le nombre des solennités où l'on devait donner au peuple les diverses espèces de jeux dont il était si avide [2].

Quatre-vingts jours au moins étaient consacrés, chaque année, à des spectacles populaires [3].

Les théâtres étaient ouverts à la pointe du jour [4]. Ils contenaient jusqu'à 30,000 spectateurs [5].

Il y avait, en outre, dans le cours de l'année, un grand nombre de fêtes, de processions, de cérémonies, de jeux de toute espèce [6].

Outre les fêtes locales que donnait chaque ville à ses habitants, quatre solennités générales réunissaient chaque année tous les peuples de la Grèce. C'étaient les jeux pythiques, les jeux isthmiques, les jeux néméens,

---

[1] Voy. le *Dictionnaire des dates*, de d'Harmonville, v° *Repas*.

[2] Demosth., *In Mid.*, p. 604.

[3] Isocr., *Paneg.*, t. I, p. 142.

[4] Xenoph., *Memor.*, lib. V, p. 825.

[5] Barthélemy, *Voyage du jeune Anacharsis*.

[6] *Id.*, *ibid.*

et les jeux olympiques, les plus célèbres de tous. Ces divers jeux duraient plusieurs jours [1].

Un ou plusieurs archontes présidaient aux jeux, assistés de gendarmes pour expulser ceux qui troubleraient l'ordre public [2].

Rien donc ne manquait aux plaisirs des Athéniens ; mais tout manquait à leur bien-être, car le bien-être d'un peuple ne peut provenir que du travail ; et l'oisiveté ne produit que la mendicité et la misère. De là ce vers devenu proverbe en Grèce :

L'Athénien en mourant tend encore la main [3].

§ 2. — ORGANISATION DE L'OISIVETÉ CITOYENNE A ROME.

Panem et circenses. — Comitia. — Lupanaria. — Balnea. — Popinæ.

A Rome, comme à Athènes, le droit à l'oisiveté impliquait le droit à l'assistance, et conférait aux citoyens prolétaires, aux nobles gueux qui s'en paraient comme d'un titre, celui non-seulement d'être nourris sans rien faire, mais encore de prendre leur part des réjouissances perpétuelles auxquelles se livraient les riches patriciens. Leur cri de ralliement n'était point : « Vivre en travaillant » ; mais « Vivre en s'amusant ! » « Ce peuple, dit Juvénal, qui autrefois créait les consuls, les gouverneurs de province, les généraux, qui, en un mot, disposait de tout, se contente aujourd'hui de deux choses ; il ne forme plus que deux désirs : du *pain* et des *spectacles.*

[1] Barthélemy, *Voyage du jeune Anacharsis.*
[2] *Id., ibid.,* ch. XXIV.
[3] Aristophane. — Lantier, *Voyage d'Anténor,* ch. CVI.

> Qui dabat olim
> Imperium, fasces, legiones, omnia, nunc se
> Continet, atque duas tantum res anxius optat :
> *Panem* et *circenses* [1].

Panem! il le mendiait et le recevait de toutes mains et sous toutes les formes.

Circenses! il s'en repaissait l'esprit et les yeux comme il repaissait son corps des vivres fournis gratuitement.

Voyons donc comment étaient organisés le *panem et circenses* des Romains. Nous verrons ensuite comment les *comitia* concouraient à alimenter leur oisiveté politique, en même temps que les *balnea*, les *lupanaria*, les *popinæ*, entretenaient leur oisiveté licencieuse.

§ 3. — PANEM ET CIRCENSES.

1. *Panem.*

Lois agraires, annonaires, frumentaires. — *Sportule.* — *Lectisternes.* — Repas publics. — Epulons. — Banquets propitiatoires.

Nous avons vu, plus haut, que sur 450,000 citoyens dont se composait la population libre de Rome, au temps de la dictature de César, 320,000 prolétaires oisifs recevaient le pain de l'annone.

C'est par des distributions gratuites de terres que la république romaine commença à pourvoir à la subsistance des citoyens pauvres; mais l'effet des lois agraires fut : pour le peuple, une plus grande misère, née des troubles mêmes qu'amenèrent ces lois; et pour les grands, la nécessité d'y remédier par des distributions périodiques en blé, en vivres, en argent, qui constituèrent à

---

[1] Juven., *Sat.* x, vers 79.

leur charge une taxe des pauvres énorme, et telle que le paupérisme moderne n'en a encore jamais connu.

Les lois *frumentaires*, qui réglaient les distributions de blé aux oisifs pauvres, étaient encore plus grosses de dangers que les lois agraires ; mais, celles-ci abolies, les lois frumentaires étaient une nécessité. Sans elles le flot populaire eût débordé et englouti la fortune des riches. Aussi le pain que les riches donnaient au peuple était, comme le gâteau de miel jeté dans la gueule de Cerbère, moins pour l'empêcher de mourir de faim que pour l'empêcher de mordre.

Il en était de même des distributions de vivres, et notamment de la sportule, qui, tout en venant en aide à la pauvreté, favorisaient la fainéantise. Ce mode de secours démoralisait en soulageant : c'est dire qu'il entretenait le mal au lieu de le détruire.

Quant aux distributions en argent, bien qu'elles fussent moins en usage à Rome qu'à Athènes, elles n'en venaient pas moins, parfois, s'ajouter aux autres moyens de secours, moyens d'asservissement et de corruption, bien plus que de soulagement et de bienfaisance.

Ayant parlé avec détails, dans un autre ouvrage [1], de ces divers moyens d'apaiser la faim de l'oisiveté romaine, je n'ai plus à parler ici que des moyens de l'amuser.

Je dirai un mot, à ce titre, des repas publics qui accompagnaient presque toujours les jeux.

Bien que les repas publics fussent plus utiles au peuple que les simples jeux, cependant c'était plus comme plaisir que comme mode de subsistance qu'ils lui étaient offerts.

---

[1] *Du droit à l'assistance, et des divers moyens de soulager la misère et d'obvier à la mendicité, dans l'antiquité païenne, 1 vol. in-8°.*

Les repas publics les plus en usage à Rome s'appelaient *lectisternes*, du nom des lits sur lesquels les principaux convives étaient assis.

En temps de calamité, de peste ou de famine, le sénat, pour apaiser les dieux, ordonnait, non pas un jeûne[1], mais des repas publics propitiatoires. Ces *lectisternes* se tenaient, partie dans les temples où l'on dressait les lits et les tables pour les dieux et l'aristocratie des convives, partie en plein air, pour le peuple.

Ces fêtes *épulaires* étaient ordinairement très-simples. Le festin consistait en galettes de farine d'orge, servies dans des assiettes de terre ou dans des corbeilles ; en gâteaux, fromentées, olives, poissons à écailles, prémices de quelques fruits, et autres choses aussi peu recherchées, d'aussi peu de valeur et sans superfluité[2]. Les libations, qui consistaient en vin mêlé de myrrhe, s'y faisaient avec des vases et des coupes également de terre[3].

Souvent les lectisternes étaient célébrés avec plus de magnificence ; ils duraient quelquefois huit jours de suite. Le peuple, qui aimait singulièrement ce genre de cérémonie religieuse, invitait à sa table tous les passants, connus ou inconnus, indigènes ou étrangers, et s'abstenait, pendant ce temps-là, de toute querelle[4].

Dans un *lectisterne* qui dura trois jours, le sénat dépensa 333,333 *as*, et fit tuer 300 bœufs[5].

Une autre espèce de repas, à peu près semblable, était

---

[1] Le jeûne n'entrait point dans les dévotions des Romains. Nous n'en connaissons qu'un exemple dont parle Tite-Live, lib. XXXVI, c. xxxvii.

[2] Tite-Live, lib. XL, 59. Pline, XXXII, 2. Denys d'Hal., II, 7.

[3] Denys d'Hal., II, 7.

[4] Tite-Live, V, 13.

[5] De Beaufort, *Rép. rom.*, I, 277.

donné à Jupiter dans certaines occasions solennelles [1] ;
des prêtres spéciaux, nommés *épulons*, étaient chargés
de régler et de faire les honneurs du festin.

Chaque sacrifice était toujours suivi de festins. S'il
était public, les épulons avaient soin d'ordonner un repas des plus somptueux. Si c'était un particulier qui
faisait le sacrifice, il invitait chez lui les personnes de sa
connaissance, et on y mangeait la part de la victime
qui lui était échue [2].

De grosses sommes étaient dépensées pour ces repas expiatoires. Le peuple pauvre en profitait ; mais
était-ce un bon moyen de faire cesser la famine, que de
la provoquer par des banquets ?

2. *Circences.*

Ludi. — Jeux privés. — Jeux publics. — Diverses sortes de jeux publics. —
Fêtes et spectacles. — Institution politique et religieuse.

Les jeux, *ludi*, étaient l'amusement national du peuple.

On en distinguait de deux sortes : les jeux privés et
les jeux publics.

Les jeux privés étaient ceux qui précédaient le principal repas. L'habitude était, à Rome, de se plonger
dans un bain chaud avant de souper, et de faire précé-
der le bain par quelques exercices doux ou violents, suivant l'âge et le goût des personnes. Dans les grandes
maisons, le *sphæristerium* servait à ces récréations [3].

Les uns s'y exerçaient à la lutte, ou balançaient leurs
bras chargés de masses de plomb ; les autres jouaient à

---

[1] Cic., *De Orat.*, iii, 19. Tite-Live, lib. XXVII, c. xxxvi; lib. XXIX,
c. xxxviii; lib. XXXIII, c. xlii.
[2] De Beaufort, *Républ. rom.*, I, 233, 293.
[3] Dezobry, I, 207.

la paume; d'autres, les mains liées, montraient leur adresse à ramasser des anneaux, ou bien, mettant un genou en terre, se renversaient en arrière jusqu'à ce qu'ils touchassent avec leur tête l'extrémité postérieure de leurs pieds [1].

Parmi les jeux paisibles, on affectionnait surtout les suivants :

Les *duodecim scripta* se jouaient sur une petite table creuse, peinte perpendiculairement à ses faces de douze lignes alternativement blanches et noires. Sur ces lignes chaque joueur rangeait cinq petits disques, et il les promenait suivant l'indication donnée par des dés qu'il jetait sur la table, après les avoir agités dans un cornet cylindrique plus large à sa base qu'à l'orifice [2].

Les *latrunculi*, jeu savant, se jouaient avec des pièces de verre de diverses couleurs, représentant comme les soldats de deux camps ennemis [3].

Les *lapilli*; c'étaient des *calculs* blancs et noirs, que l'on rangeait trois à trois sur une tablette divisée en compartiments rectangulaires alternativement blancs et noirs. La victoire consistait à conduire ses *lapilli* jusqu'au fond du jeu de son adversaire [4].

La mouche, *mica*. On tenait une main fermée derrière soi, on élevait un certain nombre de doigts, et la personne avec laquelle on jouait devait, pour gagner, deviner le nombre de doigts levés [5].

Enfin, on s'amusait encore, soit à *pair ou non*, soit à former un tissu de nœuds compliqués, que l'on don-

---

[1] Senec., *Ep.* LVI. Mart., XII, 84. Petron., 73.
[2] Boulenger, *De ludis veterum*, 60.
[3] *Id., ibid.*
[4] Boulenger et Dezobry, *ubi supra*.
[5] *Id., ibid.*

nait à défaire à ceux qui en ignoraient la texture [1].

Mais les jeux les plus communs étaient les dés et les osselets, *tessera* et *tali*. Les *tessères* et les *tali* étaient de petits cubes d'ivoire. Les tessères portaient six numéros ainsi tracés : I, II, III, IV, V, VI. Les *tali*, quatre seulement, les faces des extrémités restant muettes. Ces deux jeux se jouaient à peu près de même ; seulement on avait un plus grand nombre de *tali* que de *tessères*, quatre des premiers et trois des seconds. On jetait ces cubes dans un cornet, on les agitait, on les versait sur une table creuse, et, suivant la manière dont leurs nombres se combinaient, le joueur perdait ou gagnait [2].

Ces amusements se prolongeaient pendant une heure environ [3], après quoi chacun revêtait une toge blanche, fournie par le maître de la maison et uniquement destinée aux festins, puis l'on passait dans le *triclinium* ou salle à manger.

Les jeux publics s'appelaient *circenses*. On leur donnait ce nom, parce qu'ils consistaient principalement dans les exercices du Cirque, et qu'avant l'établissement du Cirque on plantait circulairement, au milieu d'une plaine ouverte, des *épées* nues en guise de bornes, *autour* desquelles tournaient les chars, *circum enses* [4]. Nous les appelons plus proprement *spectacles*, parce que le peuple assistait aux fêtes et jeux publics, non comme acteur, mais comme spectateur.

Les spectacles étaient la nourriture morale du peuple oisif de la grande cité. Le gouvernement en avait fait une institution ; ils faisaient, de plus, partie intégrante

[1] Boulenger et Dezobry, *ubi supra*.
[2] *Id., ibid.*
[3] *Id., ibid.*
[4] Dezobry, II, 229.

du culte: Les spectacles étaient comme la communion de la religion païenne [1]. C'était donc pour la politique plus qu'un moyen de distraire le peuple, c'était encore un moyen de l'asservir en le rendant dévot : aussi l'était-il jusqu'à la superstition.

Pour satisfaire à ce double besoin, à ce double but, le gouvernement institua des fêtes et des jeux publics, avec un appareil et des moyens d'organisation qui en firent l'admiration et l'étonnement de l'univers.

§ 4. — FÉRIES PUBLIQUES.

Diverses sortes de féries publiques. — Leur nombre. — Leur durée. — Leur caractère. — Sacrifices. — Saturnales. — Fêtes de Flore.

Les féries publiques chez les Romains étaient partagées en trois classes. Les unes, nommées *feriæ statæ* ou *stativæ*, avaient des jours fixes et déterminés; les autres, *feriæ conceptivæ*, étaient mobiles; les troisièmes, *imperativæ*, étaient féries d'ordonnance, c'est-à-dire qu'elles n'avaient point de jours fixes, et que c'étaient les préteurs et les consuls qui en fixaient la célébration, suivant les circonstances et leur volonté [2].

Les féries publiques comprenaient notamment : les sacrifices; les quinquatries, consacrées à Minerve ou à Pallas et durant cinq jours; les triomphes et ovations; les fêtes de Flore; les février ou fêtes des mânes; les quirinales ou fêtes des fous; les calendes de janvier ou fêtes du renouvellement de l'année; les *liberalia* ou fêtes de Bacchus; les lupercales ou fêtes de Pan; les compitales ou fêtes des dieux lares; les lémurales ou fêtes

---

[1] Voy. saint Augustin, *De civit. Dei*, II, 8.
[2] Voy. la *Clef des lois romaines*, v° *Féries publiques*.

funèbres; les saturnales et les sigillaires, fêtes des esclaves.

Les sacrifices constituaient la partie principale du culte païen. L'esprit superstitieux des Romains les avait rendus très-fréquents; ils étaient: ou d'expiation, ou de propitiation, ou de gratitude. On distinguait les suivants : les *supplications* duraient depuis un jour jusqu'à neuf, et s'étendaient quelquefois à quinze et vingt. Nous avons parlé des *lectisternes*. Les *amburbiales* se célébraient par une procession autour des murs de la ville; les *ambarvales*, par une procession autour des champs; les *sementines* se célébraient à la suite des semailles; les *terminales*, pour consacrer les bornes des terres; les *rubigales*, pour préserver les moissons de la rouille, etc. Tous les sacrifices publics commençaient par une procession, à la suite de laquelle marchaient les victimes conduites par leurs victimaires. Jamais on n'égorgeait les victimes dans l'intérieur des temples, mais sur un emplacement extérieur disposé *ad hoc* [1].

Parmi les autres féries, nous n'en mentionnerons que deux, suffisantes pour donner une idée de toutes,—les saturnales et les fêtes de Flore.

Les saturnales comptaient au nombre des *feriæ stativæ*, dont le peuple célébrait le retour annuel avec le plus de ferveur. Issu de l'esclavage, ce peuple avait fait des saturnales sa fête de prédilection. Les enfants les annonçaient avec joie en courant et criant par les rues : Voici les bonnes saturnales! C'était la fête des esclaves et du peuple. En ces jours, les maîtres admettaient les esclaves à leur table, et régalaient le peuple de viande et de

---

[1] Voy. tous les détails relatifs aux sacrifices dans *Rome au siècle d'Auguste*, II, 126 et suiv.

vin. Les saturnales tombaient vers la fin de décembre. César les avait faites de trois jours, Auguste les fit de quatre, Caligula de cinq, et elles se trouvaient ainsi de sept, grâce à la réunion des fêtes sigillaires que l'on atteignait par ce progrès [1].

Les compitales étaient aussi la fête des esclaves; ils étaient exemptés de toutes fonctions serviles pendant leur célébration.

Il y avait d'autres *feriæ statæ* dont les esclaves étaient les premiers acteurs, et qui étaient encore plus dans le goût du peuple romain. Je veux parler des fêtes de Flore. Flora, fameuse courtisane, avait légué des biens immenses à la ville de Rome, à la condition qu'on établirait des jeux publics en son honneur [2]. C'était au printemps qu'avaient lieu ces fêtes renommées. On y voyait les courtisanes, le corps entièrement nu, parcourir les rues au son des trompettes, se répandant en propos obscènes et se livrant aux attitudes les plus lascives; elles disputaient le prix de la course, du saut, de la danse, et combattaient avec des hommes, également nus, à la manière des gladiateurs [3]. On chercha dans la suite à ennoblir ces jeux impudiques en faisant passer leur fondatrice pour la déesse des fleurs; mais l'indécence continua d'y présider [4]. Caton le Censeur assistait, un jour, à ces spectacles; s'apercevant que sa présence y causait de la gêne, il se retira discrètement, ce qui lui valut les applaudissements de la multitude [5].

---

[1] Voy. Wallon, *ubi supra*, ch. vi. Les fêtes sigillaires consistaient en une foire publique où l'on exposait en vente toutes sortes de petits objets à l'usage du peuple, et pendant laquelle on se faisait cadeau de petites figurines sculptées, *sigilla*.

[2] Lactance, lib. I, cap. xx.

[3] Rosin, *Antiq. rom.*, liv. II, p. 191; liv. V, p. 364.

[4] Ovide, *Fastes*, liv. V.

[5] Valère-Maxime, liv. II, ch. vii, n° 1.

On peut juger, par cette institution, des mœurs de
Rome, et des progrès qu'y avait faits la débauche sur la
fin de la république.

Les fêtes publiques étaient en grand nombre à Rome,
car, outre toutes les fêtes anciennes qu'on avait rete-
nues, on en avait institué quantité de nouvelles, et l'on en
célébrait encore d'autres aux jours anniversaires de la
dédicace des temples, d'une victoire remportée, de la
mort d'un empereur, d'un consul, d'un général, etc., etc.
L'empereur Marc-Antonin, le philosophe, réduisit le
nombre de ces fêtes ; cependant il en restait encore cent
trente-cinq sous son règne, l'année ne comprenant alors
que deux cent trente jours ouvrables, selon Jules Ca-
pitolin [1].

Il y avait de ces fêtes qui duraient plusieurs jours, et
qui se célébraient avec un appareil et une magnificence
extraordinaires, étant accompagnées de jeux du cirque
ou du théâtre, et souvent de tous les deux à la fois.

Le peuple se précipitait en foule à tous ces jeux. Il
en jouissait avec frénésie ; et les émotions de son esprit
lui dérobaient souvent les mauvais conseils de la faim.

§ 5. JEUX PUBLICS.

Diverses sortes de jeux publics. — Leur magnificence. — Leur nombre. — Leur
caractère. — Leur police. — Leurs dépenses. — A la charge de qui ?

Quelque exagération qu'aient apportée, sans doute,
dans leurs descriptions les chroniqueurs des jeux publics des Romains [2], quand on a sous les yeux les ves-
tiges imposants qui nous restent encore de leurs cirques,

---

[1] Jul. Capitol., *Marc. Anton. philosoph.*, cap. x.
[2] C'est ce que constatent Tit.-Live, xlv, 43, et Dion, xliii, p. 254.

de leurs amphithéâtres, de leurs arènes, on ne peut se défendre d'une sorte de stupéfaction, tant ces ruines colossales témoignent de grandiose et de gigantesque dans les amusements du peuple-roi.

Il y avait deux sortes de jeux publics chez les Romains : les jeux périodiques, et les jeux non périodiques.

Les jeux périodiques étaient ceux qui, voués à perpétuité à quelque divinité par l'acte de leur institution, se célébraient périodiquement, à des intervalles plus ou moins rapprochés. Les jeux non périodiques étaient ceux qui, voués pareillement à une divinité, ne se célébraient qu'une fois seulement, ou pour un nombre de fois déterminé, soit par suite de conjonctures extraordinaires, telles que le commencement d'une guerre, le siége d'une ville, une bataille engagée ou sur le point de l'être, une calamité publique, etc. ; soit par suite de circonstances ordinaires, telles que la dédicace d'un temple ou d'un théâtre, un triomphe, des funérailles, une adoption, la naissance d'un prince, etc.

Les jeux périodiques étaient au nombre de vingt, dont seize annuels [1], et les quatre autres revenant à des époques plus éloignées [2]. Les jeux non périodiques n'étaient limités par aucun nombre fixe.

Ce nombre de vingt, attribué aux jeux périodiques, ne faisait pas que ces jeux ne prissent qu'une vingtaine de

---

[1] Savoir : les *grands jeux* ou *jeux romains*, les *apollinaires*, les *augustaux* ou *palatins*, les *capitolins*, les *césariens*, les *céréaux*, les *compitaliens*, les *floraux*, les *gymniques*, les *martiaux*, les *mégalésiens*, les *piscatoriens*, les *plébéiens*, les *tauriliens*, les *victoriaux* et le jeu *troyen*. Voy. sur ces jeux Dezobry, IV, 187 et suiv.

[2] Savoir : les jeux *actiens* et les *quinquennaux*, revenant tous les cinq ans, les *décennaux* tous les dix ans, les *séculaires* tous les siècles.

jours par an. Il y en avait au moins neuf ou dix par
mois, et cela pendant huit mois de l'année, attendu que
la saison des jeux commençait à l'équinoxe du printemps
et finissait avant l'hiver, et que soixante-sept jours étaient
donnés aux seuls jeux périodiques. Qu'on joigne à cela
les jeux non périodiques, et l'on verra que plus du tiers
de la belle saison se passait en fêtes[1].

Lors de l'édilité d'Aprippa, ce favori de l'empereur
Auguste sut rendre sa magistrature mémorable par des
jeux qui durèrent cinquante-neuf jours[2].

Les jeux périodiques étaient des féries forcées. Les
tribunaux demeuraient fermés pendant leur célébration[3]. Au contraire, le jour de la célébration des jeux
non périodiques n'était point férié et ne suspendait point
les affaires publiques[4].

Toutes les cérémonies, tous les rites sacrés prescrits
pour les jeux étaient observés si rigoureusement, si re-
ligieusement, que la moindre inobservance, la moindre
faute constituait une irrégularité qui obligeait à tout re-
commencer, pour ne point irriter les dieux[5]. On a des
exemples de célébration ainsi recommencées trois et
quatre fois de suite, pour les motifs les plus légers[6].
Aux jeux de l'édilité d'Agrippa, la procession, déjà loin
du Capitole, y remonta et en repartit de nouveau, en
répétant toutes les cérémonies déjà accomplies, parce
que l'un des chevaux qui traînaient les chars, cessant

----

[1] Dezobry, II, 213.
[2] *Ibid.*, II, 214 et 422, note 14.
[3] Cic., *Pro Cœlio*, I. — Ibid., *In Verr.*, I, 10.
[4] Cic., *Ep. famil.*, VII, 1.
[5] Cic., *De arusp.*, resp. II.
[6] Tit.-Liv., XXII, 27, et XXVIII, 10.
[7] Plut., *Coriol.*, 40. — Dezobry, II, 224.

de tirer, le conducteur avait, en l'excitant, saisi les rênes de la main gauche.

C'étaient les pontifes qui avaient la hauté direction des jeux, l'édilité qui en avait la police générale, et des magistrats spéciaux qui présidaient à leur célébration. Ces magistrats, créés par Tibère, et dont les fonctions durèrent jusque sous les Ostrogoths[1], avaient reçu le nom de *tribuns des plaisirs*[2].

La dépense des jeux était une charge très-lourde pour le trésor public; aussi les empereurs cherchèrent-ils promptement à en alléger le poids, en en faisant la condition essentielle des dignités politiques les plus recherchées, moyennant une simple subvention[3]. Par exemple, les consuls étaient *tenus* de donner des jeux, et la loi leur accordait, comme une distinction, d'y mettre plus d'éclat et plus de solennité que tous autres fonctionnaires[4]. Les préteurs jouissaient du même privilége. Les préteurs étaient, en quelque sorte, *consacrés* à cet honneur coûteux (*adtributi*)[5]. Il faut, dit la loi, qu'ils satisfassent à la *nécessité des jeux* et aux plaisirs du peuple romain[6]. Leur nomination par le sénat se faisait dans les termes en usage pour l'addiction d'un débiteur public; on n'était point élu, on était adjugé à la dignité de préteur[7]! Les futurs magistrats en étaient officiellement

---

[1] Cassiod., *Variar.*, vii, 10. — Wallon, part. III, ch. x.

[2] L. 13, Cod. Theod., xv, 7, *De scenicis*.

[3] Cette subvention était de 20,000 à 30,000 *as* (de 1,000 à 15,000 fr. environ). On n'allouait pas plus de 200,000 sesterces (40,900 fr.) pour les *grands jeux*. Sous Claude, ils coûtaient 80 millions de sesterces, ou 15,886,840 fr. — Dezobry, II, 211.

[4] L. 2, Cod. Theod., xv, 5, *De spectac.*

[5] L. 32, Cod. Theod., vi, 4, *De prætoribus*.

[6] « *Editionis necessitati et populi voluptatibus dent.* » L. 13, eod. (*Editor* signifiait donneur de jeux.)

[7] Theod., *Nov.* viii, *fin.* — C'était si bien une dette fiscale, que, parmi

avertis par des agents fiscaux (*censuales*); et ils avaient six mois pour présenter leurs excuses. S'ils faisaient défaut le jour de l'entrée en charge, le fisc faisait célébrer les jeux à leur place et à leurs frais, avec une forte amende qui tournait au profit de l'annone [1].

Les jeux étaient donc, pour ceux qui devaient y pourvoir, une charge obligatoire, et, qui plus est, une charge héréditaire, car les fils du titulaire décédé avant la célébration étaient tenus d'en faire la dépense comme le titulaire lui-même [2].

En province, les décurions étaient soumis à la même charge. Ces dignitaires *devaient*, en effet, pour soutenir leur rang, donner des jeux, des repas, des bains, faire des distributions, doter leur ville de quelque monument; que si le peuple, dans sa reconnaissance, leur décernait une statue, ils devaient s'en montrer dignes en se montrant satisfaits de l'honneur, et résolus d'en faire les frais. Donc, le jour de la dédicace venu, nouvelle fête, nouveaux jeux, nouveaux repas, nouvelles distributions d'argent, etc., etc. [3].

Rien d'étonnant, d'après cela, que les citoyens appelés aux fonctions de curiales ne cherchassent à se soustraire à des honneurs municipaux aussi ruineux. Rien d'étonnant, d'après cela, que la législation de l'empire ait fait de la curie, comme des autres services publics, une véritable servitude, dont on ne pouvait pas plus briser les liens, pour soi et sa descendance, que les liens de l'esclavage.

les préteurs, plusieurs, au lieu de donner des jeux, devaient payer une somme d'argent pour les fabriques impériales. Wallon, III, 161.

[1] L. 18, Cod. Theod., vi, 4, *De prætoribus*. — Wallon, *ubi supra*.

[2] L. 17, *eod.* Wallon, *ubi supra*.

[3] Wallon, III, 191.

Cet état de choses dura jusqu'au temps de Théodose, sans autres modifications que plusieurs mesures prises par Auguste, pour empêcher les citoyens de se ruiner en donnant des jeux[1]. Théodose défendit que l'on forçât personne à prendre la charge de célébrer certains jeux[2]; mais il n'empêcha pas qu'on ne le fît volontairement; il n'empêcha même pas que des gouverneurs, plus jaloux de flatter le peuple, n'usassent encore de contrainte envers les curiales[3]; et, d'ailleurs, c'était toujours le devoir et la fonction propre des magistrats romains[4]. Aussi voit-on les candidats, ou les *condamnés* aux honneurs, rechercher partout à l'avance des bêtes ou des hommes de combats[5].

La fureur de donner des jeux, pour capter le peuple, était poussée à un tel point, dans les derniers temps de la république, que l'on vit des ambitieux promettre des récompenses à ceux qui inventeraient de nouveaux spectacles[6], que l'on mit au rang des devoirs de l'amitié l'obligation de contribuer de sa bourse aux jeux des magistrats avec lesquels on se trouvait lié, et qu'on a des exemples que certaines de ces fêtes ont englouti jusqu'à la fortune entière de trois familles[7].

---

[1] Voy. Dion, LIV, p. 597 et 610. — Suet., *Aug.*, 43.
[2] Cod. Theod., xii, 1, *De decurionibus*, L. 103 et 109.
[3] Wallon, III, 424.
[4] *Ibid.* et p. 544, note 93.
[5] Phæd., V, 4.
[6] Senec., *De benef.* ii, 21.
[7] Dezobry, II, 212.

§ 6. — JEUX DU CIRQUE.

Solennités préliminaires. — Description du cirque. — Sa contenance. — Jeux divers qui s'y célébraient. — Courses de chars. — Courses à pied. — Courses à cheval. — Lutteurs. — Athlètes. — Combats simulés. — Chasses ou combats d'hommes et de bêtes féroces. — Combats de gladiateurs.

Les *jeux du cirque*, les plus solennels de tous, étaient également appelés *grands jeux* ou *jeux romains*.

Leur durée était de cinq jours sous Antoine[1].

Ils se célébraient, le 15 des kalendes, dans le grand cirque. C'était un vaste monument présentant un parallélogramme de 645 mètres de long sur 283 mètres de large, terminé en hémicycle à ses deux extrémités. Les deux grands côtés et l'hémicycle oriental offraient extérieurement deux rangs de portiques élevés l'un sur l'autre, dont ceux du bas servaient de tavernes et de passages conduisant dans l'intérieur, avec colonnes, tours, terrasses, statues, etc[2].

La forme intérieure du cirque présentait l'aspect d'une lice, autour de laquelle s'élevaient, sur les deux grands côtés et sur l'un des petits seulement, de nombreux gradins en pierre. Le deuxième petit côté présentait une rangée de treize arcades, dont celle du milieu était une porte d'entrée; les douze autres, fermées de grilles mobiles en fer, formaient des *carceres* ou remises pour les chevaux et les jouteurs des jeux[3].

Les trois côtés garnis de gradins étaient séparés de l'arène par une grille, et l'arène, elle-même, était par-

---

[1] Cic., *Philipp.*, II, 43.

[2] Voy. la description du grand cirque dans *Rome au siècle d'Auguste*, II, 216 et suiv.

[3] *Ibid.*

tagée en deux, dans la direction longitudinale, par une espèce de muraille appelée *spina*, l'épine, couverte de monuments religieux, laquelle laissait à chacune de ses extrémités un passage égal à celui de chaque côté [1].

Maintenant, qu'on se représente, sur les gradins de ce colossal monument, 260 mille personnes [2], dont tous les rangs, comme tous les sexes, étaient mêlés, à l'exception des membres du sénat auxquels un décret de l'empereur Auguste assignait une place spéciale [3]; puis, derrière ses constructions, sur les maisons et édifices des collines environnantes, un nombre peut-être aussi considérable [4], et l'on aura l'idée de ce que devait être un tel spectacle, rehaussé de tout l'éclat que lui donnait la pompe des processions se rendant aux jeux et comprenant, outre le magistrat supérieur qui donnait les jeux et qui y présidait, les troupes d'athlètes, de joueurs de flûte, de danseurs, de silènes, de satyres qui lui faisaient cortége, avec les cavalcades, les chars, les cassolettes remplies d'aromates, les litières, les statues des dieux, etc [5].

Quant au spectacle intérieur, celui que présentaient les jeux des arènes, Montaigne nous a laissé, d'après Vopiscus et les autres auteurs qu'il cite, une description sommaire, que nous ne pouvons mieux faire que de reproduire ici, dans toute la naïveté de son style charmant : « C'était une belle chose pour les empereurs romains de faire apporter et planter, en la place aux arènes, quantité de gros arbres, tous branchus et tout verts, re-

---

[1] Voy. la description du grand cirque dans *Rome au siècle d'Auguste*, II, 216 et suiv.

[2] C'est le chiffre de Pline, xxxvi, 15. — Denys d'Halicarnasse (iii, 20) ne parle que de 150,000.

[3] Suet., *Aug.*, 44.

[4] Dion, lvii, p. 698. — Macrob., *Saturn.*, i, 6.

[5] Voy. les détails dans Dezobry, II, 220 et suiv.

présentant une grande forêt ombrageuse ; et, le premier jour, jeter là-dedans mille autruches, mille cerfs, mille sangliers, et mille daims, les abandonnant à piller au peuple ; le lendemain, faire assommer en sa présence cent gros lions, cent léopards et trois cents ours ; et, pour le troisième jour, faire combattre à outrance trois cents paires de gladiateurs, comme fit l'empereur Probus [1].

« C'était aussi belle chose à voir, que ces grands amphithéâtres encroûtés de marbre au dehors, labourés d'ouvrages et statues, le dedans reluisant de rares enrichissements [2] ; tous les côtés de ce grand vide remplis et environnés, depuis le fond jusqu'au comble, de 60 ou 80 rangs de gradins, aussi de marbre, couverts de carreaux[3], où se pussent ranger 100,000 hommes assis à leur aise ; et la place du fond, où les jeux se jouaient, la faire, premièrement, par art, s'entr'ouvrir et fendre en crevasses, représentant des antres qui vomissaient les bêtes destinées au spectacle ; et puis, secondement, l'inonder d'une mer profonde, qui charriait force monstres marins, chargée de vaisseaux armés, à représenter une bataille navale ; et, tiercement, l'aplanir et assécher de nouveau pour le combat des gladiateurs ; et, pour la quatrième façon, la sabler de vermillon et de storax, pour y dresser un festin solennel à tout ce nombre infini de peuple, le dernier acte d'un seul jour [4].

« Quelquefois, on y faisait naître une haute montagne pleine d'arbres verdoyants ou fruitiers, rendant par son faîte un ruisseau d'eau, comme de la bouche d'une vive fontaine. Quelquefois, on y promenait un grand navire,

---

[1] Voyez-en le détail dans Vopiscus.—Montaigne, *Essais*, liv. III, ch. vi.
[2] Calphurnius, *Eglog.* vii, intitulée *Templum*, vers 47.
[3] Juv., *Sat.* iii, vers 153.
[4] Calphurn., *Eglog.* vii, vers 64.

qui s'ouvrait de soi-même, et, après avoir vomi, de son ventre, quatre ou cinq cents bêtes à combat, se resserrait et s'évanouissait sans aide. Autres fois, du bas de cette place, ils faisaient élancer des surgeons et filets d'eau qui rejaillissaient contremont, et, à cette hauteur infinie, allaient arrosant et embaumant cette infinie multitude.

« Pour se couvrir de l'injure du temps, ils faisaient tendre cette immense capacité tantôt de voiles de pourpre labourés à l'aiguille, tantôt de soie d'une ou autre couleur, et les avançaient et retiraient en un moment, comme il leur venait en fantaisie [1].

« On mettait aussi au-devant du peuple des rets pour le défendre de la violence des bêtes élancées. Ces rets étaient tissus d'or [2]. »

Mais qu'importaient au peuple l'or, le marbre et les *enrichissements* des cirques et des amphithéâtres ? Ce qu'il aimait, ce qu'il lui fallait, c'étaient les combats d'animaux, c'étaient les chasses, c'était le sang des gladiateurs.

Avant de parler de ces jeux, j'en indiquerai plusieurs autres qui les précédaient et dont j'emprunterai la description à *Rome au siècle d'Auguste*.

1. *Chars.*

L'*aurigatio* ou course des chars commençait toujours les jeux du cirque. Les paris sont ouverts, la trompette sonne, et, des *carceres* sortent quatre quadriges montés par autant d'*aurigaires* ou cochers vêtus de tuniques de couleurs différentes. Pour gagner le prix, il fallait arriver le premier au but marqué, après avoir fait sept fois le

[1] Martial., liv. XII, *Epigr.* xxix.
[2] Calphurn., *Eglog.* vii, vers 53.

tour du cirque. Le prix était une couronne, suivie, plus tard, d'une récompense pécuniaire. Des citoyens se disputaient rarement ce prix ; du moins, ils se servaient pour cela de l'entremise d'un esclave ou d'un cocher de profession.

Primitivement, ces courses ne duraient guère qu'une heure, et l'on passait aux autres spectacles ; mais, depuis, pour complaire au peuple, on les prolongea à tel point qu'au temps d'Auguste ce n'était jamais qu'après la vingt-cinquième qu'on mettait un terme à ces exercices.

2. *Courses à pied.*

Dès que la course des chars était finie, commençait la joute des coureurs à pied. Ils étaient divisés par bandes de quatre. Ils se mettaient en ligne et tous, fermes sur leurs jambes et penchés en avant, attendaient le signal du départ. Le signal donné, ils partaient plus rapides que le trait, laissant à peine la trace de leurs pas sur l'arène. On les désignait sous le nom grec de *parabates*.

3. *Courses à cheval.*

Après les courses à pied, des cavaliers, nommés *desultores* (sauteurs), exécutaient des courses équestres. Deux chevaux sans selle et sans bride galopaient parallèlement, côte à côte, et un *desultor* presque nu s'élançait, avec une agilité et une adresse merveilleuses, tour à tour sur le dos de l'un et de l'autre, sans ralentir un instant leur course.

4. *Lutteurs.*

Après les *desultores*, les hérauts annonçaient les lutteurs. Ils étaient entièrement nus ; seulement la couleur de leur peau se dissimulait sous une teinte gris mat, produite par un certain liniment, recouvert d'une couche légère de poussière très-fine que l'on ramassait aux environs de Pouzzole ou sur les bords du Nil. Cet enduit n'était pas pour remplacer le vêtement ni dissimuler un peu la nudité, mais pour rendre le corps et les membres plus glissants et plus difficiles à saisir, la lutte consistant principalement dans les efforts que font deux champions l'un contre l'autre pour se renverser.

Les lutteurs commençaient par quelques exercices de pugilat, cherchant à se frapper aux tempes, aux épaules, aux flancs, au cou, à la poitrine. Bientôt ils s'approchaient corps contre corps, se saisissaient, entrelaçaient leurs jambes, en cherchant à se faire tomber.

5. *Athlètes.*

Les athlètes excitaient un intérêt plus général que les lutteurs. Deux athlètes paraissaient ordinairement ensemble. En arrivant sur l'arène, ils se dépouillaient de leur manteau et découvraient leurs larges membres, leurs os énormes, leurs bras nerveux. On eût dit souvent deux géants. Pour les préparer au combat, deux esclaves enlaçaient leurs mains d'une paire de cestes parfaitement égaux, formés de sept cuirs épais, encore couverts des poils du taureau qui les avait fournis, et garnis de lames de fer et de plomb. Armés, ils se dressaient sur l'extrémité de leurs pieds, et, d'un air intrépide, allongeaient leurs bras dans les airs. Aux approches du coup, ils rejetaient la tête en arrière, et présentaient les cestes en avant pour se garantir le visage. Leurs mains se rencontrant et se croisant, le combat s'engageait sérieusement. Mille coups étaient portés tour à tour ; les uns frappaient l'air sans effet, les autres faisaient gémir leurs

flancs ou retentissaient sur leurs vastes poitrines. La
main rapide errait sans cesse à l'entour des oreilles et
des tempes, et faisait crier les dents sous les cestes meurtriers. Le plus habile, simulant une attaque sur les flancs
de son ennemi, et ramenant tout à coup ses deux cestes
à la fois, lui en asénait, au milieu du visage, un coup
qui mettait fin au combat en faisant jaillir des torrents
de sang.

6. *Combats simulés.*

Cinquante à soixante jeunes guerriers envahissaient le
cirque, armés de toutes pièces, et se livraient des combats simulés. Ils commençaient par des combats singu-
liers ; puis, après différentes évolutions, la troupe se
formait en bataillon carré, la tête couverte d'une voûte
de boucliers pressés les uns contre les autres, en forme
de tortue. Alors deux guerriers armés, prenant leur
élan d'environ cinquante pas, s'animaient par un défi, et,
escaladant la tortue, tantôt couraient comme pour en
défendre les bords, tantôt se chargeaient au milieu de
cette voûte factice, où ils bondissaient comme sur un terrain solide.

Puis venaient d'autres combattants. C'étaient mille
fantassins contre mille fantassins, deux cents cavaliers
contre deux cents cavaliers ; puis de la cavalerie contre
de l'infanterie, etc. Puis vingt éléphants chargés de tours,
munies de soixante soldats chacune, contre soixante pié-
tons et autant de cavaliers, etc., etc.

7. *Chasses ou combats de bêtes féroces.*

Mais, de tous les spectacles qu'on pouvait offrir en pâture à l'insatiable avidité du peuple, aucun n'excitait en

lui plus d'intérêt, plus d'enthousiasme, que celui des cirques, des arènes, des amphithéâtres, alors que, du haut des gradins étagés où s'entassaient par centaines de mille les spectateurs avides de sang et de carnage, il assistait aux combats des bêtes féroces ou des gladiateurs.

On distinguait, sous le nom de *chasses*, trois genres de spectacles qui se donnaient au cirque, au forum, et dans les amphithéâtres, et qui ne différaient entre eux que par une cruauté plus ou moins marquée : dans l'un, on exposait des hommes à la fureur des bêtes féroces ; dans l'autre, des bêtes féroces se déchiraient entre elles ; dans le troisième, des hommes armés combattaient contre des bêtes féroces.

Les hommes exposés aux bêtes l'étaient ordinairement par suite d'une condamnation. La veille de leur supplice on donnait à ces condamnés un repas splendide, qu'une dérision faisait appeler le *souper de liberté*. Le peuple, admis dans le lieu du banquet, venait jouir à l'avance de la vue des victimes destinées à ses plaisirs du lendemain. A peine descendus dans l'arène, les criminels étaient dépouillés de leurs vêtements, attachés à des poteaux, à des croix, avec écriteau au-dessus de leurs têtes, indiquant le crime à expier, et, le plus souvent, enveloppés d'un filet. — Alors, on ouvrait les loges et les bêtes se précipitaient sur eux. Quelquefois, après le jeu, des malheureux exposés n'étaient pas tout à fait dévorés ou morts ; alors le peuple-roi demandait à grands cris qu'on les livrât aux glaives des ministres du cirque pour les achever[1].

<hr>

[1] Voy. Drouet de Maupertuis, *Vérit. act. des martyrs*, t. I, p. 162 et suiv.

La chasse des bêtes entre elles était le plus innocent de ces atroces plaisirs. C'étaient des lions chassés par des lions; puis des ours et des taureaux, attachés par couple, un de chaque espèce; puis des rhinocéros et des éléphants excités par les *maîtres*. On faisait combattre jusqu'à des volatiles, et des grues parfois se disputèrent la victoire. Mais ce jeu, par lequel on débutait toujours, n'était que le prélude de ceux où du sang, du véritable sang, du sang humain coulait à flots, au grand bonheur de la multitude.

C'est dans les chasses des bêtes et des bestiaires qu'il jouissait surtout de ce plaisir. Les bestiaires étaient les hommes qui devaient lutter contre les bêtes féroces. C'étaient pour la plupart des prisonniers de guerre ou des malheureux que la misère poussait à se vendre ou à se louer pour un combat sans honneur[1]. Les bestiaires avaient la tête nue, et, pour tout vêtement, une légère tunique sans manches, serrée sur les hanches. Les uns étaient armés d'épées courtes et de petits boucliers; les autres d'épieux et de faux; les autres de javelots, d'arcs, de flèches, de lances; les uns combattaient à pied, les autres à cheval. A l'aide d'une pièce de pourpre éclatante les *maîtres* mettaient les animaux en fureur. Cent lions se trouvaient souvent en présence de cent hommes armés. Quelquefois, parmi eux, se mêlaient volontairement des jeunes gens des plus nobles familles. Les lions, les ours, les sangliers, les léopards, les panthères étaient les adversaires habituels qu'on avait à combattre. On vit une fois cinq cents fantassins attaquer vingt éléphants. Les éléphants succombèrent, mais après avoir fait plusieurs victimes. Tous les bestiaires, d'ailleurs, devaient

[1] Pline, VIII, 7. — Suet., *Aug.*, 43.

être victimes à leur tour, car toutes les précautions étaient
prises pour qu'aucun de ces malheureux n'échappât. La
fuite, même d'un instant, leur était interdite, et s'ils
voulaient, saisis par une trop juste terreur, se dérober
à la dent homicide d'un pressant adversaire, dans quelque
endroit qu'ils se réfugiassent ils y rencontraient des
gens qui les repoussaient à coups de fouet, et les con-
traignaient, par la douleur, de retourner à la mort.

Il y avait des chasses qui se prolongeaient pendant six
jours. Les provinces étaient mises à contribution pour
trouver et expédier, à leurs frais, tous les animaux qu'il
fallait pour les chasses de Rome. Les provinces se trouvèrent, à la fin, si dépeuplées d'animaux qu'on fut forcé
de faire des lois pour la conservation de ce gibier national [1]. La consommation en était immense. Sylla, préteur, donna une chasse de cent lions à crinière ; le
grand Pompée, une de six cents ; César, une de quatre
cents. Scaurus fit égorger cent cinquante panthères dans
les jeux de son édilité. Pompée alla jusqu'à quatre cent
dix ; et Auguste, enchérissant sur eux, en réunit quatre
cent vingt. Un obscur citoyen, nommé Servilius, s'est
acquis une sorte de célébrité pour avoir donné une chasse
où l'on tua trois cents ours et autant de bêtes féroces
africaines [2]. Quel fut le nombre des bestiaires qui périrent avec ces animaux ? On l'ignore. Les historiens n'en
parlent pas. C'est que, sans doute, ils les estimaient si fort
au-dessous des bêtes, qu'ils ne jugèrent pas à propos de
les compter.

[1] Dezobry, III, 367 et 415.
[2] *Ibid.*, p. 366.

8. Combats ou présents de gladiateurs.

Du vieil usage, jadis commun à tous les peuples, d'immoler aux dieux ou aux morts des ennemis prisonniers, était né celui de les faire combattre, d'abord autour des bûchers ou des tombeaux, ensuite dans les fêtes et jusque dans les banquets [1]. L'homme était si vil aux yeux de l'homme, dit Chateaubriand, qu'on le tuait pour égayer les festins, les fêtes, les représentations théâtrales, par oisiveté, pour tuer le temps. On en était venu à dresser ou des condamnés ou des esclaves pour ces sortes de combats. On les faisait instruire, pendant longtemps, par des professeurs habiles, dans des écoles spéciales. Les professeurs s'appelaient *lanistes*; les élèves-débutants, *tyrones*; les élèves-maîtres, *gladiateurs*. Les gladiateurs composaient la milice la plus chère des plaisirs du peuple romain. La guerre, la misère, le crime, la débauche, l'infamie en étaient les recruteurs. On nommait *présents* les combats de gladiateurs, parce que les combattants étaient abandonnés en don (*munus*) au peuple, qui disposait souverainement de leur vie [2].

Rome était la ville des gladiateurs. L'arène où ils s'égorgeaient était le théâtre national. Il était placé sous le haut patronage de l'Etat et sous la protection des dieux.

Les combats de gladiateurs n'étaient pas toujours livrés dans le même endroit. Tantôt on les donnait au grand cirque, ou dans un cirque élevé exprès et temporairement, tantôt sur le *Forum romanum*, entouré, à cet effet, de barrières et d'échafauds; tantôt enfin dans l'amphithéâtre du Champ-de-Mars [3].

[1] Ferrarius, *De gladiatoribus*. — De Saint-Paul, p. 114.
[2] Dezobry, III, 380.
[3] *Id.*, *ibid.*, 368.

L'arme des gladiateurs était l'épée ou le glaive. Plusieurs, portaient des rets ou lacets avec lesquels ils cherchaient à s'étrangler mutuellement. On nommait ces derniers *rétiaires* ou *laquéateurs*. Le trident, le casque et le bouclier composaient en outre leur équipement.

Toutes les richesses de l'art et du luxe étaient employées à relever l'éclat de leurs luttes terribles. On donnait aux combattants des armes et des vêtements magnifiques. Le sang y tachait l'or et la pourpre.

Souvent ils combattaient nus.

Les combats de gladiateurs n'avaient pas lieu seulement comme jeux officiels. Les particuliers qui aspiraient aux dignités publiques en donnaient eux-mêmes pour briguer la faveur du peuple en s'adressant à sa passion pour ces spectacles. Aussi les voyait-on se multiplier, et, dans chaque fête, s'accroître le nombre des combattants. César, au début de sa carrière politique, voulut en produire une telle masse que le sénat, effrayé, en réduisit le nombre à trois cent vingt couples [1].

Le peuple, de plus en plus insatiable de ces jeux, murmura hautement contre les entraves qu'on apportait à leur extension. Caligula et Claude diminuèrent ces entraves; Néron les supprima entièrement. Donatien alla plus loin; les jours ne suffisaient plus : on combattait la nuit aux flambeaux.

Et ce n'étaient pas seulement les empereurs détestables qui donnaient ces atroces satisfactions au peuple. Trajan, dont la mémoire est si chère à l'humanité, jetait dans l'arène, en une seule occasion, dix mille captifs [2].

---

[1] Suet., *Jul. Cœs.*, 10. — Plut., *Jul. Cœs.*, 5.
[2] Wallon, ch. III.

Et ce n'étaient pas seulement les captifs, les condamnés, les esclaves, qu'on livrait ainsi en pâture aux
sanguinaires plaisirs de la multitude oisive; des hommes
libres se firent aussi gladiateurs. La loi les flétrissait,
mais, dans cette commune dégradation de tous les arts
mercenaires, ce fut un métier comme un autre, une manière de vivre en escomptant sa vie, *uri virgis ferroque
necari*, et plusieurs s'y jetèrent, non par besoin, ni par
spéculation, mais par attrait. Le métier de gladiateur
était même plus qu'un métier, c'était un art, c'était une
joute d'adresse et de courage. On récompensait, comme
de braves soldats, ceux qui avaient remporté trois couronnes dans les jeux sacrés, et l'on inscrivait avec orgueil le nombre de leurs victoires sur la pierre de leur
tombeau[1]. Des citoyens, des sénateurs, des empereurs
même, briguèrent et remplirent ces fonctions qui offraient, dans leur servilité même, comme une image des
anciennes vertus, le mépris de la mort, la valeur et une
sorte de gloire jusque dans leur ignominie[2].

Et ce n'étaient pas que des jeux innocents, que des
simulacres de combats; c'étaient bien des scènes de sang
et de mort, car le peuple n'entendait pas que des mé-
nagements lui ravissent sa proie[3]. Pour peu que le
vainqueur s'arrêtât devant son ennemi renversé, des
cris partis de toutes parts lui commandaient de consom-
mer sa victoire; la femme, la vierge timide, faisaient
du pouce le léger signe qui enfonçait le couteau dans la
blessure du vaincu[4], et le peuple se ruait ensuite dans

---

[1] Cod. Just., X, 53, *De athletis*, lib. I.
[2] Wallon, ch. III, part. 2, et ch. VI, part. 3.
[3] Suet., *Cés.*, 26.
[4] Wallon, *ubi supra*, chap. IX. — Les mains élevées en renversant le
pouce, étaient le signe ordinaire de la condamnation; les deux pouces

l'arène, et se délectait en buvant le sang encore chaud des victimes [1].

C'étaient là ses plus chères délices et le plus recherché de ses amusements !

Son mot était, quand il voyait un malheureux blessé à mort : *Il en tient ! il en tient* [2] !

Le peuple était si passionné pour les combats de gladiateurs, qu'il y demeurait des journées entières, sans même se lever pour aller dîner. Il apportait avec lui son pain, et le mangeait sur place [3].

Le cirque, jonché de blessés, de mourants et de morts, offrait l'aspect d'un champ de bataille le plus meurtrier. De jeunes esclaves venaient de temps en temps dans l'arène retourner le sable avec des râteaux, pour lui faire boire le sang qui l'inondait [4].

Le *spoliaire* offrait un aspect encore plus affreux. Le spoliaire était le lieu où l'on amoncelait les cadavres des gladiateurs tués. Il était situé sous les gradins de l'amphithéâtre. Des esclaves tiraient les cadavres de l'arène avec des crocs, et les empilaient dans cet antre [5].

A la vue de ces flots de sang qui auraient pu payer la liberté d'un peuple, et qu'on répandait ainsi pour le vain plaisir de quelques milliers d'oisifs [6], personne, à Rome, n'accusait ces combats d'inhumanité, et Cicéron lui-même ne les trouvait pas blâmables quand on n'y

rapprochés indiquaient l'absolution. (Juv., *Sat.* III, vers 36. — Hor., I, *Ep.* XVIII, vers 66.)

[1] Plin., *Hist. nat.*, XXVIII, II, 1.
[2] Virg., *Æneid.*, XII, vers 295.
[3] Quint., *Institut. orat.*, VI, 3. — Suet., *Aug.*, 45.
[4] Mart., II, 75.
[5] Dezobry, III, 388.
[6] *Id., ibid.*

faisait paraître que des criminels. A cette condition, ces combats, ou plutôt ces carnages, lui paraissaient une excellente école pour apprendre à mépriser la douleur et la mort [1].

§ 7. — JEUX SCÉNIQUES.

Diverses sortes de jeux scéniques. — Disposition intérieure des théâtres. — Places réservées. — *Popularia*. — Histrions. — Leur corporation. — Métier infâme et forcé. — Actrices. — Poses plastiques et tableaux vivants. — Comédie, tragédie, pantomimes. — Applaudissements et sifflets. — Spectacles que préfère le peuple.

Les jeux scéniques sont de beaucoup antérieurs à l'établissement des théâtres, c'est-à-dire des théâtres bâtis en pierre et à demeure, lesquels, à Rome, ne datent que de Pompée. Auparavant l'on se contentait de théâtres mobiles et temporaires, bien plus coûteux ; souvent même, pour épargner la dépense, les représentations scéniques avaient lieu dans le cirque.

Après le théâtre de Pompée, qui contenait 40,000 spectateurs, on en construisit deux autres à Rome, celui de Balbus, qui en contenait 30,245, et celui de Marcellus, sous Jules-César, qui en contenait 30,000 [2].

La forme intérieure des théâtres était celle d'un hémicycle parfait, autour duquel se courbaient des gradins hauts de 1 pied 1 pouce au moins, et espacés de 1 pied 9 pouces 11 lignes à 2 pieds 3 pouces. 5 lignes environ. De sept en sept, il y avait un gradin plus large que les autres, formant un palier que l'on nommait *précinction*, et qui servait à circuler. On pénétrait dans les précinctions par de larges portes appelées *vomitoires*, et par des escaliers correspondant au point central de l'hémicycle,

[1] Cic., *Tuscul.*, II, 17.
[2] Dezobry, IV, 152 à 159.

et divisés en sept grandes sections, dont chacune affectait la forme d'un coin, *cuneus.*

Derrière les gradins supérieurs se trouvait un portique
couvert, servant principalement, suivant les lois de l'a-
coustique, à empêcher la voix des acteurs de se perdre
dehors.

Le théâtre proprement dit était toute la partie réservée aux spectateurs. Cette partie était à ciel ouvert, et
couverte seulement d'une immense toile tendue par des
câbles qu'arrêtaient des mâts implantés sur le pourtour
du couronnement de l'édifice.

La partie réservée aux acteurs, juste à la ligne diamé-
trale de l'hémicycle, s'appelait *proscenium* ou *pulpitum,*
ou *avant-scène.* L'avant-scène était élevée de manière à
faciliter la vue des jeux scéniques aux spectateurs placés
à l'orchestre, c'est-à-dire dans le soubassement, haut de
quatre à cinq pieds, sur lequel s'appuiaient les gradins
inférieurs du théâtre, et qui entourait la partie restée
libre au milieu de l'hémicycle, entre le théâtre et l'a-
vant-scène.

Le *proscenium* était couvert, et se trouvait borné,
dans toute sa largeur, par une haute muraille que l'on
appelait la *scène.* Cette muraille, dont la partie supérieure se rapportait avec le portique couronnant le théâtre, était une construction solide, composée de plusieurs
ordres d'architecture superposés, avec colonnes, fron-
tons, niches, statues, etc. Elle était percée de trois portes, dont celle du milieu servait toujours d'entrée au
héros de la pièce.

L'avant-scène était séparée du théâtre par un rideau
qu'on baissait au moment de la représentation.

Pendant longtemps les ornements scéniques ne se
composèrent que de simples châssis, qui n'étaient pas

même coloriés. Sous Auguste, on avait recours aux décorations les plus magnifiques. On connaissait les changements à vue.

Pendant longtemps aussi il n'y eut de places réservées au théâtre que pour les magistrats en fonctions, tels que les consuls, les tribuns, les préteurs, les différents prêtres, les vestales. Sous Auguste, on établit des places particulières pour les chevaliers et le sénat, ce dont le peuple murmura beaucoup. Mais on lui représenta que tout ce qui ajoutait à la considération des patriciens ajoutait à la considération des plébéiens ; et il se tint pour satisfait.

On appelait *popularia* les places occupées par la plèbe, tout en haut du théâtre.

Les patriciens se plaçaient à l'orchestre [1].

Quant aux jeux scéniques, ils consistaient dans la représentation, par des acteurs appelés histrions et pantomimes, de pièces de théâtre parlées ou muettes.

Les histrions jouaient, ayant un masque sur la figure. L'acteur changeait de masque à chaque changement de sentiments exprimés. Il en était de même des pantomimes.

La plupart des histrions étaient des esclaves ou des affranchis. Ils formaient une corporation spéciale, indissolublement attachée à la célébration des jeux scéniques ; il en était de même de ceux qui se vouaient aux jeux du cirque. Libres ou esclaves, tous ceux qui se trouvaient une fois engagés dans la corporation des ministres des jeux publics, *ludicra ministeria* [2], ne pouvaient plus en sortir. Ils y demeuraient rivés, enchaînés,

---

[1] Voy. sur tout cela Dezobry, IV, 152 à 159.
[2] Cod. Theod., lib. IV, l. 9 ; XV, vii, *De scenicis*.

almæ urbis editioni obnoxii, et leurs enfants étaient contraints de vivre dans la tourbe impure où ils étaient nés[1]. La loi disait *tourbe impure*, parce que le métier de la scène était réputé infâme, et la personne des acteurs malhonnête, *inhonesta* [2]. Et pourtant les honneurs ne leur manquaient pas plus que la fortune [3], encore bien que le peuple les leur fît payer cher. Le Romain, en effet, qui d'abord avait prodigué sa faveur selon la mesure de son plaisir, finit par s'apercevoir qu'il avait mieux à faire : c'était de la vendre. Il vendait donc ses applaudissements ; il vendait même son silence, et il fallait que l'acteur distribuât de l'argent à la foule pour ne pas être sifflé [4].

Le peuple était sans pitié pour l'acteur qui ne possédait pas l'art de lui plaire. Il le poursuivait de ses sifflets et de ses huées, le forçait à quitter son masque afin de mieux jouir de sa confusion, et le chassait parfois de la scène [5].

Les actrices étaient ordinairement des courtisanes [6]. Dans les représentations de l'enlèvement des Sabines, elles se prostituaient après le spectacle. Aussi plusieurs

---

[1] Cod. Theod., XV, vii, l. 2, 4 et 9, *eod.*

[2] *Ibid.*, lib. IV, l. 12, *eod.*

[3] On sait de quelle considération jouissait ce Roscius, l'ami de Cicéron. Pylade, l'affranchi d'Auguste, était revêtu des plus hautes distinctions par les premières villes de l'Italie. Bathylle, compagnon de Pylade, était gardien, presque prêtre, du temple de son ancien maître, au mont Palatin, et il eut, dans le tombeau de Livie, un monument particulier, avec une statue et une inscription qui mentionnait ses honneurs. L'art mimique avait dans le peuple toute faveur. Une actrice, Dionysia, pouvait gagner 200,000 sesterces ; un acteur, Roscius, 300,000,—profits qu'il dédaigna quelquefois. (Wallon, III, 106 et 107.)

[4] Amm. Marc., XXVIII, iv, p. 533. — Wallon, III, 238.

[5] Cic., *Pro Q. Rosc.*, ii. — Phæd., v, 7, vers 39. — Festus, v⁰ *Personata*.

[6] Tit.-Liv., lib. II.

auteurs de l'antiquité ne mettent-ils aucune différence entre les théâtres et les lieux de débauche. Tertullien va jusqu'à dire qu'un héraut annonçait à haute voix, tout en faisant un éloge détaillé de leurs charmes, les noms de ces victimes de la prostitution, leur demeure, et le prix qu'il fallait mettre à leur complaisance. Les courtisanes qui assistaient aux spectacles étaient si nombreuses, qu'outre les places qu'elles occupaient dans l'intérieur des salles de théâtre, elles remplissaient la scène et l'avant-scène, pour être plus exposées aux regards des spectateurs [1].

D'ailleurs, ce qui émotionnait, ce qui captivait le plus vivement le public dans les spectacles que lui offraient journellement les jeux de la scène, ce n'était ni la tragédie ni la comédie qui lui venaient des Grecs ; ce n'étaient ni les poses plastiques, ni les tableaux vivants tournant immobiles sur les *catastes* [2] : c'était la pantomime, la muette et expressive pantomime, quand elle parlait aux yeux le langage des sens. Le peuple obligeait ordinairement les prostituées qui jouaient les pantomimes à se montrer toutes nues sur la scène, à s'y livrer à tous les mouvements désordonnés de la licence la plus dévergondée, et à y demeurer jusqu'à ce que les yeux des amateurs fussent rassasiés de ce révoltant spectacle. Jusqu'alors du moins, tout était simulé ; mais Héliogabale, au rapport de Lampride, contraignit les mimes à lui procurer le plaisir infâme de la réalité [3].

Pour que la comédie plût au peuple, il lui fallait plus que les mordantes saillies de Plaute, plus que la gra-

---

[1] Sabatier, *Hist. de la législ. sur les filles publiques*, p. 16.
[2] Grandes tables tournant sur elles-mêmes, sur lesquelles on faisait monter les esclaves qu'on achetait pour les mieux voir.
[3] Sabatier, *ubi supra*, p. 47.

cieuse gaieté de Térence ; il fallait que la corruption de la vie privée s'étalât à nu sur la scène, et que tout un peuple, hommes et femmes, pût participer du regard aux vivantes images de la débauche figurées par des esclaves [1].

Et, pour que la tragédie ne pâlît pas trop à ses yeux à côté des drames sanglants des arènes, il fallait qu'on égorgeât sur la scène ; il fallait qu'on représentât au naturel les malheurs du jeune Atys, Hercule brûlé vif sur son bûcher, Prométhée dévoré sur son roc, avec un ours lui déchirant les entrailles en guise de vautour [2].

La mort faisait partie intégrante des plaisirs du peuple romain !

§ 8. — MISSILIA.

Tessères et billets de loterie. — Marchandises livrées au pillage. — Appâts de la servitude.

Mais le pain et la sportule, les spectacles et les gladiateurs avaient fini par ne plus suffire aux appétits dépravés de l'oisiveté blasée. « Tous les jeux ne laissent plus qu'un souvenir ou n'en laissent plus du tout », disait Cicéron [3]. Il fallait donc au peuple quelque chose qui éveillât sa cupidité et lâchât la bride à ses fantaisies. De là, les tessères ou billets de loterie jetés à la plèbe, à sa sortie des cirques ou des théâtres, ou pendant la représentation des jeux.

A la fin des jeux scéniques, on lançait, sous le nom de *missilia*, de la partie supérieure du théâtre, au milieu de la plèbe réunie, soit une quantité considérable de

[1] Wallon, II, 248, 340.
[2] *Id., ibid.*
[3] Cic., *De off.*, II, 16.

petits objets ou de menue monnaie, soit de petits globes de bois ou tessères, donnant droit chacun à une somme déterminée ou à un objet indiqué. C'était une loterie. Chaque globe, en effet, portait une inscription indiquant soit une somme d'argent, soit un habit, soit un char, soit un esclave, soit un vase d'un métal plus ou moins précieux; dons qui tous étaient acquittés par les trésoriers de l'édile ou de l'empereur qui les faisait [1].

Néron, dans des jeux scéniques qui durèrent plusieurs jours, fit distribuer quotidiennement jusqu'à mille billets de loterie, avec lesquels on avait, ou des oiseaux de toute espèce, ou des vivres, ou du blé, ou de l'or, ou des tableaux, ou des chevaux, ou des bêtes féroces apprivoisées, ou enfin des navires, des maisons, des terres [2]. On comprend, d'après cela, la grande popularité dont jouissait Néron parmi la plèbe de Rome, *plebs sordida, et circo ac theatris sueta*, comme l'appelait Tacite [3].

On faisait plus; souvent, à la loterie on ajoutait une immense quantité de marchandises rassemblées sous les portiques du théâtre, et dont on abandonnait le pillage au peuple, à sa sortie du spectacle [4]; système de secours tout à fait approprié aux instincts et aux appétits d'un peuple dont la religion était le culte à Jupiter pillard, *Jovi prædatori !*

« Il aurait suffi, dit M. Naudet, pour la condamnation d'un tel usage, du plaisir qu'y prenaient un Caligula, un Néron, en voyant la foule se ruer sur les pièces de monnaie et les autres choses qu'on lui jetait, et des furieux

[1] Dezobry, IV, 177.
[2] Suet., *Ner.*, cap. ix et xviii.
[3] Tacit., *Hist.*, lib. I, *ab initio*.
[4] Dion, xlix, p. 477.

se pousser, se battre, se blesser pour les saisir ou se les arracher [1].»

Aussi les honnêtes gens se hâtaient-ils de sortir du théâtre quand l'heure des *missilia* était venue, dit Sénèque [2].

Sur quoi La Boëtie disait, dans son style naïf et sévère : « Les théâtres, les jeux, les farces, les spectacles, les gladiateurs, les bêtes étranges, les médailles, les tableaux, et autres drogueries, étaient aux peuples anciens les appâts de la servitude, le prix de leur liberté, les outils de la tyrannie. Ce moyen, cette pratique, ces alléchements étaient, pour les anciens tyrans, le moyen d'endormir leurs sujets sous le joug. Ainsi les peuples assottis, trouvant beaux ces passe-temps, amusés d'un vain plaisir qui leur passait devant les yeux, s'accoutumaient à servir aussi niaisement, mais plus mal, que les petits enfants qui n'apprennent à lire que pour voir les images dans les livres enluminés [3] ».

§ 9. — COMITIA.

Amusement politique du peuple. — Organisation des colléges électoraux. — Curies, centuries, tribus. — Les brigues. — Les candidats. — Votes à l'enchère. — Taux de la vente. — Agents officiels de corruption. — Bataille électorale. — Résultats de la bataille. — Temps que prenaient les jours comitiaux.

Un autre outil de servitude reposait aux mains des grands, contre le peuple, dans l'outil de sa propre souveraineté.

A Rome, le peuple était souverain. Le sénat, pour combler le vide de son estomac, lui avait donné un os à

[1] Mém. de l'Instit., *ubi supra*, p. 70.
[2] Senec., *Epist.* LXXIV.
[3] Ét. de La Boëtie, *De la servitude volontaire.*

ronger : cet os était son droit de suffrage dans les comices.

On appelait *comitia*, comices, les assemblées politiques dans lesquelles le peuple romain exerçait sa puissance élective, législative et judiciaire ; et *jours comitiaux*, les jours où ces réunions avaient lieu.

Les jours comitiaux prenaient plus de la moitié du
temps des loisirs du peuple. On n'en comptait pas moins
de cent soixante-dix par an [1].

C'est au *Forum*, pour les délibérations législatives et
judiciaires, et hors de Rome, au Champ-de-Mars, pour
les élections des magistrats, que les comices se tenaient.

Un peuple souverain, qui n'a rien à faire pour vivre
qu'à tendre la main à ses sujets, ne peut que devenir
lui-même le sujet de ceux-ci, si l'exercice de la souveraineté est organisé de telle sorte que les droits confé-
rés à tous deviennent forcément le privilége de quelques-uns.

A Rome, la souveraineté du peuple s'exerçait par le
suffrage universel de tous les citoyens. Or, tous les
prolétaires étaient citoyens ; donc ils étaient tous électeurs. C'est dire que toutes les charges, toutes les magistratures, tous les emplois publics se donnant à l'é-
lection, la majorité numérique des prolétaires, offerte à
la concurrence de toutes les avidités ambitieuses, dut
servir constamment de point de mire aux rivalités des
partis, et fut perpétuellement l'enjeu des joueurs politiques qui se la disputèrent comme une proie, et dépen-
sèrent des sommes énormes pour la neutraliser et la confisquer à leur profit, en l'organisant.

Il est curieux d'étudier les phases diverses, et les

____

[1] Festus, v° *Comitiales.* — Dezobry, I, 51.

transformations successives qu'eut à subir l'organisation
du suffrage universel, à Rome, pendant tout le temps
qu'il fut aux prises avec les priviléges des grands.

Sous les rois, jusqu'à Servius Tullius, les suffrages du
peuple se recueillaient individuellement.par *curies*, ou
quartiers (il y en avait trente à Rome), sans distinction
de cens ni de classes. Dans ce système, le suffrage du
plus riche des citoyens n'avait pas plus de valeur que
celui du plus pauvre; et comme les pauvres étaient les
plus nombreux, leurs suffrages étaient ceux qui comptaient le plus en somme, la supériorité du chiffre pré-
valant en cela sur la supériorité du poids. Ce qui ne faisait pas l'affaire des riches [1].

Sous Servius Tullius, la doctrine de la qualité prévalut sur celle de la quantité, et les riches prirent le dessus. Le peuple fut donc partagé en six classes, et chaque classe divisée en *centuries.* Cette division s'opérait
de telle sorte, que le nombre de centuries dont devait se
composer chaque classe était proportionnel au chiffre,
non de la population, mais de la fortune. Ainsi, la première classe, qui était la moins nombreuse, mais la plus
riche, se composait de quatre-vingt-dix-huit centuries;
tandis que les quatre suivantes, arrivant dans l'ordre de
leur richesse, n'en eurent à elles toutes que quatre-vingt-
quinze. Quant à la sixième et dernière classe, qui était

---

[1] Anciennement, le peuple s'assemblait en armes dans les comices, ainsi
que nous l'apprend Denys d'Halicarnasse (liv. IV, p. 223); et comme il
n'était pas permis d'assembler ces comices dans la ville, à cause de la superstition des Romains qui éloignait de Rome jusqu'à l'apparence d'une
armée (Aulu-Gelle, liv. XV, ch. xxvii), le peuple se réunissait dans le
Champ-de-Mars. Le vote armé avait pour cause ce fait que, Rome étant
environnée d'ennemis, on craignait toujours quelque surprise (Dion Cassius, liv. XXXVII, p. 47); de sorte que, pendant qu'une partie du peuple
donnait ses suffrages, l'autre faisait sentinelle sur le mont Janicule.

la plus nombreuse, et en même temps la plus pauvre,
elle ne composait qu'une seule centurie ; et comme la
convocation des centuries avait lieu successivement, en
commençant par la première, et que l'on n'appelait la
seconde, la troisième, etc., que quand les votes de la
première, de la seconde, etc., n'étaient pas d'accord ;
comme, d'un autre côté, chaque centurie votait collectivement et non par tête, c'est-à-dire que les suffrages
exprimés par tête dans chaque centurie ne comptaient
pas par tête, mais par centurie, dans le recensement
général des votes, il s'ensuivait qu'une centurie ne comp-
tant jamais que pour un suffrage, qu'elle fût composée
d'un grand ou d'un petit nombre de citoyens, les prolétaires, qui n'avaient qu'une centurie, ne comptaient jamais que pour une voix, c'est-à-dire pour zéro dans les
comices, ce qui réduisait à rien leur part de souveraineté.

Sous la république, les tribuns du peuple parvinrent à
changer ce mode de votation, en faisant substituer, l'an
260 de Rome, au vote par *centurie*, le vote par *tribu* ; ce
qui était revenir au système de vote par *curie* ; — la tribu
comme la curie étant une circonscription de territoire,
et non, comme la centurie, une circonscription d'argent.

Mais les patriciens trouvèrent encore le moyen de re-
conquérir la suprématie d'influence que le système du
vote par tribu leur avait fait perdre. Pour cela ils n'eurent besoin que de faire parquer, par les censeurs, dans
les quatre tribus de la ville, toute la population des prolétaires urbains. Et comme le nombre des tribus était
de trente-cinq, dont quatre seulement de la ville, et
trente-une de la campagne, les tribus de la campagne,
plebs rustica, composées des meilleurs et des plus riches
citoyens, l'emportèrent toujours par le nombre sur les
tribus de la ville, *plebs urbana*, d'autant que, dès que les

suffrages de dix-huit tribus se trouvaient réunis, on ne recueillait pas les votes des dix-sept autres [1].

Du reste, l'établissement des assemblées par tribus n'abolit pas celles par centuries, pas plus que ces dernières n'avaient aboli celles par curies ; elles subsistèrent toutes trois simultanément avec des attributions diverses, attributions toujours fixées par le sénat, de manière à annihiler le plus possible la part des prolétaires dans le gouvernement [2].

Ainsi le vote des prolétaires fut, de tout temps, la monnaie courante à l'aide de laquelle le sénat et les tribuns luttèrent d'influence et de popularité ; et, comme cette monnaie se payait en bons deniers comptants, les prolétaires aidaient à la lutte, pour qu'il s'en battît le plus possible au profit de leur vénale oisiveté.

Les prolétaires tenaient plus au profit de l'élection qu'à l'élection elle-même. Savoir qu'on ne pouvait se passer d'eux suffisait à leur orgueil, et l'argent qu'on leur distribuait pour payer leurs suffrages compensait, à leurs yeux, l'honneur de les-donner pour rien. Les grands, d'ailleurs, en s'abaissant jusqu'à les acheter, leur avaient appris à ne point rougir de se vendre.

La loi, pourtant, punissait les brigues de peines très-sévères [3], et semblait, par là, prohiber absolument de tels marchés. Mais, entre le principe de la loi et son application, on plaça des circonstances atténuantes. Pour apprécier le délit on en compta la somme ; au delà d'un

---

[1] De Beaufort, *Républ. rom.*, II, 281.

[2] Voy. sur les comices, Michelet, *Hist. rom.*

[3] La loi *Ausidia*, de l'an 692, condamnait les corrupteurs à payer tous les ans, pendant leur vie, 3,000 sesterces (614 fr.) à chaque tribu. Une loi postérieure ajoutait à l'amende dix ans d'exil. La loi Calpurnia étendait sa rigueur jusque sur ceux qui s'étaient laissé séduire. (Cic., *Ad Attic.*, , 16, et *Pro Murena*, 28. — Dion, xxxvii, p. 48.

chiffre modéré, l'achat des votes était coupable; il était innocent en deçà[1]. D'un autre côté, la loi *Ausidia* n'établissait aucune peine contre ceux qui auraient promis de l'argent au peuple, et ne punissait que ceux qui l'auraient effectivement donné. De sorte que, pour réprimer la corruption, on encourageait la mauvaise foi. De là, la mutuelle défiance des électeurs et des candidats. Avant de s'engager, les uns voulaient qu'on déposât le prix de leur turpitude en mains tierces. Avant de payer, les autres voulaient tenir la réalisation des promesses données. Dans ce double but, et pour sauver les apparences, la corruption agissait par intermédiaires, — intermédiaires spéciaux, avoués, autorisés, officiels, — les interprètes, les diviseurs et les *sequestres*.

Il y avait donc, dans chaque tribu, pour partager entre les électeurs les libéralités du candidat, des *divisores* jurés dont l'emploi, quoique peu honorable, puisque Antoine reprochait à Auguste que son père l'avait exercé[2], n'en était pas moins toléré, sinon ouvertement permis[3]. Il y avait, en outre, les *sequestres*, dont l'emploi avoué servait à corrompre les suffrages, et chez lesquels l'argent qu'on promettait se mettait en dépôt[4]; et, enfin, des *interprètes* qui servaient d'entremetteurs et faisaient les conventions pour l'achat et le payement des suffrages au nom et en faveur des candidats[5].

Autrefois, les candidats aux charges publiques en étaient quittes pour quelques amphores de vin[6]. Au

---

[1] Cic., *Pro Planc.*, 18. — Suet., *In Cæs.*, c. xix.
[2] Suet., *Aug.*, c. iii. — Cic., *Ad. Attic.*, lib. I, *Ep.* xviii.
[3] Cic., *Verr.*, I, 8, et *De orat.*, ii, 63.
[4] Cic., *In Verr.*, I, 8; *Pro Milon.*, 18. — Senec., *Ep.* cxviii.
[5] Cic., *In Verr.*, I, 12.
[6] Pline, XXXV, 2.

temps de Cicéron, Verrès, dans une élection d'édiles, distribua 500,000 sesterces (plus de 100,000 fr.) [1]. En l'an 699, une élection consulaire coûta 10 millions de sesterces (plus de 2 millions de francs) [2]. Appius parle d'élections qui ont coûté le double [3].

Les candidats, comme on voit, n'avaient, à Rome, rien de blanc que leur nom [4], et leur argent corrupteur, loin de profiter au peuple qui le recevait, l'appauvrissait encore plus en le dépravant davantage.

Arrivait enfin le jour de la bataille électorale, de la *bataille des comices*, comme l'appelaient les Romains [5]; ce n'étaient point des luttes pacifiques d'argent ou d'influence; c'étaient, depuis l'assassinat de Gracchus, des scènes sanguinaires qui se renouvelaient presque tous les ans [6]. Presque à chaque élection, le Forum ou le Champ-de-Mars devenaient de véritables arènes. Le peuple, armé de frondes, de poignards et d'épées, venait combattre pour celui qui l'avait payé, et rarement l'assemblée se séparait sans que la terre fût souillée de sang, et qu'il restât des morts sur la place [7].

Sous l'empire, les élections firent moins de bruit, et n'en firent pas, pour cela, de moins bonne besogne. Le suffrage universel s'était fondu en un seul grand électeur; — c'était l'empereur.

L'oisiveté citoyenne n'eut donc plus alors de passe-temps politique dans les *comitia*. Mais il lui resta, pour

---

[1] Cic., *In Verr.*, i, 8.

[2] Cic., *Ad Q. frat.*, ii, 15.

[3] Appian., *De bell. civ.*, ii, 724.

[4] Le nom de *candidats* vient de la roble *blanche* (*candida*) qu'ils portaient.

[5] Val.-Max., IV, 5, 3.

[6] Plut., *Pompée*, 76. — Appian., *De bell. civ.*, i, 600.

[7] Plut., *Cæs.*, 36. — Dezobry, I, 419.

y suppléer, ce qui ne lui fit jamais défaut à Rome, savoir :
des lieux spéciaux où tous les vices, dont l'oisiveté est la
mère, trouvaient le complément de leur organisation :
les *lupanars*, les *bains* et les *popinæ*.

§ 10. — LUPANARIA.

Prostituées pour le peuple. — Jeunes esclaves. — Maisons de débauche. — Leur
situation, leur intérieur, leur nombre, leurs enseignes.—Etymologie des mots
lupanar et *fornication*. — Condition des prostituées. — Organisation de la prostitution. — Solon, législateur des filles publiques. — Or lustral, — Universalité
de lá prostitution. — Ses causes. — Est-ce un mal nécessaire ou remédiable ?—
Réfutation de saint Augustin.

Les Romains, qui faisaient si peu de cas de la vie des
esclaves, devaient faire encore moins de cas de leur pu-
deur. Aussi sacrifiaient-ils l'une et l'autre à leurs plaisirs
avec une égale inhumanité, celle-là dans leurs amphithéâtres, celle-ci dans leurs *lupanaria*.

La prostitution, leur grande pourvoyeuse, marchait tête
levée dans toutes les cités du monde antique. Ici, comme
à Corinthe, elle prenait place dans le temple, livrant aux
caprices du peuple mille jeunes filles esclaves[1]. Ailleurs,
sous la protection des lois, elle dressait, elle élevait ses victimes, dès l'âge le plus tendre, à des vices dont aujourd'hui
nos bagnes seuls se souviennent[2]. Il lui fallait partout des
milliers et des milliers de victimes; mais elle savait où
les prendre. Elle allait les ramasser, non pas comme au-

---

[1] Strabon, VI.

[2] Certain genre de débauche, très-commun dans l'antiquité, était interdit aux esclaves, non par respect pour les mœurs, puisqu'on autorisait
leur libertinage avec les femmes, mais parce que le crime qui outrage la
nature était une espèce de privilége des hommes libres. D'ailleurs, les jeunes esclaves qu'on dressait à servir d'instrument aux vices infâmes de
leurs maîtres n'en éprouvaient nulle honte, même quand ils étaient devenus libres, tant était immorale la moralité païenne!

jourd'hui, en se cachant dans la fange et dans la misère, mais au grand jour, l'or en main, sur tous les marchés, sur tous les champs de bataille. Elle les traînait de là dans son antre, malgré leurs cris, malgré leurs larmes, tout au travers des cités, aidée, soutenue par les lois, par les magistrats, par les armées [1]. Après la défaite des Cimbres, les femmes offrirent de se rendre si l'on voulait s'engager à respecter leur chasteté ; mais Marius refusa [2]. Qu'aurait dit le peuple romain si, de cette grande victoire, il ne lui était revenu ni des gladiateurs pour ses cirques, ni des femmes et des enfants pour ses lupanars !

Les courtisanes, dont j'ai parlé plus haut, servaient exclusivement aux plaisirs luxurieux des riches. Les prostituées, dont il me reste à parler, servaient principalement aux plaisirs luxurieux des pauvres.

Les lieux où les prostituées exerçaient leur infâme commerce à Rome, soit isolément dans des chambres garnies, soit collectivement dans des maisons de débauche, étaient ordinairement dans des quartiers retirés, dans des rues détournées, près des murs de la ville, aux environs du cirque ou des théâtres. Plusieurs d'entre elles, ainsi que nous l'avons vu, étaient attachées aux jeux qu'on célébrait dans ces établissements ; d'autres, ainsi que nous le verrons, étaient employées dans les bains publics, dans les *popinæ*, qui n'étaient le plus souvent que des maisons de débauche [3].

L'intendant des plaisirs de la cour de Néron, Pétrone, nous a laissé une description assez détaillée de l'intérieur des demeures des filles publiques en maison. Ces de-

---

[1] De Saint-Paul, *Constitution de l'esclavage*, p. 116.

[2] Plut., *Marius*, 46.

[3] Just. Lips., *Elector.*, 23. — Juven., *Sat.* iii. — Lampride, *Vie d'Héliogabale*.

meures étaient distribuées en plusieurs corridors où l'on marchait entre deux rangs de cellules remplies d'acteurs des deux sexes ; les femmes, les hommes même, se présentaient dans un état complet de nudité. Le prix de la passe se payait d'avance[1].

Le nom de *lupanaria*, donné aux lieux de débauche à Rome, prenait sa source dans la fable de l'allaitement de Romulus par une louve, c'est-à-dire par une nourrice que la voracité de ses appétits charnels avait fait surnommer la *louve*, LUPA. De là le nom de *lupæ*, louves, donné par assimilation aux filles publiques, et celui de *lupanaria* donné à leurs demeures[2]. Quant au mot *fornication* employé pour exprimer le commerce illicite des deux sexes, il vient du mot *fornix*, appliqué à leurs chambres ou cellules, lesquelles étaient ordinairement construites sous terre et voûtées[3].

C'est au réformateur des lois d'Athènes, à Solon, qu'il faut attribuer l'établissement régulier des lieux de prostitution. C'est à lui qu'Athénée rapporte l'honneur d'avoir, le premier, acheté des jeunes filles pour les plaisirs du peuple, voulant éteindre, par là, chez les jeunes gens, un goût qui fait rougir la nature[4]. Pour cela, il n'est sorte d'appâts qu'il ne tendît à leur fougueuse jeunesse. Une loi de ce sage de la Grèce prescrivait aux dames de joie de se tenir sur le seuil de leurs portes à l'heure où les dames honnêtes se renfermaient dans leurs gynécées, et d'y déployer leurs formes à travers des voiles trans-

[1] *Sat.* de Pétrone, édit. in-8° de Dur., p. 361. — *Lexiq.* de Martin, v° *Scortum.*

[2] *Lexique* de Martin, v° *Lupanar.*

[3] Sabatier, p. 51.

[4] Athénée, XIII, III, p. 569.

parents. La même loi les obligeait à se montrer dans la parure la plus élégante et la plus voluptueuse. A leurs portes, où l'on voyait inscrits leurs noms, pendait un voile orné souvent des attributs du dieu des jardins[1].

A Rome, le procédé était plus simple et moins séduisant. On se contentait d'une lampe ou d'un pot à feu placé au devant de la porte du lupanar, en guise d'enseigne[2]. Sur le seuil extérieur de cette même porte, une vieille femme, agent expérimenté, se tenait, appelant les hommes à leur passage, les sollicitant de la voix et de la main, et employant toutes sortes de ruses pour les attirer[3].

Un impôt, — impôt honteux ! — était levé sur la prostitution à Rome, comme à Athènes.

Chez les Athéniens, le sénat affermait cet impôt chaque année. Les fermiers connaissaient exactement tous ceux ou toutes celles qui exerçaient cette profession[4]. D'après un passage de Suidas et de Zonare, les agoranomes fixaient le taux que chaque prostituée devait payer ; la taxe variait avec le gain[5].

Etabli à Rome, par Caligula, le même impôt se continua sous ses successeurs, même sous les empereurs chrétiens[6].

Toutefois, Lampride nous apprend qu'Alexandre Sévère fit défense à ses trésoriers de recevoir le tribut qu'on retirait de la prostitution, et qu'on appelait *or lustral*, comme s'il eût suffi de cette dénomination pour

---

[1] Lantier, *Voy. d'Anténor*, ch. cvii.
[2] Just. Lips., *Elector.*, liv. 1, p. 587.
[3] Pétrone, *ubi supra*, p. 361.
[4] Bœckh, *Econom. polit. des Athéniens*, I, 57.
[5] Suet., *Calig.*, 40. — Bœckh, *ibid.*
[6] Hegewisch, *Sur les finances des Romains*, p. 215, 308.

purger ce qu'il y avait de honteux dans cet impôt, et d'odieux dans sa perception. Depuis lors, le produit ne fut employé qu'aux réparations des théâtres, du cirque, des égouts de la ville, etc., et autres ouvrages d'utilité publique [1].

Publius Victor comptait, à Rome, jusqu'à quarante-cinq maisons de débauche que Tertullien appelait les CONSISTOIRES *de la lubricité publique* [2].

Si l'on réfléchit qu'il y avait, à Rome, un nombre considérable de femmes qui faisaient séparément le métier de prostituées, et qui suivaient les armées [3], on pourra facilement se rendre compte des progrès de la prostitution à cette époque [4].

A en juger par leur ameublement [5] et par leurs vêtements [6], les femmes publiques de Rome appartenaient, pour la plupart, à la classe la plus pauvre du peuple.

C'étaient, en effet, pour la plupart, de pauvres filles de condition servile que la loi de l'esclavage permettait de vendre en plein marché à des pourvoyeurs de débauche.

Et quelle autre cause que la misère pouvait pousser ces malheureuses à se montrer nues ou presque nues sur de grandes tables où venaient les visiter les acheteurs, ou à se montrer étrangement vêtues à la porte de

---

[1] Lampride, *Vie d'Alex. Sévère.* — Godefroi, sur la L. 1, *Si quis*, etc.

[2] Publ. Vict., *De urbis Rom. region.* — Sabatier, p. 52.

[3] Val. Max., liv. II, ch. II, tit. 1.

[4] Voy. Sabatier, *ubi supra.*

[5] Tout le mobilier de ces réduits étroits, malsains, salis par la fumée des lampes, consistait le plus souvent en une mauvaise paillasse, avec une couverture rapiécée. Juven., *Sat.* VI.

[6] Le costume particulier que les filles publiques étaient astreintes à porter, à Rome, se composait d'une tunique très-courte, ouverte par devant, de souliers rouges et d'une perruque blonde, surmontée d'une espèce de mitre semblable à celle de nos évêques.

quelque maison infâme, entre deux bougies allumées,
qui brûlaient le jour comme la nuit[1] ?

Quelles que fussent les causes de la prostitution, chez
les anciens, cette débauche des sens de l'oisiveté vicieuse
est, il faut le dire à la honte de la civilisation, ou plutôt
de l'humanité, de tous les temps[2], de tous les lieux[3]. A
quelque époque, en effet, qu'on remonte dans l'histoire,
dans quelque contrée qu'on habite sur le globe, on la
voit toujours et partout établie, plus ou moins autorisée,
plus ou moins étendue, selon les mœurs[4], selon la religion[5], et le degré de civilisation des peuples qui l'adop-

[1] C'est Tertullien qui nous apprend cette particularité. (*Apolog.*, c. xxxv.)

[2] Sans en excepter les temps bibliques. Tamar, dans la Bible, dit à Juda : « Que me donneras-tu afin que tu viennes vers moi? Juda répond : Je
t'enverrai un chevreau d'entre les chèvres du troupeau. Tamar : Me donneras-tu des gages jusqu'à ce que tu l'envoies? Juda : Quel gage est-ce que je
te donnerai? Tamar : Ton sachet, ton mouchoir et le bâton que tu as en ta
main. »

[3] D'après Tavernier, on comptait, dans la seule ville de Golconde, plus
de vingt mille prostituées. Au Japon, les femmes publiques sont très-nom-
breuses ; on les élève dès le bas âge à ce métier. Ce pays est appelé le bord...
de la Chine. On compte dans la ville d'Ispahan, en Perse, plus de douze
mille filles de débauche.

[4] Chez les Lydiens, les filles n'avaient le droit de se marier qu'après avoir
gagné leur dot par la prostitution. A Héliopolis, les parents les prostituaient
aux étrangers pour s'assurer de quoi vivre. Dans le royaume d'Astracan,
au Thibet, à Madagascar, une fille ne trouve à se marier qu'après avoir
perdu sa virginité. En général, les peuples sauvages attachent peu de prix
à la chasteté des femmes. Parmi certaines tribus du Kamtschatka, les hommes, lorsqu'ils reçoivent un ami chez eux, regardent comme un devoir
indispensable de politesse de lui offrir la jouissance de leurs femmes ou de
leurs filles. (Sabatier, p. 12 et suiv.)

[5] On connaît les cérémonies religieuses qu'on observait dans les îles de
Chypre, de Cythère, de Lesbos. A Babylone, toutes les femmes devaient se
prostituer une fois dans leur vie dans le temple de Vénus. A Corinthe, les
prêtresses de Vénus étaient des courtisanes. Si on examine des usages plus
récents, on voit que, dans le royaume de Cochin et de Calicut, les vierges
cèdent leurs prémices aux dieux ou à leurs ministres. A Juida, on consacre
des filles au serpent fétiche, c'est-à-dire aux plaisirs des prêtres ; ceux-ci ;

tent comme un besoin naturel ou un plaisir légitime, ou comme une honteuse et indispensable nécessité.

« Retranchez les femmes publiques de la société, disait saint Augustin, et la débauche la troublera par des désordres de tout genre. Les prostituées, ajoutait-il, sont dans une cité ce qu'est un cloaque dans un palais ; supprimez le cloaque, le palais deviendra un lieu malpropre et infect [1]. »

Nous ne pouvons souscrire à cette opinion du saint évêque d'Hippone sur la nécessité, au sein des villes, du cloaque infect de la prostitution. Nous croyons bien plutôt à la possibilité de purifier la source qu'à l'impossibilité de supprimer l'égout. Nous croyons bien plutôt que, dernière trace de la promiscuité originelle du genre humain, la prostitution, loin d'être un mal fatal, indispensable, éternel, finira par disparaître un jour irrévocablement des nécessités de la terre, comme tous les autres fléaux antérieurs de la civilisation [2].

§ II. — BALNEA.

Bains publics. — Leurs diverses sortes. — Un bain pour un liard. — Bains gratis. Passe-temps de tous les oisifs. — Promiscuité des sexes. — Cuve commune. — *Schola.* — Le *Balneator* et ses agents. — Suppôts de prostitution. — Bains, succursales des lupanaria.

Les bains publics étaient, après la politique, le passe-temps dont l'oisiveté romaine pouvait le moins se passer.

dans certaines circonstances, ordonnent une prostitution générale pour se rendre les dieux favorables. (Sabatier, p. 12 et suiv.)

[1] Aug., lib. II , *De ordine,* cap. iv et tit. xvii ; lib. IV, part. i, *Opuscul.,* xx, p. 184.

[2] Voy. Esquiros, *Les vierges folles.*

On prenait des bains jusqu'à deux fois par jour [1] ; généralement on y consacrait à peu près la moitié de la journée [2].

Les bains publics étaient accessibles à tout le monde. Les pauvres comme les riches s'en procuraient l'entrée moyennant la modique rétribution d'un *quadrant* (un peu plus d'un centime) payée à la porte [3].

Le bain froid, *frigidarium*, s'y prenait dans une cuve commune près de laquelle était un espace disposé en gradins, appelé *schola*, école, parce que c'est là que ceux qui assistaient aux bains sans y prendre part, ou qui attendaient qu'il y eût place pour eux dans la cuve, venaient s'asseoir pour converser [4].

Le bain tiède, *tepidarium*, se prenait dans de grands bassins, assez larges pour pouvoir y nager. Il avait aussi son *école* [5].

Les bains publics, qui n'étaient primitivement que de simples piscines où le peuple venait nager et s'exercer, ont acquis un développement et des perfectionnements immenses sous l'empereur Auguste. C'est à cette époque qu'ils ont pris le nom de *thermes* [6].

Agrippa, étant édile, fit construire cent soixante-dix bains, où, pendant toute l'année de son édilité, le peuple fut admis *gratis* [7]. Il en fit plus tard élever d'autres, qu'il légua au peuple, afin qu'il pût s'y baigner gratuitement à perpétuité [8].

---

[1] Suet., *De illustr. grammat.*, 23.
[2] Vitruv., V, 10.
[3] Horat., *Sat.* III, vers 137. — Juven., *Sat.* VI, vers 447. — Senec., *Ep.* LXXXVI.
[4] Dézobry, I, 222.
[5] *Id., ibid.*
[6] *Id., ibid.* et 228.
[7] Pline, XXXVI, 15. — Dion, XLIX, p. 477.
[8] Dion, LV, p. 633.

Les bains publics étaient un rendez-vous général, fréquenté par tout le monde, depuis les prolétaires les plus obscurs jusqu'aux citoyens les plus illustres [1]. Le désœuvrement, plus encore que la curiosité et le désir de rencontrer ses connaissances et ses amis, y conduisait le plus grand nombre [2].

Pour un grand nombre de femmes, les bains étaient des lieux d'intrigues [3]. Les sexes qui, d'abord, avaient été séparés [4], finirent par y être confondus [5]; promiscuité qui fut tour à tour défendue et permise [6], et qui devait donner lieu aux plus scandaleux désordres, les baigneurs étant entièrement nus [7], sauf les femmes auxquelles une épigramme de Martial semble prêter un caleçon [8].

Les courtisanes fréquentaient assidûment les bains publics. Suétone rapporte que Domitien venait s'y baigner avec les prostituées du dernier rang [9].

Un *balneator*, baigneur, était attaché comme gardien à chaque établissement; il avait sous ses ordres un chauffeur, *fornicator*, et une foule de serviteurs, tels que les *capsarii* pour garder les habits, les *aliptæ* ou *unctores*, parfumeurs, les *alipili*, épileurs, et les *tractatores*, masseurs, car le bain était accompagné de frictions nombreuses que les Romains recherchaient avec délices [10].

Souvent le *balneator* employait pour le service de son

---

[1] Mart., III, 36.

[2] Dezobry, I, 225.

[3] Mart., XI, 48. — Digest. XLVIII, tit. v, liv. IX, § 1.

[4] Vitruve, V, 10. — Petron., 92.

[5] Mart., VII, 34.

[6] Lamprid., *Alex. Sever.*, 24. — Spartian., *Adrian.*, 18.

[7] Suet., *Aug.*, 94. — Val.-Max., II, i, 7.

[8] Mart., III, 87.

[9] Suet., cap. viii, 22.

[10] Voy. Cic., *Pro Cœlio*, 26. — Id., *Philipp.*, xiii, 12. — Senec., *Ep.* lvi et lxxxvi; et le Digeste, I, tit. xv, L. 3, § 5; et XXXIII, tit. vii, L. 13-14-17.

établissement des filles et femmes qui se prostituaient. Dans ce cas, il était réputé faire le vil commerce d'entremetteur, et, comme tel, déclaré infâme par la loi [1].

Les *bains*, comme on le voit, étaient, pour l'oisiveté licencieuse, les succursales des *lupanars*.

§ 12. — POPINÆ.

Ce que c'étaient que les *Popinæ.* — D'où leur venait ce nom. — Leur intérieur. — Leurs habitués. — La *Focaria.* — L'ogresse. — Clubs politiques. — Repaires de bandits. — *Tapis francs.*

Dans les rues les plus écartées et les plus sombres de Rome, étaient disséminés d'autres établissements ignobles et populaires, connus sous le nom de *popinæ*. C'étaient les *tapis-francs* de la grande cité romaine. Leur nom de *popinæ* venait des viandes qu'on y mangeait et dont les approvisionnaient, après chaque sacrifice, les sacrificateurs victimaires appelés *popæ* [2]. Ces gargottes s'approvisionnaient encore, mais sans trop s'en vanter, avec les chairs des sangliers, des cerfs et même des ours, qui avaient figuré dans les chasses à hommes des combats du cirque. Ces viandes cuites se débitaient dans les *popinæ* où se préparait la nourriture du peuple et des esclaves. Le tout était accompagné d'un pain grossier, de froment ou d'orge, que l'on nommait *pain plébéien* [3].

Un repas, dans ces tavernes, coûtait environ deux *as* (deux sous) [4]. Les aliments y étaient toujours prêts et en cuisson perpétuelle et publique. Une espèce de table en

---

[1] Dig., lib. III, tit. II, § 2, *De his qui notantur infamia.*
[2] Propert., IV, III, vers 62. — Serv.; *In Æneid.*, III, vers 231
[3] *Rome au siècle d'Auguste*, I, 192.
[4] Senec., *Ep.* XVIII.

maçonnerie, dans laquelle étaient scellés quatre grands vases de terre cuite servant à conserver les comestibles, occupe presque toute la devanture de la taverne. En retour d'équerre était un fourneau où une femme appelée *focaria* (*l'ogresse?*) faisait la cuisine; et derrière le fourneau, trois gradins couverts de diverses petites mesures de capacité[1].

Ce n'était pas par la propreté que brillaient ces restaurants de bas étage, échauffés et enfumés par une cuisine perpétuelle[2]. Ils ne brillaient que par la joie, les bons mots et les chansons. C'étaient les vrais asiles de la gaieté; c'était aussi le rendez-vous des esclaves qui, pendant que leurs maîtres qu'ils avaient accompagnés étaient à quelque fête publique, ou soupaient en ville, venaient les attendre dans ces endroits. Là, assis sur des bancs, ils passaient le temps à boire, à manger, à jouer aux dés, à raconter ce qui se passait dans la maison de leurs maîtres, et à médire d'eux pour se venger de leurs mauvais traitements[3].

Les *popinæ* étaient le repaire de tout ce que la société offrait de plus vil, de plus misérable, de plus abject. On y trouvait des voleurs, des *chourineurs*, des escrocs. On y trouvait des mendiants, des prostituées, et des prêtres de Cybèle, ces frères quêteurs dont j'ai déjà parlé[4]. On y trouvait enfin, réuni comme dans un club politique, tout ce que le prolétariat romain comptait de têtes ardentes, de ventres affamés, de bras prêts à agir. Tout cela

---

[1] Mazois, *Ruines de Pompéi*, t. II, p. 13 et 43; et Digest., XXXII, tit. vii.

[2] Juv., *Sat.* ii, vers 81. — Hor., I, *Ep.* xiv, vers 21.

[3] Hor., II, *Sat.* vii, vers 39.—*Id.* I, *Ep.* xiv, vers 21.—Plaute, *Pœnul.*, prolog., vers 41. — Columel., I, 8. — Mart., V, 85. — Juven., *Sat.* ix, vers 103.

[4] Voy. ci-dessus, p. 57.

grouillait et fermentait dans le même bouge, dans le même creuset impur. Que de propos obscènes et incendiaires ! que de promesses et de menaces ! que de cancans politiques et de complots ! que de mauvais actes et de mauvaises pensées s'agitaient, se croisaient, s'aidaient mutuellement, à la barbe des *curiosi* et des *agentes in rebus* de la police[1], dans ces conciliabules du vice et de l'oisiveté, de la débauche d'esprit et de la débauche des sens, de la sédition et de la misère !

Plus d'une guerre civile est sortie de ces *tapis-francs*.

§ 13. — ESSAIS DE RÉACTION CONTRE L'OISIVETÉ.

C'est dans sa cause, non dans ses effets, qu'il faut attaquer le mal. — Réformes de César et d'Auguste. — Travail encouragé. — Essais d'ateliers nationaux. — Réduction du nombre des fainéants. — Leur embrigadement par escouades. — Colonies. — La fange de la ville rejetée hors de la ville. — Réformes avortées. — L'oisiveté citoyenne triomphe. — Misère universelle.

L'oisiveté républicaine étant devenue, plus que jamais, à Rome, le laboratoire des crimes, des émeutes et des révolutions, les premiers empereurs durent travailler à en éteindre le foyer. Fermer ou annuler les comices où son action s'exerçait si fatalement par ses votes vendus ;— diminuer le nombre des fêtes ;—modérer l'atrocité des jeux où elle trouvait moyen de se rendre féroce ; — réglementer ou supprimer les *balnea,* les *lupanaria,* les *popinæ* où elle trouvait moyen de se dépraver de plus en plus ; — ce n'eût pas été couper le mal dans sa racine, c'eût été l'atteindre inutilement dans ses effets. A défaut

---

[1] La police de Rome comprenait deux variétés d'agents, les *curiosi* et les *agentes in rebus.* Voy. le Cod. Théod., vi, 26 et 29. Il y avait aussi, autrefois, les *frumentaires,* espions secrets et provocateurs, sur lesquels M. Naudet a lu, au mois d'avril 1849, une savante dissertation à l'Académie des sciences morales et politiques.

de voix à vendre, la populace oisive n'avait-elle pas toujours à se vendre, à se livrer elle-même? A défaut de la publicité ouverte à ses débordements, la clandestinité n'était-elle pas là avec ses issues cachées, et ses ténèbres plus dangereuses que la lumière? Le droit à l'assistance étant la conséquence nécessaire du droit à l'oisiveté, la servitude du travail était la cause forcée de l'un et l'autre. C'est donc à cette cause qu'il fallait remonter pour pouvoir tarir dans sa source le torrent toujours grossissant de la misère qui en découlait, — misère telle qu'à la fin, malgré les secours publics et en raison même de ces secours, elle était descendue jusqu'à la plus dégradante mendicité.

Ainsi, procurer au peuple les moyens de pourvoir lui-même à ses besoins par le travail, était le seul problème à résoudre.

César, le premier, tenta de le faire. César fut tout d'abord frappé du danger permanent que présentait pour la société cette masse oisive de 320,000 prolétaires parqués dans l'enceinte d'une ville, et n'ayant pour vivre que les distributions de l'annone; et comme, avant d'arriver au pouvoir et pour y parvenir, il avait emprunté plus d'une fois les agents de son ambition à ce chantier toujours ouvert de troubles, de conspirations et de guerres civiles, ce grand homme d'Etat résolut, dès qu'il eut le pouvoir en main, d'éteindre ce foyer d'incendie social et politique dont il avait expérimenté à son profit toute l'énergie, toute la puissance. Pour cela, il commença par réduire, d'un seul coup, de 320,000 à 150,000 le nombre des prolétaires fainéants qui prenaient part aux distributions publiques [1]. Ensuite, il résolut et tenta d'appliquer au

____

[1] Suet., *Cæs.*, XLI.

travail les ressources et les bras qu'il retirait à l'oisiveté. Dans ce but, il créa, sous le nom de colonies, des espèces d'ateliers nationaux dans lesquels il incorpora le plus d'oisifs qu'il put, et dont il embrigada les membres par escouades, non dans l'intérieur de la ville, — il s'en garda bien ! — mais loin, bien loin, hors des murs de Rome.

Vingt mille familles furent ainsi retirées par lui de la fange de la ville, *ex fœce romuleâ*, et rendues à la terre, au travail, à la dignité personnelle. 80,000 hommes furent envoyés de Rome dans les provinces, et embrigadés en colonies agricoles au delà des mers. A défaut de terre, César donnait aux oisifs de l'occupation en Italie, en prescrivant d'employer un tiers d'hommes libres aux troupeaux qu'on faisait paître dans les pâturages de l'Etat. En exonérant ainsi la ville, il repeuplait les campagnes, et rappelait en même temps à Rome, et y fixait à demeure, les classes dont la présence, loin d'être un embarras, pouvait lui prêter un utile concours [1].

Cette grande réforme, interrompue par la seconde guerre civile, un autre empereur, non moins habile administrateur que César, l'empereur Auguste, résolut de la reprendre et de la conduire à fin. Pour cela, il s'efforça de diminuer les répugnances et les obstacles qui éloignaient le peuple du travail. Il assura, à cet effet, à l'agriculture et au négoce extérieur la même faveur qu'au séjour dans la ville ; il offrit des facilités à l'industrie, donna des secours aux familles pour élever leurs enfants, créa des colonies, et chercha à y attirer les émigrants par une jouissance plus étendue des priviléges de

---

[1] Suet., *Cæs.*, 42. — Wallon, II, 390.

la cité [1]. Quant aux distributions publiques, il songea d'abord à les supprimer; mais sa sagesse et sa fermeté échouèrent devant les résistances de l'usage établi. Peut-être aussi recula-t-il devant les excès auxquels pouvait se porter une populace oisive, privée de tout moyen d'existence, d'autant qu'à la faveur des séditions et des troubles civils d'alors, tous les fainéants, tous les bandits, tous les gueux de l'Italie s'étaient réfugiés à Rome pour avoir part à ces distributions qui n'avaient lieu que là [2]. Donc, Auguste dut se borner à faire ce qu'avait fait César, en réduisant le nombre des prenant part aux distributions publiques; ce qu'il fit, en fixant ce nombre à 200,000 [3]. Mais, réformer les distributions, c'était les maintenir; et, en les maintenant, Auguste s'en fit lui-même un titre à la faveur de la multitude [4].

Ainsi firent ses successeurs. Les plus sages, à son exemple, s'efforcèrent de ramener, de fixer le citoyen au travail, dans les champs comme dans la ville; mais tous s'attachèrent en même temps à se gagner le peuple par des largesses; plusieurs même, renonçant à le réformer par le travail, ne s'occupèrent que des moyens de le corrompre. On étendit dès lors les distributions de pain; on multiplia les célébrations de jeux; le droit à l'oisiveté prévalut de nouveau; la misère, sa compagne, revint à sa suite, et tout fut dit encore du peuple romain de l'empire, par ces deux mots : *Panem et Circenses* [5]!

---

[1] Suet., *Aug.*, 42 et 46.

[2] Appian., *De bell. civil.*, II, p. 840.

[3] Suet., *Aug.*, 42.

[4] Wallon, *De l'esclavage*, part. II, ch. IX.

[5] Wallon, *ubi supra*.

- Ainsi, l'oisiveté, même organisée, ne put produire, à Rome, comme à Athènes, que ce que l'oisiveté peut produire, — la misère! — la misère ne pouvant qu'être le partage de l'homme libre, là où le travail est l'attribut de l'esclave.

DEUXIÈME PARTIE.

ORGANISATION DU TRAVAIL SERVILE.

CHAPITRE PREMIER.

Condition des classes serviles ou laborieuses, à Rome.

Fonction servile du travail. — Impossibilité reconnue de l'abolition de l'esclavage. — Tous les ouvriers, esclaves ou affranchis, ou de condition libre, équivalant à servitude.

Dans la pensée primitive et dans la langue originelle de tous les peuples, *travail, travailler*, étaient, comme ils le sont encore de nos jours, deux mots et deux choses impliquant l'idée de fatigue, de sujétion, de douleur[1].

Travailler, c'est être condamné à gagner son pain à la sueur de son front. *In sudore vultus tui vesceris pane*, dit l'Écriture.

Le travail, dans l'iconographie des anciens, est représenté sous la figure d'un homme amaigri, aux mains calleuses, aux bras décharnés, au visage sans couleur ; — les épaules nues, le dos voûté, le corps accablé de fatigue ; — ses jambes pouvant à peine le soutenir.

[1] LABOR, chez les Latins, signifiait *fatigue, peine, maladie, tourment, calamité, disgrâce, traverse*. LABORI *esse alicui*, disait Cicéron, pour exprimer : *être à charge à quelqu'un*. LABORIOSUS voulait dire : *fatigant, pénible, qui souffre, qui endure* ; LABORARE, *souffrir, être indisposé, tourmenté, mal portant* ; LABORARE *suâ magnitudine*, disait Tite-Live, ce qui signifiait : *être incommodé de sa propre grandeur*. La langue française assigne au mot TRAVAIL la même signification. Nous disons, en médecine : *travail d'enfant, travaillé de la fièvre* ; en technologie : *bois qui travaille, qui se tourmente* ; en peinture : *figures travaillées, faites avec peine*. « La charité *travaillait* son âme d'une pieuse inquiétude », dit Bossuet. « La république était *travaillée* également par sa servitude et par sa liberté », dit Montesquieu.

C'était l'image de l'esclave.

L'ouvrier, en effet, était un esclave ; — les économistes anciens ne comprenant pas que l'ouvrier, qu'ils appelaient *instrument d'usage*, pût ne pas être, comme l'outil, qu'ils appelaient *instrument de production*, la propriété de l'homme qui avait à se servir de l'un et de l'autre [1].

La fonction servile du travail était, pour les anciens, un rouage si essentiel de la machine sociale, que, parmi les philosophes égalitaires qui prêchèrent avec le plus de conviction le dogme de l'unité de la race humaine [2], aucun ne s'est rencontré qui eût la hardiesse, qui eût même la pensée, de dire que le travail pût être, un jour, organisé autrement qu'avec des mains serviles ; — et qu'il n'y avait pas à Rome un seul prolétaire, quelque pauvre qu'il fût, qui pût même songer qu'un jour viendrait où ses mains citoyennes devraient, obligatoirement, pour le faire vivre, se servir de l'outil de l'esclave. Aussi, voyez avec quelles gausseries populaires sont accueillies les utopies des niveleurs du temps. Athénée parle d'un faiseur de projets qui voulait fonder une république sans esclaves. Inquiet de savoir qui travaillerait et qui ferait le service domestique, dans ce cas, quelqu'un lui fait cette objection : Les citoyens seront donc réduits à se servir eux-mêmes? « Point du tout », répond le réformateur, qui n'admettait pas que ce pût être. « En l'absence d'esclaves, je ferai marcher le service sans qu'on y touche. On n'aura qu'à dire : table, dresse-toi; huche, pétris; gâteau, viens sur la table; marmite, retire ces animaux de ton ventre; poisson, arrive... — Mais, dira le

---

[1] Arist., *Polit.*, I, II, 2.

[2] Pindare disait : « Il n'y a qu'une seule race de dieux, il n'y a qu'une seule race de mortels. » (Pind., *Ném.*, VI, 1.)

poisson, je ne suis rôti que d'un côté!—Eh bien! retourne-toi, saupoudre-toi de sel, et frotte-toi bien de graisse... Au bain, le pot de parfums viendra sans qu'on l'apporte; l'éponge et les sandales se présenteront de même, etc., etc...[1]. » — Et tout le monde de rire, et de poursuivre de ses sarcasmes l'utopiste insensé qui pouvait rêver une société sans esclaves, et le travail servile avec des mains libres.

Un jour, au milieu du quatrième siècle avant notre ère, lorsque Philippe menaçait toutes les libertés grecques, après sa victoire de Chéronée, l'orateur Hypéride proposa aux Athéniens d'affranchir et d'armer *tous* leurs esclaves. Cette motion souleva tant de clameurs dans la population libre, que son auteur eût été frappé d'exil, s'il ne l'eût aussitôt retirée. « S'il n'y avait plus d'esclaves, disait-on de tous côtés, que deviendrait donc le citoyen? Comment pourrait-il subsister avec sa famille? Arraché à son noble loisir et à ses nobles occupations, il lui faudrait donc vivre de ses propres mains, s'abaisser au travail matériel dont le mépris lui a été inculqué dès l'enfance? Cette révolution est impossible[2]. »

Et elle l'était, en effet, alors; — et aussi impossible, alors, que le serait, aujourd'hui, l'abolition de la domesticité.

Dans l'état normal, donc, le travail matériel, celui qui ne demandait à son agent que de l'obéissance et de la force, était la véritable fonction sociale de l'esclave et de lui seul.

Que si parfois l'homme libre s'y appliquait accidentellement, c'est, à coup sûr, qu'il avait passé par l'escla-

---

[1] Athénée, VI. De Saint-Paul, 214.
[2] E. Biot, *De l'esclavage ancien*, p. 31.

CLASSES LABORIEUSES.

vage comme affranchi, ou qu'il appartenait à une condition sociale équivalant pour lui à la servitude.

Ainsi, la classe ouvrière se composait : — généralement, d'esclaves et d'affranchis; — exceptionnellement, de travailleurs libres.

Entrons dans quelques détails sur la condition respective de ces divers agents du travail forcé.

§ 1er. — ESCLAVES.

Origine, nature, universalité, condition sociale de l'esclavage. — Nomenclature et emplois divers des esclaves. — Vente, achat et prix des esclaves. — Nombre des esclaves. — Cruautés des maîtres; révoltes des esclaves. — Humanité des maîtres; soumission et dévouement des esclaves.

1. — *Origine, nature, universalité, condition sociale de l'esclavage.*

Hérilité et servitude, partout et toujours. — Hiéroglyphe de la Providence. — L'esclave relégué aux rangs de l'animalité. — Est sans Dieu. — S'accouple et ne se marie pas. — N'est pas personne, mais chose. — Exclu des fonctions publiques, de la milice, etc. — Pourtant, esclavage, premier progrès de l'humanité. — Le vaincu n'est plus tué, mais conservé, *servus*. — Le vainqueur s'en sert comme ouvrier. — L'esclavage des professions utiles, régime économique de toute société nouvellement fixée.

Que l'esclavage ait été, dès l'origine, un élément légitime et normal de la société; c'est-à-dire qu'il ait fait partie intégrante et formé une loi essentielle et constitutive des premières familles[1]; — ou bien qu'il ait été l'effet de la conquête, ou du brigandage, et la conséquence du droit du plus fort[2]; que les esclaves, dès lors, fussent des captifs ou des prisonniers de guerre[3], des enfants exposés ou abandonnés[4], des débiteurs insolvables

---

[1] C'est la thèse que soutient M. Granier de Cassagnac dans son *Histoire des classes ouvrières.*

[2] Wallon, *Histoire de l'esclavage dans l'antiquité,* t. I, p. 2, 59, 60.

[3] De Saint-Paul, *Constitution de l'esclavage en Occident,* p. 64 et suiv.

[4] De Saint-Paul, *ubi supra.*

ou obérés[1]; qu'ils aient été réduits en servitude par
droit de naissance[2], d'échange ou d'achat[3], par aliénation volontaire ou forcée[4], par autorité du père de famille[5] ou du créancier[6], comme proie légitime, enfin,
des vendeurs et des acheteurs d'esclaves[7], des pirates
et des voleurs d'hommes libres[8]; — toujours est-il que,
établi chez toutes les nations civilisées du monde antique, quels que fussent leur rang, leur origine, leurs
mœurs, leur organisation politique, l'esclavage, cet
hiéroglyphe de la Providence, comme dit E. Pelletan, se
présente partout, dans l'histoire de l'Occident, à quelque haute antiquité que l'on veuille remonter, comme
une institution définitivement organisée[9].

Partout, en effet, et toujours, sans qu'on puisse dire
en quel temps, en quel lieu cela a commencé, il y a eu
autrefois deux classes d'hommes ou deux races distinctes : l'hérilité et la servitude ; les maîtres et les esclaves ;
les esclaves travaillant, les maîtres faisant travailler ; les
maîtres exploitant, les esclaves étant exploités ; les maîtres ayant et étant tout ; les esclaves n'ayant et n'é-
tant rien.

---

[1] E. Biot, *De l'abolition de l'esclavage en Occident*, p. 20, 21, 22, 44.

[2] Wallon, *ubi supra*, p. 63.

[3] Wallon, *ubi supra*, p. 62.

[4] De Saint-Paul, p. 73.

[5] Ayrault, *Rerum judicatarum Pandectæ*, tit. *De patria potestate*.

[6] Loi des Douze Tables.

[7] De Saint-Paul, p. 69.

[8] De Saint-Paul, p. 68, et ci-dessus, p. 49.

[9] Il y avait des esclaves organisés chez les Hébreux du temps des pa-
triarches (*Genèse* et *Lévitique*); il y en avait parmi les Grecs d'Homère
(*Iliad.*, lib. XXI; *Odyss.*, XXII); il y en avait chez les Romains bien avant
la loi des Douze Tables (Plut., *Romul.*, x); il y en avait chez les Germains
(Tac., *Germ.*); il y en avait chez les Gaulois (Cæs., *Comm.*); il y en
avait chez les Scythes, chez les Mongols, en Chine, chez tous les peuple
de l'Orient. (Wallon, I, ch. I.)

L'ignorance et les préjugés des masses n'avaient pas seuls introduit cette classification dans le monde ancien; la politique et la philosophie lui avaient donné la sanction des lois et de la science, en admettant, au sein de l'humanité, deux natures : la nature libre et la nature serve[1]. Aussi tout le monde, esclaves et maîtres, regardaient cette classification comme une tradition naturelle et de droit sacré. C'est ce qui fait que les esclaves ne songeaient pas plus à dénier leur infériorité originelle et de race, vis-à-vis de leurs maîtres, que le bœuf ne songe à contester à l'homme qui le mène la légitimité de son joug. C'est ce qui fait que la pensée qu'une société civilisée pût subsister sans esclaves, chargés de remplir toutes les conditions matérielles de l'existence, ne se présentait, ne pouvait se présenter à l'esprit de personne dans le monde païen.

A la différence des modernes, qui vivent de l'industrie et du commerce, c'est-à-dire de leur propre travail, les païens vivaient de la conquête, c'est-à-dire du travail d'autrui[2]. Voilà pourquoi l'histoire des républiques de la Grèce nous montre les populations qui les composaient partagées en castes dominantes et en castes asservies ; l'art de la guerre s'organisant à part, et fondant ses loisirs sur le travail des classes désarmées. « Avec

---

[1] « Parmi tous les êtres créés, dès le moment où ils sont nés, les uns sont destinés à obéir, les autres à commander. L'animal est destiné à obéir à l'homme, la femelle au mâle, le corps à l'âme, et, dans tout l'univers, la matière à l'esprit. Tous les êtres donc qui sont autant au-dessous des autres que la matière est au-dessous de l'esprit, le corps au-dessous de l'âme, et l'animal au-dessous de l'homme, sont destinés à obéir aux hommes. Ils sont *esclaves par nature* ; il est utile pour eux-mêmes, il est juste qu'ils ne soient admis dans la société que comme esclaves. (Arist., *Polit.*, liv. I, chap. III.)

[2] Voy. Blanqui, *Hist. de l'écononm. polit.*, introd., I, 7.

ma lance, disait une vieille chanson crétoise, je laboure, je moissonne, je vendange[1] ». Voilà pourquoi l'histoire ancienne ne nous fait connaître aucune société ayant un commencement d'industrie et d'agriculture chez qui le travail fût exécuté par des hommes libres, ou chez qui les hommes libres eussent commencé par chercher dans le travail les moyens de pourvoir à leurs besoins. Partout, et toujours, la première disposition des forts a été de se faire servir par les faibles. Partout, et toujours, l'esclavage des professions utiles a été le régime économique de toute société nouvellement fixée[2].

Quel qu'il ait pu être en ses premiers temps, et quel qu'il soit devenu, comparé à ce qui était avant lui, l'esclavage, à son origine, fut parmi les hommes une amélioration réelle. De toutes les violations que l'homme peut commettre contre la loi divine qui, de chacun de ses semblables, lui fait un frère, la plus grande c'est le meurtre, parce que c'est la seule qui soit de tous points irréparable. Tout ce qui tend à arrêter le meurtre, quoi que ce puisse être, est donc un progrès. Ce fut, chez les anciens, la première mission de l'esclavage[3].

C'est un fait attesté par toutes les traditions, confirmé par tous les témoignages, accepté enfin par la science de tous les temps, que le premier esclave, que le premier serf sur la terre (*servus*) fut le premier vaincu qu'épargna, que *conserva* son vainqueur, pour se faire servir par lui[4]. En quel temps, en quel lieu, chez quelle race, cette grande innovation fut-elle d'abord produite? Nul ne le sait. Partout où le vainqueur se trouva assez

---

[1] Wallon, part. I, ch. III.
[2] Dunoyer, *De la liberté du travail*, lib. IV, ch. IV.
[3] De Saint-Paul, p. 160.
[4] *Id.*, p. 159 et 221.

fort pour pouvoir épargner le vaincu et le garder sans danger auprès de lui, assez intelligent pour comprendre qu'il vaudrait mieux se faire servir par lui que le tuer, assez industrieux pour savoir se le rendre utile, l'esclavage commença[1].

Quand les nations barbares virent que les marchands phéniciens, carthaginois, grecs, latins, venaient en foule et à toute heure acheter des esclaves chez elles, l'intérêt leur suggéra l'idée d'épargner aussi l'ennemi vaincu, et c'est ainsi que, renonçant peu à peu à leurs vieilles guerres d'extermination, elles en vinrent à leur tour à ne plus chercher, durant la guerre, qu'à se faire des prisonniers, et, avec des prisonniers, des ouvriers à leur *service*.

Ce qui est inexplicable pour nous, du point de vue de nos idées actuelles, c'est que le vainqueur, quand enfin il fut arrivé à comprendre qu'il valait mieux épargner le vaincu et se le rendre utile par son travail que le tuer, ne voulut voir en lui qu'un être d'une autre nature que lui-même, qu'une bête de somme, qu'une chose !

Quoi qu'il en soit des causes de ce fait mystérieux, étrange, ce fait existe, et, peut-être, ses éléments connus nous en feront découvrir la source.

Dans les idées religieuses des anciens, le vaincu, homme ou peuple, n'était qu'un être sans dieu[2]. Cette idée se traduisait naturellement, dans l'ordre du culte, par l'exclusion presque absolue pour les esclaves de toute participation aux choses divines. Il leur était interdit d'assister à certains sacrifices, ils avaient des fêtes spéciales, et nulle cérémonie ne consacrait ni leur naissance, ni leur mort.

---

[1] De Saint-Paul, p. 159 et 221.
[2] Vico, *Scienza nuova*, IV, 4.

D'accord avec la religion, la science excluait l'esclave des droits, des intérêts, des vertus même de la cité. L'esclave, disait Aristote, ne sert, comme l'animal domestique, que par ses forces corporelles ; il est entièrement privé de la faculté de délibérer [1]. « Jupiter, ajoutait Platon, prive de la moitié de son intelligence celui qu'il laisse tomber dans la servitude [2]. »

D'accord avec la religion et les sages, la foule exprimait sa conviction sur l'infériorité morale de la classe servile, autant par son langage que par sa conduite. L'épithète de *servile* était, en toutes choses, le dernier terme du mépris : on disait un cœur *servile*, un esprit *servile* pour caractériser tout ce qu'il y avait de plus lâche, de plus corrompu, de plus borné [3]. Et quand les auteurs comiques faisaient paraître les esclaves sur la scène, ils ne manquaient jamais de les montrer rampants, vicieux, astucieux, voleurs, parjures, vils, insensibles au mépris autant qu'aux coups [4].

Et la foule et les sages avaient souvent raison. « Que pouvait être l'esclave, dans une pareille société, dans cette perpétuelle sépulture de son âme sous le linceul de la servitude ? Il retombait du degré divin, où la Providence l'avait placé, dans la hiérarchie des êtres ; il s'enfonçait à travers la nuit de son intelligence dans le monde épais de la bestialité [5]. » Étrangère à tous les grands intérêts qui relèvent l'homme à ses propres yeux, aux droits de la cité, de la propriété, de la famille ; chargée

---

[1] Arist., *Polit.*, I, ii, 4, et IV. *Id. Morale*, v, 6.

[2] Plat., *Les lois*, vi.

[3] Erasme, *Adag.*, 1228.

[4] Voy. Plaute, notamment.

[5] E. Pelletan, sur l'*Histoire de l'esclavage* de Wallon. *Presse* du 22 avril 1849.

de mépris, jouet de toutes les passions brutales, usée par
les privations et par la fatigue, cette masse d'hommes sans
dieux, sans patrie, sans liens, sans avenir, formait généralement, autant dans l'ordre moral que dans l'ordre politique, une classe réellement inférieure[1]. »

La législation, d'ailleurs, en faisait une classe d'êtres
à part qu'elle reléguait dans les rangs de l'animalité.
« Ce ne sont point des hommes, dit un critique poëte, ce
sont des corps ; la langue grecque leur donne ce nom.
Ils n'ont pas d'âme, ils n'ont pas de volonté. Ils n'ont
qu'un droit, celui de manger ; qu'un devoir, celui de travailler. Ustensiles vivants de la société, ils sont vendus, cédés, rétrocédés, donnés, légués, comme les autres meubles de la maison. Comme les bêtes, ils s'accou-
plent et se reproduisent pour le compte du propriétaire.
Ils appartiennent indéfiniment à un maître jusqu'à la
dernière génération[2]. »

Ce droit de propriété, qui faisait que non-seulement le
travail de l'esclave, mais sa postérité tout entière appartenait à son maître, avait un caractère spécial, et recevait une
extension étrange chez le peuple juif. La femme du
maître cédait à l'une de ses esclaves son droit d'épouse
pour acquérir d'elle les droits de mère, et elle se con-
solait d'être stérile par cette fécondité d'emprunt, dont
elle recueillait les fruits[3]. C'est pour Sarah que l'Égyp-
tienne Agar conçut d'Abraham et mit au monde Ismaël.
C'est pour Rachel que Balam devint mère avant que
Rachel enfantât Joseph et Benjamin ; et, quand Lia n'espé-
rait plus d'enfants, elle s'enorgueillit encore de compter
parmi les siens les deux fils qu'elle eut de Jacob par

---

[1] De Saint-Paul, p. 156.
[2] E. Pelletan, *ubi supra*.
[3] *Genèse*, cap. xxx, vers 3. Wallon, I, 4.

Zelpha, son esclave[1]. L'esclave, dans ce cas, était un moule à enfant qu'on brisait quand on s'en était servi. La vraie mère restait esclave avec ses douleurs ; la fausse mère lui prenait ses droits et ses joies[2].

Chez les Romains des derniers temps de la république, l'esclave n'était encore que chose et non personne ; il s'accouplait (*contubernium*) et ne se mariait pas ; il n'avait aucun droit sur ses enfants ; il ne pouvait ni vendre, ni acheter, ni faire un testament, ni rendre un témoignage en justice, sauf certains cas, ni porter les armes. Toute alliance de personne libre avec une personne esclave était sévèrement interdite. En un mot, dans Rome souveraine, comme dans Rome encore naissante, l'esclave n'avait aucune existence légale. Sauf la faculté du refuge aux autels des dieux, semblable au refuge permis à Athènes dans le temple de Thésée, il était complétement à la merci de son maître[3]. *O demens ! ita servus homo est !* Insensé ! un esclave est-il donc un homme[4] ? Moins vil encore que nul, l'esclave n'était rien ; *non tam vilis quam nullus*, disent les lois romaines.

Sous les empereurs païens, quelques lois nous indiquent que l'esclave commence à être considéré comme homme par la législation. Ainsi, la loi protége ouvertement la vie de l'esclave contre le caprice du maître[5]. Cependant, l'esclave était encore si peu de chose devant la loi, qu'au temps de Dioclétien, tout maître qui avait fait une convention avec son esclave n'était pas tenu de la remplir[6], et qu'en cas de violation du lit conjugal

[1] *Genèse*, cap. xxx, vers. 9-14.
[2] *Ibid.*, cap. xvi, vers. 6 et 9.
[3] E. Biot, *ubi supra*, 40.
[4] Juven., *Sat.* vi.
[5] Spartien, *Vie d'Adrien.—Instit.*, lib. I, tit. viii. *Dig.*, lib. I, tit. vi, § 1.
[6] *Cod. Just.*, lib. II, tit. iv ; lib. XIII.

d'un esclave par un autre, la justice n'intervenait pas[1]. Le nom même d'esclave était une injure pour laquelle on pouvait demander réparation devant les tribunaux[2]. Tacite cite une loi sévère de Claude contre les unions entre les esclaves et les individus libres. La femme libre, mariée à un esclave, devenait esclave du maître de son mari[3].

L'esclave n'était pas seulement exclu *à sacris* par la religion, il l'était encore par la loi du service militaire.

Sous l'empire, en effet, comme sous la république, le service militaire, étant considéré comme l'exercice le plus noble de l'homme libre, était interdit aux esclaves ; la loi punissait de mort le contrevenant[4]. Les enrôlements d'esclaves étaient pareillement défendus dans les armées grecques. L'histoire, cependant, nous fournit de fréquents exemples de ces enrôlements, mais ce n'est qu'à titre exceptionnel[5], et l'exception confirme la règle. Ce fut Marius qui viola le premier les ordonnances sur la milice romaine, en accueillant dans l'armée les prolétaires et les esclaves[6]. Après l'épouvantable destruction de la noblesse citoyenne à Cannes, Rome n'hésita pas à armer 8,000 de ses esclaves qu'elle récompensa de leur bravoure en les affranchissant[7]. Après la défaite de Varus, Auguste recompléta ses légions avec des esclaves ; mais il ne les mêla point avec les autres soldats, et leur donna un équipement spécial[8]. Au troisième siècle, quand l'empire était déchiré par les

---

[1] *Cod. Just.*, lib. IX, tit. ix ; lib. XXIII.

[2] *Ibid.*, tit. xxxv, § 1 et 9.

[3] Tacit., *Ann.* xii, 53. *Cod. Just.*, VIII, tit. xxiv.

[4] Dion Cassius, lib. XLVIII, p. 34. — E. Biot, 76.

[5] Les Spartiates notamment enrôlaient de nombreux ilotes dans leurs armées. Voy. la note du ch. xlii du *Voyage du jeune Anacharsis*.

[6] Plut., *C. Mar.*, 9.

[7] Tite-Live, XXII, 57.

[8] Suet., *Vie d'Octave*, c. xxv.

guerres civiles, l'armement des esclaves devint fréquent. Flavius Vopiscus rapporte qu'un seul tyran ou
prétendant, Proculus, en arma plus de deux mille [1].
Néanmoins, l'interdiction du service militaire aux esclaves subsista toujours comme loi.

Quant aux fonctions publiques, les esclaves en étaient
absolument exclus. Un esclave fidèle, disait Cicéron,
pourrait s'acquitter avec succès, comme un homme libre,
de bien des emplois publics; mais il faut se donner de
garde de les lui confier, par respect pour l'opinion [2].

L'opinion permettait seulement d'employer les esclaves comme ouvriers et comme serviteurs. Il y avait, à
ce sujet, des règlements qui déterminaient les limites
des droits du maître et des devoirs des esclaves. Quoique
l'intervention du magistrat dans les rapports du maître
avec l'esclave n'ait été complète que sous Adrien, il y
avait néanmoins, même sous la république, des règlements généraux sur les esclaves; les uns établis par la
coutume, les autres délibérés par le sénat [3]. Diodore témoigne, de la manière la plus positive, que la révolte qui
eut pour chef, en Sicile, le pâtre Athénion, éclata sur
l'impossibilité où fut le préteur d'exécuter fidèlement les
règlements établis sur les esclaves [4]. Et Plutarque laisse
clairement percer que la révolte de Spartacus n'eut pas
une autre cause [5].

[1] E. Biot, 77. Voy. ci-après, n° 5.
[2] Cic., *Ad Q. fratr.*, I, 1.
[3] Granier de Cassagnac, *Classes ouvrières*, ch. XVIII.
[4] Diod. Sicul., *Fragm.*, lib. XXXIV, 2.
[5] Granier, *ubi supra*. Voy., sur les révoltes d'esclaves, ci-après, n° 5.

2. — *Nomenclature et emplois divers des esclaves.*

Esclaves publics et esclaves privés ; — urbains et ruraux. — *Officiales* et *fabriles*.
— Nombre d'esclaves employés à certaines industries. — Nombre d'esclaves
affectés au service de la domesticité. — Esclaves de luxe, d'affaires, du service
intellectuel, etc. — *Ostiarii, Horologetes*, etc. — Tous voués au mépris public.
— Nulle distinction entre eux et les bêtes.

L'esclave, dans toute la généralité et la modulation
indéfiniment variée de la servitude, embrassait, dit E.
Pelletan, la gamme entière des industries. A la campagne, il devait faire tout ce que fait le cultivateur : labourer,
semer, bêcher, biner, planter, émonder, moissonner, ven-
danger, paître le troupeau. Dans les mines, tout ce que
fait le mineur : extraire le minerai, le porter sur son dos,
le fondre, le couler, le forger, le laminer. Dans les
villes, tout ce que fait l'ouvrier : raboter, fabriquer,
teindre, charpenter, ciseler, tisser, etc., etc. Dans le
ménage, tout ce que fait un domestique : épousseter,
balayer, moudre la farine, cuire les aliments, accompa-
gner son maître aux promenades, porter, le soir, la lan-
terne devant lui, et, le jour, l'ombrelle à ses côtés, etc. [1].

Donc, la classe servile travailleuse comprenait différentes sortes d'esclaves.

Il y avait, d'abord, les esclaves privés, *servi privati,*
appartenant à des particuliers, et les esclaves publics,
servi publici, appartenant aux villes ou à l'Etat.

Les esclaves de l'Etat ou des villes étaient employés
aux travaux et services publics. Les travaux publics consistaient dans l'entretien des routes ou des aqueducs, dans
le travail des mines, des carrières, et autres travaux rebutants où l'on reléguait communément les esclaves de
la peine. Les services publics comprenaient le service des

---

[1] E. Pelletan, *ubi supra*.

assemblées, les distributions publiques, la police des jeux, peut-être aussi les soins des funérailles, ou tout autre service d'utilité publique. Ils comprenaient pareillement les esclaves attachés à la personne des généraux ou des magistrats, pour les servir dans l'exercice de leur charge, soit à Rome, soit dans les provinces, comme courriers ou porteurs de dépêches, appariteurs dans les tribunaux, gardiens dans les prisons, exécuteurs des sentences, ou de toute autre manière [1].

Chaque cité avait un grand nombre d'esclaves dans ses arsenaux. Pour celui de Rome, Scipion, après la prise de Carthagène, réserva parmi les prisonniers deux mille ouvriers habiles à fabriquer des armes, des instruments de guerre, des cordages, des agrès de navire, etc. [2].

La marine militaire employait encore beaucoup d'esclaves. Comme les ouvriers des flottes, la plupart des rameurs, au temps où les plus gros vaisseaux n'allaient pour ainsi dire qu'à la rame, étaient des hommes de cette condition [3].

Les armées de terre traînaient aussi après elles beaucoup d'esclaves, lesquels ne servaient que comme valets, serviteurs, ouvriers [4]. Les soldats eux-mêmes en avaient pour porter leurs armes, leurs bagages, ou au moins les pieux qui leur servaient à dresser leurs tentes [5]. L'armée de Cœpion, forte de 80,000 soldats, ne comptait pas moins de 40,000 personnes à sa suite, la plupart esclaves [6].

---

[1] Wallon, t. II, p. 92.
[2] Tit.-Liv., XXVI, 47.
[3] De Saint-Paul, p. 35.
[4] Festus, v° *Calones*.
[5] De Saint-Paul, *ubi supra*.
[6] Wallon et Pelletan, *ubi supra*.

Les esclaves des particuliers, ou privés, se divisaient en esclaves urbains et en esclaves ruraux : *mancipia urbana, mancipia rustica.*

Les esclaves urbains se subdivisaient en deux classes : les esclaves domestiques, *officiales,* et les esclaves industriels, *fabriles.*

De même, les esclaves ruraux se subdivisaient en deux catégories : les *adscriptitii* et les *coloni.*

Le nombre des esclaves qu'employaient certaines industries suffirait pour prouver combien il en fallait pour tous les ordres de travaux. D'après Xénophon, les mines de l'Attique pouvaient occuper plusieurs fois dix mille esclaves [1]. Il y en avait 40,000, au temps de Polybe, seulement dans les mines d'argent que les Romains possédaient près de Carthagène [2]. Les carrières, dont les travaux, exclusivement exécutés par des esclaves, étaient d'un besoin plus constant et d'un usage plus général, ne pouvaient qu'employer aussi beaucoup d'ouvriers [3].

L'agriculture en demandait encore un grand nombre, puisque, d'après Varron, il fallait sur chaque domaine autant d'esclaves qu'il y avait de fois huit jugères de terrain cultivable [4].

La domesticité employait aussi un grand nombre d'esclaves. Le service se fractionnait à l'infini. On comptait plus de cent vingt emplois différents dans chaque grande maison de Rome, et cela pour la ville seulement [5]. Ces

---

[1] Xenoph., *Des revenus de l'Attique,* IV.

[2] Strabon, III.

[3] Héron de Villefosse, I, 412. — De Saint-Paul, p. 42.

[4] Varro, *De re rust.,* I, 18.— Le jugère, vingt-cinq ares environ. Voyez ci-après, chap. III.

[5] Voyez-en la nomenclature dans Pignorius et Popina, *De servis,* et dans l'intéressant ouvrage de M. Blair : *An inquiry into the state of slavery amongst the Romans,* ch. IX.

nombreux esclaves étaient embrigadés par escouades
comme une armée ; chaque escouade avait sa fonction
fixe, son département, sa *province*. Ainsi, il y avait, dans
toute maison patricienne de quelque importance, indépendamment des serviteurs de bas étage, des esclaves
intendants, des esclaves chasseurs, des esclaves échan-
sons, des esclaves musiciens, des esclaves bateleurs qui
jouaient des comédies pendant les repas, etc., etc.[1].

Puis venait le service du dehors : cette foule d'esclaves qui faisaient cortége au maître, marchant devant,
marchant derrière ; ou qui, le soir, venaient à sa ren-
contre et lui servaient d'escorte, portant des flambeaux ;
et ces autres esclaves, instruments de corruption et de
brigue, dont il se pourvoyait pour aller dans la foule, répandant l'or par leur entremise, ou les salutations fami-
lières, à moindres frais[2].

Puis venaient les esclaves employés aux affaires : les
procurateurs et agents d'affaires, ceux qui tenaient les
comptes, qui prêtaient sur gage ou sur caution ; les esclaves chargés de tel ou tel négoce, marchands de bœufs,
de chevaux, etc. ; les patrons de bateaux, les colporteurs,
les commis de boutique, les artistes et artisans de toute
sorte ; enfin, les jeunes esclaves agents de luxure et de
débauche, les acteurs, les pantomimes, et, ce qui fut
propre à Rome, les gladiateurs[3].

Outre ces esclaves, il y en avait d'autres, et en grand
nombre, affectés spécialement au service des femmes[4].
Livia Augusta avait une esclave spéciale pour sa chatte
favorite[5].

[1] Wallon, II, 108 et suiv.
[2] Wallon, p. 115.
[3] Wallon, *ubi supra*, p. 125.
[4] *Ibid.*, p. 116.
[5] Pignorius, *De servis*.

D'autres esclaves remplissaient des fonctions d'un ordre plus inférieur; ils servaient de chiens de garde, enchaînés qu'ils étaient à la porte de chaque grande maison; on les appelait *ostiarii;* d'autres servaient, dans l'atrium, à marquer l'heure, on les appelait *horologètes.*

D'autres esclaves remplissaient des fonctions plus élevées; ceux-ci appartenaient au service intellectuel de la maison. Je comprends sous cette dénomination les esclaves que les Romains faisaient instruire dans les lettres ou dans les sciences, s'ils ne l'étaient déjà au moment où ils les achetaient, et auxquels ils confiaient l'éducation de leurs enfants[1], ou qu'ils gardaient auprès d'eux pour leur servir de secrétaires, de lecteurs ou de copistes[2].

Quel que fût l'emploi ou la condition de l'esclave, il était voué pour toujours au mépris public.

Le mépris public envoyait les esclaves boire à la rivière avec les chevaux. Je ne sais s'il y envoyait aussi bien les philosophes, les rhéteurs et les médecins, que les *officiales*, les *fabriles* et les *horologètes;* en tout cas, la législation ne faisait aucune distinction entre les esclaves et les bêtes. En cas de meurtre d'un esclave ou d'une bête de somme, le coupable n'était condamné qu'à en payer le prix au propriétaire[3]. Il était même une bête que la loi mettait au-dessus de l'esclave, c'était le bœuf; tuer un bœuf était un crime aussi capital que tuer un citoyen[4].

---

[1] Voy. ci-dessus, p. 25.
[2] Senec., *De benef.*, III, 21. — Corn. Nepos, *Attic.*, 13.
[3] Digest., IX, tit. II, L. 2, § 1 et 2.
[4] Colum., VI, *præf.* VII.

3. — *Vente, achat et prix des esclaves.*

Marchés d'esclaves. — Le *Péribole* d'Athènes. — La *Catastà.* — Vices rédhibitoires.
— Prix courant du bétail humain. — Combien furent payés Esope et Platon. —
Nœera achetée à frais communs. — Quand droit au travail.

Les esclaves s'achetaient et se vendaient comme des
animaux.

Au milieu de la place publique d'Athènes, il y avait
une enceinte, le *Péribole*, hôtel des commissaires en
plein vent, où les vendeurs d'hommes étalaient avec art
leur marchandise, et où les acheteurs, de leur côté,
prenaient toutes leurs précautions pour n'être pas trom-
pés sur les tares, examinant à loisir chaque pièce à vendre, la faisant retourner, aller, courir, marcher dans
tous les sens, la palpant longuement, inspectant les pieds,
les mains, les dents, etc., et stipulant davance, pour
plus de sûreté, la garantie des vices rédhibitoires [1].

Un marché d'esclaves se tenait pareillement à Rome.
Ceux qui faisaient ce commerce les y amenaient de différentes contrées. Ils portaient pendu à leur cou un écriteau sur lequel leurs bonnes et leurs mauvaises qualités
étaient détaillées [2]. Ceux qui venaient d'au delà des mers
portaient à leurs pieds des marques faites avec de la
craie [3], et leurs oreilles étaient percées [4]. On les vendait
à l'essai, ou à forfait, comme nous faisons pour les bêtes
de somme [5].

Le commerce des esclaves existait dès la plus haute

---

[1] E. Pelletan sur Wallon, *ubi supra.*
[2] Aul.-Gell., IV, 2.
[3] Plin., *Hist. nat.*, XXXV, 17 et 18. — Tibull., II, 3, 64.
[4] Juven., *Sat.*, I, 104.
[5] Cic., *Offic.*, III, 16, 17, 23, 24. — Plaut., *Mort.*, III, 2, 113.

antiquité dans tout le bassin de la Méditerranée voisin de la Grèce. Homère nous représente certaines villes d'Égypte et de Syrie comme de grands entrepôts ou marchés d'esclaves. D'abord, ils avaient été vendus contre des bestiaux, comme l'Hébreu Joseph. Ensuite, ils furent vendus contre de l'argent, ce qui rendit leur débit plus facile[1].

Dans les trois premiers siècles de l'empire romain, l'homme esclave continua à être marchandise courante; c'était un commerce très-lucratif quoique honteux : le nom de *mango* était une véritable injure[2]. Au commencement du second siècle, toutes les infamies de ce commerce existaient comme précédemment[3]. Le commun des esclaves se vendait toujours en public; ceux de meilleur débit, et surtout les enfants destinés à être prostitués, se vendaient dans l'intérieur de la boutique, exposés sur une table à pivot, appelée *catasta*, mot importé de la Grèce avec les autres termes spéciaux des voluptés romaines; c'était sur cette *catasta* que les raffinés allaient tâter et choisir[4].

Considérés comme de véritables machines de travail, les esclaves n'avaient de valeur qu'en raison de leur produit et de l'économie de leur entretien. On disait d'un esclave qu'il rapportait tant de drachmes, comme on dit d'une machine à vapeur qu'elle est de la force de tant de chevaux.

Le prix des esclaves variait donc suivant le degré de force, d'habileté, de beauté, de jeunesse de chacun d'eux;

---

[1] E. Biot, 10.

[2] E. Biot, 62.

[3] Suet., *Vie de Domitien*, c. vii. — Martial, *Ep. à Mamurra*.

[4] Perse, *Sat.* vi. — Biot, *ubi supra*.

il variait aussi suivant les fluctuations du nombre et de
la concurrence; il variait également suivant la nature
et l'importance du travail à faire, de la fonction à remplir, et encore selon qu'il s'agissait d'employer l'esclave
à la ville ou à la campagne.

Au temps où les légions romaines faisaient la traite, et
où les nations vaincues et réduites en servitude affluaient
de toutes parts sur les marchés de l'Italie, l'abondance
des esclaves était telle qu'ils se donnaient quelquefois
pour presque rien. Plutarque nous apprend que, dans le
camp de Lucullus, un esclave fut vendu 4 *drachmes*, environ 3 livres 10 sous[1].

Esope avait été vendu 60 *oboles*, environ 8 francs 70
centimes[2].

Mais ces prix étaient tout à fait exceptionnels.

D'assez nombreux exemples portent à 5 *mines* (460 fr.)
environ, le prix d'un bon ouvrier dans la Grèce[3].

A Rome, un esclave ordinaire, pour la ville, coûtait environ 2,240 sesterces, ou 500 drachmes (446 fr.); ceux
employés aux travaux de l'agriculture, 6,620 sesterces,
ou 1,500 drachmes (1,340 fr.) et au-dessus. Il y en avait
qui allaient à 8,000 sesterces (1,500 fr.)[4].

Les plus chers étaient toujours les esclaves de luxe
ou de fantaisie, et ceux instruits dans les arts libéraux;
ces derniers n'avaient d'autre prix que celui que leur
donnait leur savoir. Cicéron parle d'un histrion estimé
plus de 100,000 sesterces (20,460 fr.), et Pline, d'un

<hr>

[1] Plut., *Vie de Lucullus.*
[2] Planude, *Vie d'Esope.*
[3] Plut., *Flamin.*, et *alias.*
[4] Horace, II, *Sat.* vii, vers 43. — Plut., *M. Cato*, X. — Columel.,
III, 3.

grammairien payé 200,000 sesterces (40,900 francs) [1].

Platon avait été payé de 20 à 30 mines (1,840 à 2,930 fr.) [2]; c'était le prix courant des courtisanes jeunes et jolies. Deux Athéniens, qui se cotisèrent pour acheter à frais commun la célèbre Nœera, la payèrent 2,608 fr. 33 cent.; et comme ils ne purent s'entendre sur l'usufruit de la propriété, ils la recédèrent à perte, moyennant la somme de 1,738 fr. 68 cent. [3].

Tel était le prix courant du bétail humain à Rome et à Athènes.

« Quand l'esclave, ainsi acheté, entrait dans la maison de l'acquéreur, on le faisait asseoir devant le foyer; la matrone du lieu lui versait sur la tête des fruits secs et des friandises, avec la formule sacramentelle : « Gloire à Dieu ! que cette dépense ne soit pas perdue. » Et l'esclave avait gagné, par cette cérémonie, le droit au travail. Il était définitivement esclave [4]. »

4. — Nombre des esclaves.

La considération se mesurait sur le nombre des esclaves. — C'était à qui en posséderait le plus. — Les petits singent les grands. — Légions d'esclaves dont se compose la *gens* des riches. — Le nombre des esclaves est de beaucoup supérieur à celui des maîtres. — Cette supériorité numérique explique le point le plus obscur de l'histoire du travail chez les Romains, mais constitue, aux mains des factieux, un danger permanent pour la société. — Moyens employés pour le conjurer. — La *cryptie.*

Quel était le nombre des esclaves répartis dans les villes et dans les campagnes de l'Italie et de la Grèce ? Ce nombre ne peut être donné que très-imparfaitement, en raison de ce que, dans l'Italie ancienne, comme dans

---

[1] Cicer., *Pro Q. Rosc.*, x. — Pline, VII, 39. — Suelon., *De illustr. gram.*, III.

[2] Laërt., *Plat.*, XIX. — Dezobry, *Rome au siècle d'Auguste.*

[3] Wallon et Pelletan, *ubi supra.*

[4] *Ibid.*

toutes les autres civilisations de l'antiquité, l'esclave, mis au rang des choses et non des personnes, n'était point jugé digne de figurer dans le recensement de la population. Cependant, l'histoire nous permet d'arriver à ce chiffre par des inductions et des approximations qui doivent se rapprocher beaucoup de la vérité.

D'abord, l'histoire nous a laissé le chiffre considérable d'esclaves que possédaient, à Rome et à Athènes, certains riches patriciens.

Platon dit qu'un homme riche ne pouvait pas avoir moins de cinquante esclaves [1]. Philoménide en possédait trois cents ; Hipponique, six cents [2] ; Nicias, mille dans ses mines seulement [3] ; Smindidrès, trois mille [4]. Titus Minutius en Italie, Eunus en Sicile, commencèrent leur révolte, chacun avec quatre cents esclaves appartenant à un même maître [5]. Crassus, outre ses cinq cents ouvriers maçons, possédait en toute propriété un si grand nombre d'esclaves distingués par leurs talents, comme lecteurs, écrivains, banquiers, gens d'affaires, cuisiniers, que ses domaines passaient pour lui rapporter moins que ses esclaves [6]. Le riche Scaurus avait, dit-on, quatre mille esclaves à la ville, et autant à la campagne [7]. Démétrius Ména, l'affranchi de Pompée, en avait tant, qu'on lui en présentait chaque jour un état de situation, comme on faisait dans les armées aux chefs de corps [8]. Claudius Cœcilius Isidorus, quoi qu'il en eût beaucoup

---

[1] Plut., *Républ.*, lib. IX.

[2] Boeckh, I, 13.

[3] Athénée, VI.

[4] Ælianus, XII, 24.

[5] Diod. Sic., *Eclog.* xxxiv et xxxvi.

[6] Plut., *Crass.*, 9 et 2.

[7] Blair, *An inquiry*, etc., ch. i.

[8] Senec., *De tranquillitate animi*, 8.

perdu dans les guerres civiles, en laissa encore à sa mort quatre mille cent seize[1]. Après de tels exemples, n'est-on pas porté à regarder comme vrai ce que dit Athénée, que quelques Romains possédèrent jusqu'à vingt mille esclaves[2]?

La manie, plus encore que le besoin des esclaves, était poussée si loin, que tout le monde, pour singer les grands, tenait à avoir, sinon *ses*, au moins *son* esclave. Le dernier signe de l'indigence était de n'en avoir aucun et de se servir soi-même.

> Isti quoi neque servus est neque arca [3].

Platon, qui ne passait pas pour riche, en avait au moins cinq ; Aristote, au moins une douzaine[4] ; Horace en avait huit, Virgile trois[5]. Caton d'Utique, homme de mœurs austères, n'en emmena pas moins de quinze en partant pour l'armée, comme simple tribun de légion[6]. Auguste, voulant borner le nombre de ceux qu'il serait permis à un exilé d'emmener avec lui, fixa ce maximum rigoureux à vingt[7].

La considération, à Rome, se mesurait sur le nombre d'esclaves et d'arpents de terre qu'on possédait.

> . . . . Quot pascit servos, quot possidet agri
> Jugera [8].

C'est pourquoi tous les riches rivalisaient entre eux à qui en posséderait le plus.

---

[1] Pline, *Hist. nat.*, xxxiii, 10. — Petron., 37.
[2] Athen., VI, *in fine*.
[3] Catull., XXIV, 5, 8 et 10.
[4] De Saint-Paul, p. 44.
[5] *Id.*, *ibid.*
[6] Plut., *Cat.*, 1, 2.
[7] Dion Cassius, LVI.
[8] Martial, XII, 83, 3.

Les esclaves étaient si nombreux du temps d'Auguste, qu'on les appelait le *peuple* de la maison ; que beaucoup ne voyaient jamais leur maître, et que les maîtres eux-mêmes, ne pouvant connaître tous ceux attachés à leur service, étaient obligés d'avoir un esclave spécial pour les leur nommer [1].

Pline, dans sa diatribe contre les mœurs de son temps, se récrie contre les *légions* d'esclaves dont se composait la *gens* des riches patriciens [2]. Juvénal ne parle pas de légions, mais de *cohortes* [3].

Tacite constate que, sous Tibère, Rome commençait à s'effrayer sérieusement de ce nombre disproportionné d'esclaves [4], et Sénèque témoigne que ces craintes préoccupaient vivement l'assemblée des nobles [5].

Un jour, on proposa au sénat de distinguer par l'habillement les esclaves des hommes libres. Le sénat rejeta ce projet comme trop dangereux, parce qu'il mettrait les esclaves dans le cas de se compter et de compter leurs maîtres [6].

L'histoire nous apprend également que le nombre des maîtres ou des hommes libres était de beaucoup inférieur à celui des esclaves dans les républiques grecques et romaine.

Lacédémone comptait 32,000 sujets libres et 220,000 ilotes. A la bataille de Platée, il y avait 5,000 Spartiates, et 35,000 ilotes ; sept esclaves autour de chaque maître [7].

---

[1] Mart., VI, 29. — Plin., XXXI. — Senec., *De beat. vit.*, 17.
[2] Plin., XXXIII, vi, 9, 10.
[3] Juven., XIV, 305.
[4] Tacit., *Annal.*, IV, 27.
[5] Senec., *De clement.*, I, 24.
[6] *Id., ibid.*
[7] Wallon, part. I, chap. iii.

D'après Athénée, la population totale de l'Attique, l'an 309 avant notre ère, se composait de 21,000 citoyens, 10,000 métèques ou étrangers domiciliés, et de 400,000 esclaves [1]. Bien que les deux premiers chiffres ne comprennent que la population virile, à laquelle il faut ajouter, pour celui des femmes, des enfants et des vieillards, un chiffre de 80 à 100,000 individus, soit, en totalité, pour la population libre de l'Attique, 120 à 130,000 personnes, il n'en résulte pas moins de ce curieux document, qu'il y aurait eu, sur le territoire de la république d'Athènes, un individu de condition libre seulement pour trois ou quatre esclaves [2].

Malgré les doutes exprimés par M. Dureau de la Malle sur la véracité de ces chiffres [3], nous croyons qu'ils sont exacts. Nous le croyons, parce qu'ils sont appuyés du témoignage de Xénophon [4]; nous le croyons surtout, parce que, dans les établissements que les Européens avaient formés aux Antilles, il y avait autrefois, dit-on, six fois autant de noirs que de blancs, et qu'il y en avait beaucoup plus encore dans la partie française de Saint-Domingue. Aujourd'hui encore, dans nos cinq colonies françaises des Antilles, de la Guiane, du Sénégal et de Bourbon, la population libre est à la population esclave dans la proportion de un à trois et demi [5]. Et cependant le nègre, dans aucun de ces établissements, n'est et ne fut jamais qu'un ouvrier des champs ou un domestique; il n'est aujourd'hui, il n'a jamais été ni ouvrier des fabriques, ni matelot, ni goujat aux armées, ni marchand,

---

[1] Athen., *Deipnosoph.*, lib. VI, p. 272, édit. de 1657.
[2] Bœckh, *Economie politique des Athéniens*, t. II, p. 61.
[3] *Econ. polit. des Romains*, liv. II, ch. II et III.
[4] Xenoph., *Des revenus de l'Attique*, IV, 17.
[5] Docum. statist. publiés par le min. du comm., 1835, p. 164-170.

ni enfin grammairien, rhéteur, précepteur, médecin, artiste, gladiateur, comme l'étaient les esclaves de l'antiquité[1].

Aussi l'Attique n'était-elle pas la contrée qui passait pour avoir le plus d'esclaves; et Rome qui, depuis long-temps épuisée de citoyens, vit, pendant le septième siècle de sa fondation, s'élever par trois fois dans son sein des armées d'esclaves rebelles, dont les combattants se comptaient par cent mille, ne put qu'avoir proportionnellement plus d'esclaves qu'Athènes[2].

Sous Servius Tullius, le nombre des citoyens en âge de porter les armes montait à 85,000 hommes[3]. En admettant que ce nombre ne fût que la cinquième partie du total, les vieillards, les femmes et les enfants en étant déduits, on trouve à Rome, à cette époque, 425,000 âmes. S'il était vrai, comme le prétend Denys d'Halicarnasse[4], que les citoyens romains n'exerçaient point de métiers, il faudrait supposer un nombre presque égal d'esclaves et d'étrangers établis à Rome.

Dans le dénombrement fait sous le second consulat de Valérius Publicola, on trouva 130,000 citoyens[5]; ce qui ferait, selon le calcul précédent, un nombre de 650,000 habitants, porté à 800,000 au moins, si l'on y ajoute encore un nombre proportionnel d'esclaves et d'étrangers[6].

Rome, à la fin de la république, dit Dunoyer, comptait moitié moins de citoyens que d'esclaves[7].

---

[1] De Saint-Paul, p. 5.
[2] *Id., ibid.*
[3] Dion. Hal., lib. IV, p. 225.
[4] *Id., ibid.,* lib. IX, p. 583.
[5] *Id., ibid.,* lib. V, p. 293.
[6] Beaufort, *Républ. rom.,* t. 1, p. 31.
[7] *De la liberté du travail,* liv. IV, ch. IV.

Loin d'être inexplicable, cette supériorité numérique des esclaves sur les hommes libres explique clairement, au contraire, le point le plus obscur de l'histoire du travail et de la civilisation chez les anciens. En effet, comment Athènes, avec ses cent vingt mille citoyens ou métèques de tout âge et de tout sexe, aurait-elle pu supporter ses trente années de guerre, et élever en même temps des monuments magnifiques, faire vivre la plupart de ses citoyens aux frais du Trésor, et cependant passer ses jours dans les fêtes de l'oisiveté citoyenne [1], si quatre cent mille esclaves au moins, par un travail sans relâche et par des privations sans mesure, n'avaient nourri sa prospérité et entretenu sa puissance ? Et Rome, tandis que ses armées couvrent au loin le monde, tandis que ce qui reste d'hommes libres dans ses murs se presse aux assemblées du *Forum* ou aux clubs des *popinæ*, politiquant, gueusant, recevant chaque jour, sans rien faire, sa tessère frumentaire et son billet de spectacle [2], Rome, que deviendrait-elle si des multitudes de bras esclaves ne travaillaient partout pour faire vivre ses citoyens et pour armer ses soldats [3] !

Toutefois, ce nombre prodigieux d'esclaves constituait un danger permanent pour les sociétés antiques. Outre les guerres serviles qu'il engendra, et dont je parlerai dans le paragraphe suivant, les ennemis du dehors s'en servirent souvent pour fomenter mutuellement à l'intérieur des dissensions intestines et des révoltes à main armée [4]. L'un des grands moyens que Mithridate mit en

---

[1] Voy. ci-dessus, p. 69 et suiv.

[2] Voy. *ibid.*, p. 71 et suiv.

[3] Voy. de Saint-Paul, p. 54.

[4] Athènes poussait les ilotes à la révolte ; Sparte provoquait la fuite des esclaves d'Athènes. « Dans l'île de Chio, dit Thucydide, les esclaves se réu-

œuvre contre Rome, ce fut, à l'exemple d'Annibal, de Jugurtha, des chefs de la guerre sociale, d'appeler partout les esclaves à la liberté[1].

A Rome, les hommes violents de tous les partis et de toutes les époques ne manquèrent jamais de s'appuyer sur les esclaves pour faire prévaloir leurs prétentions. Complices des conjurations ou soldats des guerres civiles, les esclaves furent associés à toutes les révolutions de la république, et eurent la triste consolation de contribuer, pour leur part, à la ruine de ses libertés[2]. Saturninus, cet instrument de Marius, dans le mouvement qu'il préparait au sein de Rome, leur avait montré, pour les attirer aux armes, le bonnet d'affranchi comme étendard[3]. Marius leur fit un appel plus direct quand Sylla s'empara de la ville[4]; et l'on vit ce dernier, après la victoire, introduire dans les tribus urbaines dix mille esclaves qu'il avait affranchis[5]. L'appui sur lequel comptait le plus Catilina, c'était la révolte des esclaves de Rome[6]. C'était par le grand nombre de leurs esclaves et de leurs gladiateurs que les Clodius et les Milon se faisaient comme les arbitres des destinées de la république[7]. Pendant les guerres civiles, on ne devait pas y mettre plus de scrupule. De part et d'autre on accueillit, on recherchà de tels auxiliaires. « Ignobles appuis », dit

---

nirent aux ennemis, et firent à la ville plus de mal qu'eux. » De Saint-Paul, 159.

[1] A la bataille de Thurium, 15,000 fugitifs, que le roi de Pont comptait dans son armée, luttèrent seuls avec courage contre les Romains. *Ibid.*

[2] Wallon, II, 326.

[3] Val.-Max., VIII, vi, 2.

[4] Plut., *Sylla*, 9.

[5] App., *Bell. civ.*, I, 100.

[6] Salluste, *Catil.* ; xxiv, 30, 46.

[7] Cic., *De offic.*, II, 17. — Cic., *Pro Sextio*, 64.

Tacite avec dédain[1] ; — mais avec un dédain qu'on ne partageait plus.

Que faisaient les républiques anciennes pour conjurer le danger du trop grand nombre d'esclaves agglomérés dans la population libre ? Athènes ne recourait qu'aux voies douces pour maintenir ses esclaves dans la fidélité ; mais elle ne faisait en cela que les rendre insolents[2]. Pour éviter l'exemple de Lacédémone qui, croyant par la rigueur former ses ilotes à l'obéissance, les poussait souvent à la révolte[3], Athènes fit plus d'une fois des fournées de citoyens avec ses esclaves[4] ; c'était sa soupape de sûreté ; plus d'une fois aussi, s'il en faut croire un publiciste moderne, pour se débarrasser du trop-plein de sa population servile, Athènes en condamna une partie à mourir[5].

On faisait mieux que cela à Sparte.

La république de Sparte, s'étant aperçue que ses ilotes devenaient trop nombreux, s'occupa des moyens de les réduire. Un jour donc, les éphores firent afficher qu'ils accorderaient la liberté à deux mille ilotes, leur enjoignant de se rendre auprès du temple des dieux pénates. Ils accoururent en foule. On en choisit deux mille des plus robustes et des mieux faits ; ils furent couronnés de festons comme les affranchis. La joie éclatait sur leur visage. On les mena dans les temples des dieux, comme pour les remercier des bons services que ces ilotes avaient rendus à la chose publique. Ils attendaient avec impatience la cérémonie de l'affranchissement, lorsque tout

---

[1] Tac., *Hist.*, II, 11. — Wallon, II, 328.

[2] Xénophon, *De rep. athen.*, p. 693.

[3] Myron sur Athénée, lib. XIV, p. 657.

[4] Diod. Sic., lib. XIII, p. 216.

[5] Pierre Leroux, discours à l'Assemblée nationale, 15 juin 1848.

à coup, à un signal donné, une troupe nombreuse de républicains spartiates, armés de poignards, fondit sur
eux et les extermina impitoyablement [1].

Ce formidable expédient s'appelait la *cryptie* [2].

A Rome, on ne faisait point de ces exécutions en
masse. On ne se débarrassait des esclaves dangereux
qu'en les soumettant en détail aux tortures des mauvais
traitements des maîtres.

5. — *Cruautés des maîtres.* — *Révoltes des esclaves.*

Pouvoir absolu du maître sur l'esclave. — Il en peut user et abuser. — Régime
disciplinaire imposé aux esclaves. — Diviser pour régner. — *Tot servi tot hostes.*
— Instruments de correction. — Traits d'inhumanité. — Nécessités et représailles terribles. — Guerres serviles. — Eunus, Athénion, Spartacus. — Révoltes d'esclaves étouffées. — Les maîtres restent les maîtres. — Fut-ce un
bien, fut-ce un mal?

A Rome, jusqu'à l'empereur Adrien [3], le droit du
maître sur l'esclave n'avait point de limite. L'esclave était
à lui; libre à lui d'en user ou d'en abuser. L'injustice
même du maître devait passer pour justice aux yeux de
l'esclave : *Indigna, digna habenda sunt, herus quæ facit* [4].

Aristote disait que le régime disciplinaire à imposer
aux esclaves était « matière délicate et difficile [5]. » En
général, il était de principe pour les maîtres de se montrer sévères et inflexibles envers leurs esclaves. *Omnis
herus servo monosyllabus;* que le maître ne parle que

[1] De Lantier, *Voyage d'Anténor*, ch. XLIX.
[2] Plutarque, *Vie de Lycurgue*, LVIII.
[3] Sous Adrien, les esclaves furent soustraits au tribunal domestique
pour être déférés au tribunal des magistrats. Le droit de vie et de mort
absolu fut enlevé au maître. (Spartien, *Vie d'Adrien.*)
[4] Plaute, *Captiv.*, II, 1, 133.
[5] Arist., *Polit.*, II, 6.

par monosyllabes, disait Erasme[1]. Evitez toute espèce de familiarité avec vos gens, disait Platon[2]. L'affection d'un maître pour un esclave était faiblesse. Cicéron s'excuse à ce titre du regret que lui avait fait éprouver la mort d'un *enfant* qui lui servait de lecteur[3]. « Diviser pour régner » était la maxime de tout maître habile. Il faut éviter, dit Platon, de n'avoir que des esclaves d'une seule et même nation, pour qu'il soit plus facile de maintenir entre eux la division qui fait la sécurité du maître[4]. Le maître avait donc soin de n'avoir d'esclaves que de nations différentes pour que, parlant des langues diverses, ils ne pussent former de complots.

L'intimidation était le principe organisateur de l'hérilité romaine ; le fouet en était l'instrument. Fouet et esclavage étaient comme deux rapports nécessaires d'une même idée. Le fouet revient sous la plume des poëtes du temps, aussi souvent qu'il revenait sur les épaules de l'esclave. Dans Plaute, surtout, le fouet s'agite et claque de mille manières, dans chacune de ses comédies où il est question d'esclaves. Verges, bâton, aiguillon, étrivières, y concourent au même but : — les coups. Les épaules des esclaves se convertissent en ormes (*ulmeos*), tant la semence des verges y a fructifié, *stimulorum seges! Virgarum lascivia*[5]! « Espères-tu recueillir une bonne *vendange de verges sur les ormes ;* comptes-tu que l'année te donnera une bonne *moisson de coups*[6]? » Cette abrutissante éducation du fouet faisait des esclaves des *ânes,*

---

[1] Erasm., *Adag.*, 2393.
[2] Plat., *Les lois*, VI.
[3] Cic., *Ad Attic.*, I, 12.
[4] Plat., *ubi supra.*
[5] Plaut., *Aulul.*, 7; *Asin.*, 282.
[6] Plaut., *Rudens*, III, II, 544.

pour l'endurcissement aux coups[1], des *chèvres* ou des *panthères* pour les traces dont ils étaient bigarrés[2].

Puis, venaient les gênes de toutes sortes, les menottes aux mains, les chaînes aux reins, la fourche au cou, les entraves aux pieds[3].

Les hommes n'étaient pas seuls coupables de ces raffinements, de ces excès de cruauté sur leurs esclaves. Les dames romaines en usaient de même envers leurs servantes, et les longues broches, dont elles se servaient pour attacher leurs cheveux, leur servaient aussi pour *aiguillonner* les femmes qui les assistaient dans leur toilette[4].

Aux jeux de l'amphithéâtre, plus d'une élégante montrait une insensibilité de *laniste*, et le fard qu'elle se mettait sur les joues n'empêchait pas qu'elle fût moins vite lassée que les bourreaux[5].

« Une croix pour cet esclave ! » dit une maîtresse femme dans Juvénal. — « Qu'a-t-il fait ? — Eh ! qu'importe ! L'esclave est-il donc un homme ? Qu'il n'ait rien fait, soit ! mais je le veux ainsi, et je l'ordonne ; ma volonté est ma seule raison. »

> Nil fecerit, esto ;
> Hoc volo, sic jubeo : sit pro ratione voluntas[6].

Horace, Properce, Martial parlent également des fureurs auxquelles se livraient les maîtres envers leurs esclaves, sans autre raison que leurs caprices, dans les mo-

---

[1] Plaut., *Pseud.*, I, II, 133.
[2] Plaut., *Epid.*, I, I, 15.
[3] Plaut., *Pœnul.*, 828 ; *Captiv.*, 584, 292. — *Menœchm.*, 878.
[4] Ovide, *De art. am.*, III, 239. Ovide, *Amor.*, I, XIV, 15.
[5] Juven., *Sat.* VI, 475-485.
[6] Juven., *Sat.* VI, 219-223.

tifs et les formes du châtiment qu'ils leur infligeaient[1].

Et ces supplices des maîtres sur leurs esclaves ne sont pas que des fantaisies de poëtes : ce sont de tristes réalités de l'histoire.

Un certain Minutius Basilius pratiquait sur ses esclaves, par manière de supplice, les plus odieuses mutilations[2]. Védius Pollion, un affranchi parvenu, homme éclairé, poli, fastueux, faisait jeter à ses murènes, pour se donner le plaisir de les voir dévorer en entier, ceux de ses esclaves qui se rendaient coupables d'une simple offense, ou de la moindre des maladresses[3]. Auguste fit crucifier au mât de son vaisseau un de ses esclaves-intendants, dont le crime était d'avoir tué une caille de combat pour la manger[4]. On admirait l'humanité de César qui s'était contenté de faire *simplement mourir* un de ses serviteurs accusé d'avoir conspiré contre lui[5]. Quand la vieillesse ou les maladies commençaient à rendre un esclave inutile, bien des maîtres, oubliant les anciens services des pauvres esclaves impotents, les reléguaient dans une île du Tibre où ils les laissaient mourir de faim et de misère !...

Tot servi, tot hostes ! Autant d'esclaves, autant d'ennemis[6] !... Ce proverbe d'Erasme justifiait, dans l'opinion publique, les durs traitements dont les maîtres usaient envers leurs esclaves, en même temps qu'il motivait, dans l'esprit des maîtres, l'excès de précautions qu'ils prenaient pour se garantir de leurs vengeances. Pour se

---

[1] Hor., *Ep.* ii, 2, 133. — Prop., IV, 7, 4. — Martial, XIV, 68.

[2] Senec., *De ira*, iii. — Senec., *De clem.*, i, 18. — Plin., *Hist. nat.*, ix, 39, 2.

[3] App., *Bell. civ.*, iii, 98.

[4] Plut., *Apophthegmes des Romains*, 20.

[5] Suet., *Jul.*, 74.

[6] Erasme, *Adag.*, 1231.

soustraire, en effet, aux haines dont ils se savaient entourés, beaucoup de maîtres se faisaient garder, pendant la nuit, par des serviteurs dont la fidélité leur était sûre. Les uns faisaient des rondes dans la maison, d'autres couchaient en travers de la porte de la chambre où dormait le maître, d'autres autour de son lit [1].

Mais ces précautions ne suffirent pas pour mettre les maîtres à l'abri des conséquences de leurs propres rigueurs. Ces rigueurs étaient arrivées au point qu'on ne pouvait plus les adoucir sans danger, et que la seule voie de salut dut être cherchée dans leur aggravation. Donc, on tendit l'arc jusqu'à le rompre. On fit des lois terribles; on eut recours à la marque, à la meule, au fer chaud [2].

On établit que, si un maître était tué dans sa demeure et que le meurtrier ne fût pas découvert, tous les esclaves pourraient être mis à mort [3], et Tacite parle d'un cas où 400 esclaves furent exécutés par cela seul que leur maître avait péri, et qu'ils n'avaient pas fait connaître l'auteur du meurtre [4].

De telles atrocités, loin d'augmenter la sûreté des citoyens, devaient achever de la détruire. Ce fut, remarque Montesquieu, lorsque les Romains eurent perdu, pour leurs esclaves, tous les sentiments de l'humanité, que l'on vit naître ces guerres serviles, que l'on a comparées aux guerres puniques [5].

On trouve, dans l'histoire romaine, dix guerres serviles ou révoltes d'esclaves plus ou moins graves, qui n'eurent pas d'autres causes.

[1] De Saint-Paul, p. 134.
[2] Adam, *Antiq. rom.*, I, 58.
[3] Digest., tit. xxix, l. I, pr. v, *De S. C. Silan.*
[4] Tacite, *Annal.*, xiv, 42. — *id.*, xiii, 32.
Esprit des lois, liv. XV, ch. xvi.

Tite-Live en mentionne six, dans l'espace de soixante ans[1]. Ce sont les six premières ; les deux dernières furent peu importantes ; les sixième, septième et huitième furent les plus sérieuses, les plus terribles de toutes ; elles éclatèrent, à trente ans de distance l'une de l'autre, dans le cours du septième siècle de Rome[2].

Les deux premières de ces trois révoltes eurent lieu en Sicile, la troisième aux portes de Rome ; elles eurent pour chefs, celle-ci Spartacus, celles-là Eunus le Syrien, et Athénion.

La première de ces guerres serviles, commencée sous la conduite d'Eunus le Syrien, par 400 esclaves dont les maîtres étaient renommés encore plus par leur dureté que par leur faste, fut embrassée avec enthousiasme par ces milliers de captifs asiatiques que leurs acheteurs laissaient manquer des choses les plus nécessaires à leur subsistance[3]. Ils commencèrent par briser les portes des ergastules. Bientôt, de deux mille qu'ils étaient, leur nombre dépassa soixante mille[4]. La guerre fut dure et longue ; elle dura six ans (de 136 à 131 avant J.-C.). Manquant d'armes et de munitions, mais tous hommes de travail, les insurgés faisaient, avec leurs chaînes, des fers de flèche et de lance et des épées ; avec de l'osier ils faisaient des boucliers. Habitués à la fatigue et aux privations, ils supportaient des extrémités auxquelles une armée d'hommés libres n'eût pas résisté. Ils enlevèrent le camp de quatre préteurs. Le lendemain du jour où le préteur Lucullus leur avait tué vingt mille com-

---

[1] Voy. Tit.-Liv., III, 15 ; IV, 45 ; XXXII, 26 ; XXXIII, 22 ; XXXIX, 29 ; LVII, sommaire.

[2] De Saint-Paul, p. 140.

[3] *Id.*, 141.

[4] Florus, lib. III, cap. XIX.

battants, ils attaquèrent encore son armée et la taillèrent
en pièces[1]. Enfin, ils s'enfermèrent dans la ville d'Enna,
s'y défendirent avec courage, et y moururent presque
tous par la famine, par la peste et par l'épée[2].

La Sicile s'était à peine remise de cette épouvantable
secousse qui lui avait enlevé plus de soixante mille ouvriers, lorsque la seconde révolte éclata et dura quatre
ans (de 104 à 100 avant J.-C.). Celle-ci commença à
l'occasion du refus que fit le préteur de Sicile d'exécuter
les lois que le sénat avait faites en faveur des esclaves[3].
Un esclave-pasteur, nommé Athénion, assassina son
maître, souleva l'ergastule, et réunit en peu de temps
une armée aussi nombreuse et aussi brave que l'avait été
celle d'Eunus le Syrien[4]. Dans Tauromenium, cernés
par une armée victorieuse, les révoltés ne vécurent longtemps qu'en se dévorant les uns les autres ; ceux sur qui
tombait le sort fatal faisaient jurer à leurs compagnons
de ne se rendre jamais, et tendaient ensuite le cou au
boucher[5]. Athénion força également deux camps préto-
riens, mais ses esclaves périrent comme avaient péri
ceux d'Eunus, par la famine[6].

Athénée porte à un million le nombre des esclaves insurgés qui périrent dans ces deux guerres de Sicile[7].

Un trait fort caractéristique, et qui fut commun à Eunus et à Athénion, c'est qu'en se révoltant, ils n'eurent,
ni l'un ni l'autre, l'idée d'abolir l'esclavage et d'établir

---

[1] Voy. Scrofani, *Hist. de la guerre des esclaves en Sicile.* — De Saint-
Paul, 142.

[2] Florus, *ubi supra.*

[3] Diod., *Eclog.*, 34, 27.

[4] Florus, *ubi supra.*

[5] Florus, *ibid.* — Granier de Cassagnac, 495.

[6] Scrofani, *ubi supra.* — De Saint-Paul, *ibid.*

[7] Athen., VI, p. 272. — Sall., *Cat.*, 56.

l'égalité. A peine au milieu de leurs armées, dit un écrivain moderne, ils se hâtèrent d'oublier qu'ils avaient le cou pelé par la chaîne, et de goûter avec délices les prérogatives de la seigneurie[1]. D'abord, ce qui est facile à croire, les châteaux, les villages, les villes, furent mis au pillage[2]. Ensuite, les deux chefs se parèrent avec une joie puérile des insignes de la royauté. Athénion le pâtre, surtout, ne marchait que revêtu d'une riche robe de pourpre, tenant à la main une canne d'argent, et le front ceint d'un diadème[3].

La révolte de Spartacus, en Italie, fut plus terrible encore. Ce n'était plus là seulement une révolte d'esclaves ; c'était une révolte de gladiateurs. De toutes les catégories de l'esclavage, nulle n'était plus misérable, nulle plus à redouter. C'étaient des hommes choisis parmi les plus robustes, et formés au maniement des armes, pour donner au peuple le spectacle de leurs combats[4] ; habitués au sang et aux blessures, placés sans cesse en face de la mort, ils ne connaissaient plus ni danger, ni crainte. Mais ces habitudes, ces mœurs, cette audace familière devaient nécessairement avoir de terribles retours. Condamnés à dévouer leur vie à l'amusement de leurs maîtres, ils durent nécessairement à la fin préférer de la risquer pour leur propre vengeance[5]. Donc, soixante-dix-huit gladiateurs, innocents de toute mauvaise action, dit Plutarque, et pourtant destinés à mourir dans peu de jours pour l'amusement du peuple romain, commencèrent cette troisième guerre servile[6],

[1] *Histoire des classes ouvrières*, p. 496.
[2] Florus, III, 9.
[3] Florus, *ibid.* — Granier, *ibid.*
[4] Voy. ci-dessus, p. 97.
[5] Wallon, II, p. 318.
[6] Plut., *Crass.*, 9.

laquelle dura quatre années (de 74 à 70 avant J.-C.[1]).

.Tout d'abord, Spartacus fut reconnu pour principal chef[2]. Les gladiateurs révoltés s'armèrent, en s'échappant, de couteaux, de couperets, et de broches qu'ils avaient pris dans les rôtisseries[3] et qu'ils échangèrent, dans leur fuite, ainsi que leurs armes de gladiateurs, contre des armes de soldats romains qu'ils enlevèrent aux troupes de la garnison de Capoue, envoyées à leur poursuite et défaites par eux[4].

On évalue à plus de cent vingt mille le nombre des révoltés qui succombèrent, dans les grandes défaites qu'ils subirent, sans compter tous ceux qui moururent dans les petits combats de chaque jour et dans leurs nombreuses victoires, sans compter tous ceux que tuèrent la fatigue et la débauche[5].

De grandes villes, Nole, Cora, Nucérie, Métaponte, Thurium, tombèrent aux mains des révoltés. Spartacus défit successivement cinq armées prétoriennes ou consulaires, deux préteurs, un proconsul, deux consuls, des légats sans nombre. A la fin, le sénat chargea Crassus de se mettre à sa poursuite avec huit légions. (Il n'en fallut que dix à César pour soumettre les Gaules!) De plus le sénat rappela, pour lui venir en aide, Lucullus de la Thrace, et Pompée de l'Espagne. L'Orient fut ainsi abandonné à Mithridate, l'Occident à Sertorius; toutes les armées romaines marchèrent un moment ensemble contre le *vil gladiateur*. Je rougirais de les appeler ennemis, *pudet dicere hostes*, dit Florus[6]. Mais, à Rome,

---

[1] De Saint-Paul, p. 143.
[2] App., *Bell. civ.*, i, 117.
[3] Plut., *Crass.*, 8.
[4] Plut., *Crass.*, 9.
[5] De Saint-Paul, p. 143.
[6] Florus, III, xx, et 12.

on ne rougissait pas; on tremblait. Il y eut un moment
où l'on crut que Spartacus allait marcher contre la ville
éternelle[1], et la république épouvantée se crut revenue
aux temps d'Annibal[2].

A la fin, deux des lieutenants de Spartacus affaiblirent
son armée en se séparant de lui. A la dernière bataille
qu'il livra, il tua son cheval d'un coup d'épée et voulut
combattre à pied. Il se battit avec l'adresse d'un gladiateur et le courage d'un héros. Blessé à la cuisse, en cherchant Crassus, il tomba accablé par le nombre[3], et reçut
tant de coups d'épée avant de mourir qu'on ne put pas
retrouver son cadavre[4].

Le vainqueur était sans pitié pour le révolté vaincu.
Lors de la conjuration de Setia dont parle Tite-Live, et
qui fut étouffée avant d'avoir éclaté, le préteur Corné-
lius fit mourir cinq cents esclaves *suspects*[5]. Lors de la
première révolte d'Apulie, qui se borna à quelques brigandages, et dont parle également Tite-Live, le préteur
Posthumius en condamna sept mille[6]. Tous les prisonniers faits dans les guerres serviles périrent dans les
supplices. En Sicile, on égorgea jusqu'aux femmes et
aux enfants des révoltés[7]. Crassus, après la bataille où
mourut Spartacus avec soixante mille des siens, fit élever, le long de la route de Rome à Capoue, six mille
croix pour les six mille prisonniers qu'il avait faits[8].

Comment s'étonner, après cela, des représailles ter-

---

[1] App., *De bell. civ.*, lib. 1, cap. 117.
[2] Granier de Cassagnac, p. 500.
[3] Plutarque, *Crass.*, 11.
[4] App., *ubi supra*, cap. cxx.
[5] Tit.-Liv., lib. XXXII, cap. xxix.
[6] *Id.*, lib. XXXIX, cap. xxix.
[7] Diod., *Eclog.*, 36.
[8] App., *De bell. civ.*, lib. I, cap. cxx.

ribles des esclaves triomphants! L'incendie, le pillage, la dévastation, d'atroces vengeances, d'horribles massacres suivaient partout le massacre qu'on commençait par faire des maîtres. Exaspérés par une longue oppression ou abrutis par une servitude sans miséricorde, les rebelles, dit l'historien Zonare, ne faisaient partout que rendre avec usure à leurs maîtres les maux qu'ils avaient reçus d'eux [1].

Quelque pitié que puissent inspirer les maux qui portèrent tant d'esclaves à secouer, dans le sang, le joug de la servitude, on ne peut ne pas se réjouir pour l'humanité de l'issue qu'ont eue leurs révoltes. Car, ce n'était point pour conquérir leur liberté que les esclaves prenaient les armes; c'était pour confisquer à leur profit celle de leurs maîtres, c'est-à-dire pour devenir maîtres à leur tour et rendre les maîtres leurs esclaves. Ainsi posée, la question ne pouvait recevoir d'autre solution souhaitable que celle qui maintenait, à tout prix, les maîtres maîtres, et les esclaves esclaves, jusqu'à ce que le christianisme fût venu donner à la question de l'hérilité et de l'esclavage la seule solution qu'elle pût recevoir de lui, pour l'avenir de la civilisation du monde.

6. — *Humanité des maîtres.* — *Soumission et dévouement des esclaves.*

L'intérêt du maître lui dicte souvent des sentiments humains. — *Humiles amici.* — Les heureux de la servitude. — Peu d'esclaves désiraient devenir libres. — Pourquoi? — Traits de bienveillance de maîtres. — Traits de reconnaissance et de dévouement d'esclaves. — Droits de l'hérilité incontestés. — Obéissance native. — *Quid refert meâ cui serviam?* — L'hérilité a moins à profiter qu'à souffrir de cette abnégation.

Ce qui frappe le plus, dans l'étude des faits de l'esclavage, c'est que, loin de suivre les progrès de la civi-

[1] Zonar., VIII, 7. — De Saint-Paul, 144.

lisation, en diminuant d'intensité au fur et à mesure que les mœurs des nations se perfectionnent, le joug de l'esclavage devient d'autant plus dur que la société s'humanise davantage, et que, de doux qu'il était dans l'enfance du monde, il devient intolérable dans l'âge de la maturité et des lumières.

Cependant, les actes de barbarie auxquels les maîtres se livraient sur la personne de leurs esclaves, actes que les circonstances et les préjugés du temps pouvaient faire passer pour des rigueurs nécessaires, durent, en grande partie, cesser, lorsque les Romains eurent tout vaincu, lorsqu'il n'y eut plus de nation à réduire en servitude, et lorsqu'il fallut, par conséquent, se contenter des esclaves qu'on possédait. Alors, la nécessité de conserver ces esclaves fit naturellement adopter à leur égard des habitudes moins cruelles. « L'existence d'un esclave, observe Gibbon, devint un objet plus précieux ; et, quoique son bonheur tînt toujours au caractère et à la fortune de celui dont il dépendait, la crainte n'étouffa plus la voix de la pitié, et l'intérêt du maître lui dicta des sentiments plus humains [1]. »

Cicéron et Atticus se montrèrent toujours bienveillants envers leurs esclaves. Un peu plus tard, au milieu du premier siècle de notre ère, Columelle recommandait de traiter les esclaves avec douceur [2]. Sénèque appelait les siens d'humbles amis, *humiles amici* [3] ; et Diodore de Sicile, éclairé par l'histoire, écrivait ces paroles remarquables : « Dans la vie privée, la prudence nous prescrit d'user d'humanité envers nos esclaves. Plus les

---

[1] Gibbon, *Hist. de la décadence de l'emp. rom.*, t. I, p. 80.
[2] Colum., lib. I, c. I.
[3] Senec., *Ep.*, 47.

maîtres sont cruels et injustes, plus les hommes rangés sous leurs lois finissent par pousser leur ressentiment jusqu'à la férocité. Lorsqu'il se voit privé de la bienveillance à laquelle il a de justes droits, l'esclave révolté ne peut que traiter ses maîtres en ennemis [1]. »

C'est pourquoi le sceptique Lucien, n'osant faire appel à l'humanité des maîtres, fit appel à leur égoïsme par cet axiome : « Celui qui fait injure à ton esclave, te fait injure à toi-même » ; engageant par-là le maître à protéger l'esclave, mais dans son propre intérêt ; — appel qui fut entendu [2].

D'un autre côté, la vie de luxe et de volupté que menaient les riches Romains, leurs vices même et leurs débauches, rapprochaient de plus en plus le maître de l'esclave [3]. Ce rapprochement devint tel, qu'il engendra non-seulement la familiarité entre l'esclave et le maître, mais une sorte de dépendance du maître vis-à-vis de son esclave, ce que constatent les comédies du Molière du temps, Plaute.

Au surplus, certaines conditions serviles apportaient partout avec elles une assez grande masse de bien-être matériel. Les esclaves publics, du moins ceux qui étaient attachés au service des temples et des magistrats, étaient généralement bien traités. Il en était de même, chez les particuliers, de ceux qui remplissaient les premiers emplois de la domesticité, des chefs des travaux industriels, des ouvriers distingués, des surveillants des travaux de la campagne, des bergers qu'on ménageait dans l'intérêt de leurs troupeaux, de la plupart des esclaves de luxe, à cause de leur grand prix, surtout de

[1] Diod., *Frag.* xxxiv et xxxv, 11, 33 (édit. Didot), trad. de Miot.
[2] Voy. Biot, 64.
[3] Cic., *Pro Cœlio*, 23.

ceux à qui leurs maîtres permettaient d'exercer librement une profession, sous la condition d'une redevance fixe, ou d'une part dans les profits, ainsi que nous le verrons bientôt. C'étaient là les heureux de la servitude. Les autres avaient un sort tolérable, pour peu qu'ils fussent obéissants[1].

Voilà, sans doute, pourquoi si peu d'esclaves désiraient devenir libres.

Esclaves, ils avaient, en général, chez leurs maîtres, les nécessités de toute leur vie; ils étaient sûrs de n'avoir jamais à souffrir ni le froid, ni la faim, ni la soif, et d'être recueillis et bien traités quand ils se conduisaient bien, vieux comme jeunes, en maladie comme en santé; car tous les riches Romains ne reléguaient pas leurs esclaves vieux et malades dans une île du Tibre, pour les y laisser mourir de faim[2]. Si tous avaient dans leurs demeures un *ergastulum* pour les punir en cas de faute, tous avaient à côté un *valetudinarium* pour les soigner en cas de maladie. Tous, au surplus, avaient intérêt à prendre soin de leurs esclaves malades, car l'esclave malade, abandonné par son maître, était rendu à la liberté[3]. Tous, pareillement, avaient intérêt à bien nourrir, à bien traiter leurs esclaves valides; car l'esclave maltraité, mal nourri, était impropre aux travaux pour lesquels le maître l'avait acheté ou élevé.

Libres, ils auraient eu à pourvoir, non-seulement à leurs propres besoins, mais encore à ceux de leurs femmes et de leurs enfants, non-seulement pendant la vigueur de l'âge, mais pendant la vieillesse et les infirmités, sans compter que, pauvres et faibles comme ils

---

[1] De Saint-Paul, ch. III, § 2 et 7.
[2] Suét., *Vita Claudii*, 25.
[3] *Ibid.*

auraient été nécessairement au sortir de l'esclavage, il leur aurait fallu courir toutes les chances d'une lutte perpétuelle avec la société, lutte dans laquelle les riches et les forts succombent eux-mêmes très-souvent[1].

L'esclave finissait donc par trouver quelque compensation au poids même de sa chaîne : « Libre, je vivrais à mes dépens; esclave, je vis aux tiens», dit l'esclave de Plaute à son maître :

Liber si sim, meo periclo vivam; nunc vivo tuo[2].

Marius, durant ses luttes avec Sylla, ayant tenté de soulever les esclaves par l'appât de la liberté, il ne s'en trouva que *trois* qui le suivirent[3]!...

« Beaucoup qui avaient fui leurs maîtres, une fois libres, retournent au même râtelier[4]. »

Un jour, on renvoya de Rome, en liberté et sans rançon, six mille esclaves, prisonniers de guerre qu'on avait faits sur les Latins. Tous revinrent à Rome témoigner à leurs anciens maîtres leur reconnaissance pour les bons traitements qu'ils en avaient reçus[5].

C'est que la condition des esclaves, à cette époque, était celle que leur faisaient la simplicité de mœurs, la frugalité, et la familiarité du toit domestique des anciens Romains. Esclaves et maîtres, père, femme, enfants, serviteurs, composaient une seule et même famille, *familia*. Il n'y avait de différence extérieure entre eux que quelque variation dans l'habillement. La nourriture était,

---

[1] Granier, *Hist. des classes ouvrières*, p. 389.
[2] Plaut., *Casin*., II, IV, 185.
[3] Plutarque, *Marius*, cap. XXXV.
[4] Vers grecs cités par Wallon, I, 434.
[5] Valère-Maxime, liv. II, ch. II,; et liv. V, ch. V, n° 5.

à peu de choses près, la même[1]. Les esclaves travaillaient et mangeaient avec leurs maîtres[2]. Horace suivait l'usage des anciens, et faisait manger ses esclaves
avec lui[3].

Au commencement du second siècle de l'empire, sous
Trajan, Pline le Jeune se montrait pareillement d'une
bienveillance extrême envers ses esclaves[4]. Il est vrai
que, peu de temps auparavant, son oncle, Pline l'Ancien,
en avait qui cultivaient ses terres, les pieds enchaînés[5];
mais il n'en demeure pas moins constant que, depuis l'a-
vénement de Nerva jusqu'à la fin des Antonins, la législation nous montre une tendance marquée vers l'a-
doucissement des mœurs intérieures, et, par suite, vers
l'adoucissement du sort des esclaves[6].

Les esclaves n'étaient point insensibles aux égards
dont on les rendait l'objet. Loin de là : l'humanité des
maîtres réveillait parfois les plus nobles sentiments
dans ces âmes si souvent dégradées. De là le sentiment du devoir qui liait si fortement toujours l'esclave
au maître, et qui enfanta, parmi les esclaves, plus de
traits d'affection et de dévouement sublime que la vengeance et la haine n'enfantèrent de rébellions ou de meur-
tres[7]. C'est surtout aux mauvais jours de guerres civiles
qu'éclataient, au sein des masses esclaves, ces exemples
d'affection et de dévouement.

Pendant les massacres de Marius, les esclaves de Cor-
nutus jetèrent dans les flammes du bûcher un cadavre

---

[1] Plutarque, *Vie de Coriolan*, 38.
[2] Pline, *Hist. nat.*, liv. XXXIII, ch. II.
[3] Hor., liv. II, *Sat.*, VI, vers 65.
[4] Pline le Jeune, lib. IV, *Ep.* x ; lib. VIII, *Ep.* xvi ; lib. IX, *Ep.*, xxxvii.
[5] *Hist. natur.*, lib. XVIII, c. IV.
[6] E. Biot, p. 64.
[7] Appian., *Bell. civ.*, IV. — Val.-Max., VI, 8.

inconnu, qu'ils donnèrent aux soldats comme celui 'de leur maître[1]. Dans les proscriptions du second triumvirat, un esclave de Restion fit plus : devenu tour à tour l'objet des bontés et des rigueurs de son maître, qui, pour certaines fautes, l'avait fait marquer, il le rejoignit dans sa fuite, et, loin de le trahir, le cacha dans une grotte ; puis, comme cette retraite allait être découverte, il se jeta sur le premier passant, le tua et le présenta aux bourreaux comme étant son maître, appelant en témoignage de sa vengeance les stigmates qu'il portait au front[2]. Quelquefois les esclaves ne livraient point aux meurtriers d'autres victimes qu'eux-mêmes ; on en vit qui sauvèrent leurs maîtres au prix de leur tête, changeant de vêtement avec lui, et attendant la mort[3]. L'esclave de Vettius, emmené captif, le tua pour l'affranchir, et se tua après lui[4]. Non-seulement on vit des esclaves, et en grand nombre, donner leur vie pour sauver leurs maîtres, on vit encore des populations d'esclaves défendre et sauver la cité où ils servaient, contre des ennemis qui leur promettaient la liberté[5]. Chio, tant de fois troublée par les siens, fut ainsi sauvée par eux des mains du fils de Démétrius[6] ; Sicyone et Rome se rappelaient avoir été sauvées du déshonneur par le dévouement de leurs servantes[7] ; Messine, Morgantine ne furent défendues contre les révoltés de la première et de la seconde guerre servile que par leurs esclaves[8].

[1] App., *Bell. civ.*, I, 73.
[2] *Id.*, IV, 43.
[3] *Id.*, IV, 29.
[4] Senec., *De benef.*, III, 23. — Wallon, II, 288.
[5] De Saint-Paul, p. 149.
[6] Plut., *Collection d'histoires*, 30.
[7] Plut., *Vertueux faits des femmes*, 6.
[8] Diod., *Eclog.*, XXXVI.

L'obéissance native, de droit divin, traditionnelle, que l'esclavage devait à l'hérilité, développait et entretenait de bonne heure ces sentiments d'abnégation et de dévouement dans les cœurs d'un grand nombre d'esclaves.

Ce que disait Aristote, que toûte la vertu de l'esclave était dans son obéissance [1], n'était que l'expression de la pensée commune à tous les hommes de son temps. Sparte n'exigeait pas de ses ilotes qu'ils fussent sobres ; Athènes pardonnait aux siens leur insolence ; Rome riait des vices des siens et de leur mépris pour le mépris : il suffisait qu'ils fussent soumis et obéissants. Esclave, chacun subissait ensuite par devoir la loi que, maître, il eût voulu maintenir comme son droit. Phédon se soumettait, chez le marchand qui l'avait acheté, à des humiliations auxquelles, libre encore, il eût préféré la mort [2].

La révolte de Spartacus ne prouve rien contre ce fait que l'immense majorité des esclaves acceptait avec soumission la loi de l'hérilité qui les plaçait, de toute éternité, au rang des bêtes, au rang des choses.

Si nombreuses, en effet, qu'eussent été les révoltes serviles dans tous les temps, elles n'occupaient encore qu'une place bien étroite dans l'immense histoire de l'esclavage. Qu'était-ce donc que les cent mille soldats de Spartacus, auprès des millions d'esclaves qui, de son temps, peuplaient le monde [3] ?

Ces millions d'esclaves étaient retenus sous le joug, par un seul sentiment, la foi aux droits du maître.

Les droits de l'hérilité étaient partout incontestés. C'était comme autant d'axiomes universellement adoptés :

---

[1] Arist., *Polit.*, I, v.
[2] De Saint-Paul, ch. iii, § 7.
[3] *Id., ibid.*

que tout vainqueur avait le droit de vendre ses prisonniers ; que tout homme qui, de ses deniers, en avait acheté un autre, étranger à la cité où il habitait, était maître de cet homme, comme il l'était auparavant de son argent ; *Quia illius est pecunia*, disait la loi de Moïse. Comme chacun, en naissant, voyait autour de soi l'esclavage établi, considéré comme base de toute société, chacun était préparé d'avance à en subir le joug, si le destin, qui l'avait placé parmi les hommes libres, l'en faisait sortir[1].

Aussi c'était merveille avec quelle facilité l'on trouvait à vendre des populations entières ; avec quelle résignation des armées d'hommes braves, éclairés, remplis d'idées de droit et de liberté, se laissaient traîner au marché comme de vils troupeaux, par une poignée de trafiquants, à la fois brutaux et lâches[2]. Les femmes de Sparte elles-mêmes se laissaient vendre, se contentant de protester contre l'erreur du sort[3].

C'est ainsi que Rome vendit, sans qu'ils se plaignissent, cent cinquante mille Epirotes condamnés à l'esclavage par Paul Emile[4] ; cinquante mille habitants de Carthage, et les débris des vaincus de Numance[5], tous citoyens, riches, puissants, et ayant eu, aussi eux, des esclaves. C'était la destinée des vaincus : *Væ victis!*

Quand ce n'était ni la vengeance qu'allumaient dans l'âme de beaucoup d'esclaves les mauvais traitements de beaucoup de maîtres, ni le dévouement qu'excitaient chez plusieurs les bons traitements de plusieurs autres, c'étaient le stoïcisme et l'indifférence qui naissaient, chez

---

[1] De Saint-Paul, ch. III, § 7.
[2] *Id.*, *ibid.*
[3] Plut., *Apophthegmes des femmes de Sparte*.
[4] Tite-Live, XLV, 34.
[5] App., *De bellis punicis*, p. 81 et 311.

le plus grand nombre des esclaves, de l'égoïsme, et de l'intérêt organisé des maîtres à leur égard.

La secte stoïque prescrivait à chaque homme de se résigner complétement à son sort, et de s'abstenir du mal, sans s'occuper de son avenir. Telle était la morale d'Épictète, cet admirable esclave, qui sut améliorer et adoucir le maître qui l'avait mutilé [1].

Mais l'hérilité avait moins à profiter qu'à souffrir du stoïcisme de cette résignation qui n'était, le plus souvent, qu'une indifférence froide et silencieusement vengeresse.

C'est surtout dans les guerres étrangères, non moins que dans les guerres civiles, que l'indifférence servile se montrait funeste à l'hérilité. La conquête d'un pays étant terminée, quand la cité, qui servait comme de citadelle à la population libre, était prise ou détruite, la population servile ne pouvait qu'être partout résignée d'avance au joug du nouveau maître que lui donnerait la victoire ; car ce n'était pas la population servile que la victoire exterminait ou réduisait en esclavage, c'était la population libre. A Capoue, on ne fit périr, on n'emmena loin des murs de la ville que ses nobles et ses citoyens. A Carthage, à Corinthe, on ne vendit que la population de la cité ; la population rustique, presque toute esclave, fut laissée sur le sol. Sans elle qu'auraient fait les vainqueurs de leur conquête [2] ?

Donc, qu'importait à l'esclave le nom et la race de son maître ? Que lui importaient le nom, la gloire, l'indépendance de la cité, de la nation à laquelle il avait appartenu ? Son changement de joug n'était qu'un chan-

---

[1] Biot, p. 64.
[2] De Saint-Paul, ch. iii, § 6.

gement d'esclavage ; sa condition ne changeait pas pour cela ; c'était toujours sur lui que pesait le lourd fardeau du travail servile. Phèdre, l'ancien esclave, exprimait donc l'indifférence de toute sa race, pour tout changement de bât qui n'était qu'un changement de misère, quand il faisait dire à l'âne de sa fable :

Ergo, quid refert meà
Cui serviam, clitellas dùm portem meas [1] ?

§ 2. — AFFRANCHIS.

Deux sortes d'affranchissements : — Forcé et volontaire ; — Pur et simple, et sous condition. — Conditions légales et conventionnelles de ce dernier affranchissement. — Redevances et journées de travail en nature et en argent. — Affranchissements à prix d'argent les plus nombreux. — Abus. — Répression. — Effets de l'affranchissement quant à la condition publique et privée de l'affranchi. — Son front reste à jamais stigmatisé du sceau de la servitude.

Affranchi de la servitude, l'esclave ouvrier n'était point affranchi du travail par l'émancipation. D'ouvrier esclave, il devenait esclave *libéré*, — *libertus ;* c'est-à-dire libre comme le sont, moins que ne le sont, les forçats *libérés* chez nous ; c'était le seul effet de l'affranchissement pour lui ; — de l'affranchissement qu'un critique a justement défini : un abonnement à l'esclavage qui trompait la servitude, comme la loterie trompe la misère.

A la différence du citoyen né libre, *ingenuus*, le citoyen, *libéré* ou *fait* libre, *libertus*, ne jouissait que d'une liberté restreinte, circonscrite, et déterminée par la nature même de son affranchissement.

Il y avait deux sortes d'affranchissements : l'affranchissement légal ou complet (*manumissio plena vel justa*), et l'affranchissement extra-légal ou incomplet (*manumissio minus plena*) ; manumissions différant l'une de l'autre par leurs formules et par leurs effets.

[1] Phèdre, I, xv, 9.

L'affranchissement légal avait lieu en vertu de la loi ; l'affranchissement extra-légal en vertu de la seule autorité du maître.

Lorsque l'esclave était affranchi en vertu de la loi, il restait sous le patronage de la loi. L'affranchissement, dans ce cas, avait des effets complets et durables. Il plaçait la liberté de l'affranchi sous la sauvegarde des droits de citoyen, et la faisait irrévocable. Plus de devoirs, dès lors, envers l'ancien maître ou ses représentants. Toutefois, la pleine manumission différait encore beaucoup de la pleine liberté, et l'affranchi, même en sortant irrévocablement de l'esclavage, pouvait se trouver dans des conditions très-diverses à l'égard, soit de la famille d'où il sortait, soit de l'état dont il devenait membre [1].

Lorsque l'esclave était affranchi par l'autorité de son maître, l'affranchissement avait lieu de différentes manières, savoir : 1° *per censum*, par le cens, c'est-à-dire par le livre des censeurs sur lequel était inscrit l'esclave avec l'agrément du maître ; 2° *per vindictam*, par la baguette dont le préteur frappait l'esclave que lui conduisait le maître, après la récitation des formules sacramentelles ; 3° *per testamentum*, par testament dans lequel le testateur déclarait que l'esclave était libre ; 4° *per epistolam*, par simple lettre : 5° enfin, *inter amicos*, c'est-à-dire en présence de cinq personnes qu'on prenait à témoin de la liberté concédée à l'esclave [2].

En quelque forme qu'il fût accordé par le maître, l'affranchissement était toujours : ou *pur et direct*, ou *sous condition*.

Si la manumission était *pure et directe*, l'affranchi de-

---

[1] Voy. à ce sujet Wallon, part. II, ch. x.
[2] E. Biot, p. 23 et 84.

meurait sous le patronage de son maître, ayant droit aux aliments en cas de misère, et sa succession revenait au patron dans les cas spécifiés par la loi. L'Etat, les villes, les temples, les corporations, comme les particuliers eux-mêmes, retenaient ces droits sur leurs affranchis, et les citoyens les transmettaient à leurs enfants[1]. De cette sorte, l'affranchi était plutôt tiré des gênes de l'esclavage qu'il n'était libre. «Toujours soumis au bon plaisir du maître, sauf la rare intervention du préteur, il acquérait pour lui pendant la vie, il lui laissait ses biens à la mort; il avait eu l'usage, non pas même l'usufruit, de la liberté; mais, au fond, il restait, il mourait esclave, et ainsi toute sa fortune n'était qu'un pécule dont il lui était donné de jouir, mais non de disposer[2]. »

Si l'affranchissement était *sous condition*, l'affranchi était tenu, d'abord, des obligations dérivant du fait seul de la manumission, et, de plus, des autres obligations qu'il convenait au patron de lui imposer pour prix de son émancipation[3]; obligations qui faisaient que, pour le moindre manquement, le patron pouvait redevenir maître, et l'affranchi esclave, — le tout par l'action que Pelletan appelle spirituellement : l'action d'apostasie.

Les conditions ordinairement imposées par les maîtres aux esclaves ouvriers, en les affranchissant, étaient des journées de travail, ou des ouvrages en nature, ou une somme d'argent[4].

---

[1] Voy. sur le *patronat,* ce que nous en disons dans notre ouvrage du *Droit à l'assistance chez les Romains.*

[2] Wallon, *ubi supra.*

[3] Pur et direct, ou sous condition, l'affranchissement donnait lieu, dès l'an 397 de Rome, à un droit d'un vingtième au profit de l'État sur le prix de l'esclave affranchi. (Tite-Live, VII, 16.)

[4] Digeste, lib. XXXVIII, tit. i, cap. xxxix, *in proœm.*

Quand c'étaient des journées de travail, la journée s'entendait d'un jour entier[1], et le travail s'opérait aux frais de l'affranchi[2]. Le prix de l'affranchissement, payé en journées de travail, était considéré, en droit, comme l'acquit d'une dette d'argent contractée par l'affranchi. Le travail de l'esclave représentait, en effet, une somme d'argent dont le maître se privait volontairement par l'émancipation, et la redevance était l'intérêt de ce capital, placé, comme nous disons, à fonds perdu[3].

Quand le prix à payer n'était pas stipulé en journées de travail, il était payable en nature, ou en œuvres d'art, *opera*, selon la profession et l'habileté de l'esclave. Ainsi, l'affranchi peintre devait des tableaux, le sculpteur des statues, l'architecte des constructions, le médecin des visites, le mime des représentations, etc.[4].

Pendant les travaux en nature, que les affranchis exécutaient pour le patron, ils étaient obligés de se pourvoir de vêtements et de se nourrir[5].

Quand l'affranchissement avait lieu à prix d'argent, l'esclave donnait lui-même ou faisait donner à son maître la somme convenue. Dans le premier cas, il pouvait, sauf disposition contraire, payer de son pécule; dans le second, il ne le pouvait faire qu'autant que le maître le sût et l'approuvât[6].

Les affranchissements à prix d'argent étaient fort en usage. Bien que l'affranchi y gagnât la liberté, il y ga-

---

[1] Digeste, cap. vii, § 2.

[2] *Ibid.*, lib. XVIII, *De operis libertorum.* Le droit postérieur modifia cette condition rigoureuse. (Wallon.)

[3] Granier, *Hist. des classes nobles*, ch. xiii.

[4] Digeste, lib. XXXVIII, tit. i, § 1, cap. xxiii et xxxviii.—*Ibid.*, cap. xxv, § 2. — *Ibid.*, cap. xxvii.

[5] Digeste, lib. XXXVIII, tit. i, cap. xviii.

[6] Wallon, *ubi supra.*

gnait moins que le maître. L'affranchi, en effet, ne faisait que changer de servage, tandis que le maître faisait plus que de changer d'esclave; il n'était pas rare que la liberté fût vendue par le maître à son esclave pour une somme égale, supérieure même, à sa valeur vénale[1], et pourtant, en général, la personne de l'affranchi n'avait guère de prix que pour lui-même, quand il avait passé plusieurs années dans l'esclavage. D'un autre côté, si le maître faisait l'emploi de l'argent reçu pour l'achat d'un autre esclave, il n'avait pas un esclave de moins, il avait un affranchi, ou pour mieux dire, un quasi-esclave de plus.

Les conditions imposées à l'esclave par le maître, pour pouvoir obtenir sa liberté, n'eurent longtemps d'autres limites que les capricieuses fantaisies du maître. L'excès de l'abus alla si loin que, dès la république, la loi dut intervenir pour les arrêter, ou les modérer.

Même restreinte aux trois sortes de conditions que nous venons de rappeler, l'autorité du maître sur l'esclave, transformée en patronage sur l'affranchi, pesait encore d'un poids énorme sur la liberté accordée à l'affranchi par le maître. Ce n'était en quelque sorte, pour l'esclave affranchi, qu'un bât troqué pour un autre.

Et ce n'était pas seulement sa vie privée, c'était encore sa vie publique qui était profondément affectée par la condition semi-libre et semi-esclave que lui faisait l'affranchissement.

L'affranchi, quoique citoyen, ne pouvait porter la prétexte, ou, avant l'âge viril, la bulle qui faisait l'ornement de l'enfant de race ingénue[2]. Il ne pouvait épouser ni sa patronne, ni la fille d'un patricien, à moins qu'elles

---

[1] Den. d'Halic., IV, 24.
[2] Macrob., *Sat.*, I, vi, p. 229.

ne fussent tellement dégradées qu'il devînt impossible de rien ajouter à leur flétrissure[1]. Même défense était faite au patron quant à son affranchie ; la loi trouvait plus honnête qu'il en fît sa concubine[2]. Assimilés aux prolétaires pour le vote électoral, et confinés comme eux dans les quatre tribus de la ville[3], les affranchis étaient exclus des fonctions publiques[4] ; ils l'étaient également de la milice s'ils n'étaient libérés de toute redevance servile envers leur patron[5]. Les seules charges en argent leur étaient prodiguées sans mesure[6].

Les affranchissements primitifs n'avaient lieu qu'en considération seulement de la bonne conduite et de la probité des esclaves qu'on rendait à la liberté. On était sûr alors que les affranchis seraient de bons citoyens. Très-peu se rachetaient au moyen de leur pécule.

Plus tard, les mœurs étant entièrement changées, les esclaves purent devenir libres en payant leur liberté avec un argent gagné par mille voies illégitimes. Les brigandages, les vols, la prostitution firent alors que les plus vils esclaves devinrent citoyens romains.

Il n'était pas rare, à cette époque, de voir des esclaves être affranchis par leurs maîtres, uniquement pour recevoir, comme citoyens, la ration de blé que l'on distribuait gratuitement au peuple, afin de porter cette récolte à ceux dont ils tenaient la liberté. Les inscriptions ou tessères

---

[1] Digeste, lib. XIII, tit. xxiii, cap. ii, *De ritu nuptiar*.

[2] *Ibid.*, lib. I, tit. xxv, cap. vii, *De concubinis*.

[3] Voy. ci-dessus, p. 111.

[4] Cod. Just., *L. unic.*, tit. ix, cap. xxi, *Ad leg. Viselliam.* — Ils y étaient admis autrefois: (Tac., *Ann.*, vi, 58.)

[5] Digeste, lib. XLIII, tit. xxxviii, cap. i, *De oper. libertorum.* — Voyez exceptions dans E. Biot, p. 53.

[6] Dion. Cass., lib. X, p. 611, L. 99.

frumentaires se vendaient comme on vend une inscription de rente [1].

C'est ce qui porta l'empereur Auguste à tenter d'arrêter le scandale des affranchissements à prix d'argent,
en limitant la puissance d'affranchir, et en l'entourant
de beaucoup de difficultés, surtout pour la liberté entière [2].

Mais, avec tous les bénéfices que les maîtres retiraient de la liberté de leurs affranchis, bénéfices qui laissaient peu à faire à leur humanité, les affranchissements
durent se multiplier d'autant plus qu'on apportait plus
d'entraves à l'esprit de spéculation qui les opérait. Aussi
les affranchissements vendus, et sans frein, se multiplièrent tellement sous les empereurs, qu'à la fin les plus
hautes dignités comme les plus petites fonctions publiques, les sacerdoces, les magistratures, les tribus, les
curies, les légions, les cohortes urbaines, etc., furent en-
vahies par des affranchis. Et comme la race affranchie
devenait définitivement ingénue à la troisième génération, cette race finit par se confondre avec le reste du
peuple, à tel point que l'élément populaire finit par s'absorber tout entier dans la masse des anciens esclaves [3].
Au livre XIII de ses *Annales*, Tacite déclare textuellement
que le peuple de Rome n'était presque plus alors composé que d'affranchis [4].

C'est dire que la société libre, appauvrie déjà par l'esclavage, le fut encore par l'affranchissement. L'affranchissement, en effet, remédiait moins qu'il ne coopérait
au dépérissement des citoyens. L'affranchissement ino-

[1] Biot, p. 81.
[2] Voy. analyse des lois *Furia Caninia* et *Ælia Sentia* dans Dezobry,
Rome au siècle d'Auguste, I, 119.
[3] Wallon, part. II, ch. X. — Biot, p. 86, 87 et suiv.
[4] Tac., *Ann.*, XIII, 26 et 27.

culait à la vie civile le virus délétère de toutes les habitudes serviles. Dans l'*Ane d'or* d'Apulée, Lucius, sous la forme de l'âne, avait longtemps fatigué à la boulangerie, au jardinage, au moulin, sans trouver le terme de ses peines ; il fallut qu'il entrât plus avant dans le service domestique ; il fallut qu'il y fît preuve de licence et de vice pour devenir l'objet de toutes les faveurs ; c'est alors qu'il put reprendre la figure humaine. C'est au même titre que les esclaves obtenaient le bienfait de la liberté[1].

Il ne faut pas être surpris, après cela, du préjugé qui frappait de mépris les esclaves, même devenus affranchis. Vainement Lucrèce reconnaissait l'égalité d'origine de tous les hommes. Vainement Cicéron et Caton d'Utique disaient, avec les stoïciens, que le seul véritable esclavage était celui que nous imposent nos passions[2] ; Cicéron, lui-même, traitait Archimède avec dédain, *humilem homuncionem*, parce qu'Archimède était un affranchi[3] ; et tous les affranchis comme lui, qu'ils fussent riches ou pauvres, savants ou ignorants, probes ou vicieux, restaient marqués au front du sceau de leur servitude originelle : le stigmate de la servilité ne s'en effaçait jamais.

« Cette grande, active, terrible et malheureuse race d'affranchis, écrit un historien-poëte, chemine depuis le commencement du monde à la conquête du repos, comme Ahasverus, et peut-être, comme lui, n'y arrivera-t-elle jamais. Elle a aussi sur sa tête une vieille malédiction qui lui ordonne incessamment de marcher. Tout ce qu'elle a gagné à sa fatigue séculaire, c'est qu'Homère et Platon lui disaient : « Marche ! tu n'arriveras

---

[1] Wallon, *ubi supra*.
[2] Cic., *Paradox.*, v. — Plut., *Cat.*, 95.
[3] Cic., *Tuscul.*, v, 33.

pas dans ce monde»; et que saint Paul lui a dit : « Marche! tu arriveras dans l'autre. » Elle marche donc depuis soixante siècles, toute couverte de railleries et d'opprobres, et sans qu'on lui tienne compte de ses vertus ou de ses douleurs; elle n'est pas plus belle pour avoir produit Aspasie; elle n'est pas plus illustre pour avoir produit Phédon; elle n'est pas plus brave pour avoir produit Spartacus. Quelles qu'aient été sa patience, son intelligence et sa sagesse, on ne l'a jamais appelée fille des dieux, comme la race noble, et Platon lui-même, qui avait été pourtant l'esclave du roi Denis, lui jetait les vers du poëte où il est dit que l'esclave n'a que la moitié de l'âme humaine [1].

« Fatalité singulière ! les affranchissements eurent beau venir, et rompre la chaîne des esclaves; le cou leur resta pelé, comme au chien de la fable; et un des leurs, un fils d'affranchi, Horace, leur lançait à la face leur éternelle souillure : «l'argent ne change pas la race[2]. »

« Cette malédiction de sang était implacable. Ventidius Bassus avait beau devenir consul, on lui disait : «Vous avez été décrotteur et palefrenier[3]. » Galère, Dioclétien, Probus, Pertinax, Vitellius, Auguste même, avaient beau devenir empereurs, on disait à Galère : « Vous avez été porcher[4]»; à Dioclétien : « Vous avez été esclave[5]»; à Probus : « Votre père était jardinier[6]»; à Pertinax : «Votre père était affranchi[7]»; à Vitellius :

---

[1] Homère, *Odyss.*, lib. XVII, vers 322, 3.
[2] Horace, *Sat.* VI, vers 6.
[3] Aul.-Gell., *Noct. attic.*, lib. XV, cap. IV.
[4] Aurel. Vict., *De Cæsarib.*, cap. XXXIX.
[5] *Id.*, Epitom., cap. XXXIX.
[6] *Id., ibid.*, cap. XXXVII.
[7] *Id., ibid.*, cap. XXXVIII.

« Votre père était savetier [1] » ; à Auguste : « Votre grand-père était mercier, et votre père était usurier [2]. »

« Si cette réprobation éternelle et universelle contre les races affranchies ne ménageait pas les plus hautes et les plus illustres têtes, jugez si elle faisait grâce à l'affranchi humble, pauvre et dégradé. La famille noble le tenait hors de son foyer, la société civile hors de ses prérogatives. Il naissait, vivait et mourait à part des autres hommes ; et, comme on dit de certains fleuves qui coulent deux ensemble dans le même lit sans mêler leurs eaux, le prolétariat et la gentilité, l'affranchissement et la noblesse, se touchaient, se coudoyaient, se côtoyaient sans jamais se combiner et se laisser aller l'un dans l'autre.

« Aussi, les affranchis comme les prolétaires, chassés de la famille et de la cité noble, repoussés du foyer et de l'amphictyonie, devaient-ils être instinctivement, providentiellement conduits à quelque société nouvelle où ils pussent reposer leurs têtes.

« Dieu leur donna cette société, LA COMMUNE ;

« Et aux ouvriers spécialement, LA JURANDE [3]. »

§ 3. — TRAVAILLEURS LIBRES.

Est-il vrai qu'aucun citoyen romain ne s'adonnât au travail manuel, au négoce et à l'industrie ? — Réfutation de Denys d'Halicarnasse. — A quelle classe appartenaient les citoyens qui se faisaient ouvriers ? — Étrangers domiciliés. — Les travailleurs libres ne pouvaient lutter contre les travailleurs esclaves. — Pourquoi ? — Misère qui en était la suite.

Nous avons vu que, d'après Denys d'Halicarnasse, les professions manuelles, le commerce et l'industrie, étaient

[1] Sueton., *Tranq. Vitellius*, cap. II.
[2] Sueton., *Tranq. Octav. Cœs. Aug.*, cap. II et III.
[3] Granier de Cassagnac, *Hist. des classes ouvrières*, p. 115.

interdits aux citoyens romains, lesquels, selon lui, s'a-
donnaient exclusivement à l'agriculture et aux armes [1].

Bien qu'en effet le travail industriel fût considéré, à
Rome, comme œuvre servile et déclarée indigne d'un
citoyen, cependant il n'était pas tellement l'attribut exclusif de l'esclave qu'il ne pût également être exercé par
l'homme de condition libre.

« Il y a toujours, dit le savant auteur de l'*Histoire de
l'Esclavage dans l'antiquité*, il y a toujours, dans les
classes libres d'un État, à côté des grands et des riches
qui usent ou tirent profit de l'esclavage, des pauvres qui
doivent se servir ou mettre leur savoir-faire au service
d'autrui, et il n'en put être autrement à Rome. »

Sous ce rapport, l'opinion hasardée de l'historien grec
est combattue par celle plus fondée des auteurs latins
que nous avons à lui opposer.

Pour ce qui est du commerce, Cicéron nous apprend
qu'il y avait un grand nombre de chevaliers qui ne
croyaient pas qu'il fût au-dessous d'eux de s'y livrer, tant
à Rome que dans les provinces[2]; et il est constant que,
nonobstant la loi qui interdisait tout trafic aux sénateurs,
il y en avait beaucoup qui, ne négligeant aucune occasion d'augmenter leur fortune, faisaient le commerce ou
exploitaient des usines, par leurs esclaves ou leurs affranchis[3]. Plutarque blâme, dans Caton le Censeur, sa
trop grande avidité à gagner de l'argent, avidité, dit-
il, qui lui faisait abandonner l'agriculture comme plus
amusante que profitable[4]. Cet illustre Romain pratiquait

---

[1] Voy. ci-dessus, p. 11.
[2] Cicer., *Ad Quint.*, lib. II, *Ep.* v.—*In Verr.*, lib. III, cap. LXIV; lib. V,
cap. LXII. — *Pro Dejot.*, cap. IX.
[3] Voy. ci-après, p. 208.
[4] Plut., *Vie de Caton.*

l'usure qu'on blâmait le plus, celle qui s'exerçait sur les bénéfices éventuels du commerce maritime. Le même Plutarque nous informe de tous les moyens dont se servait Crassus pour accumuler de nouvelles richesses; et il y a grande apparence que, parmi ces moyens, il ne négligeait pas le négoce. C'est sans doute à lui que Cicéron s'adresse dans ses *Paradoxes*, lorsqu'il dit qu'il n'y avait aucune sorte de gain qui ne lui parût honnête. Or, si Caton le Censeur, ce citoyen si rigide observateur des lois, si Crassus qui disputait le premier rang à Pompée et à César, se mêlaient du commerce, comment beaucoup d'autres citoyens, moins considérables, l'auraient-ils cru flétrissant pour eux ?

Pour ce qui est des métiers, quelque dégradant que fût l'exercice des professions manuelles à Rome[1], il n'est pas moins constant que les métiers, même les plus vils, ont été exercés, parfois, par des citoyens romains. Caïus Terentius Varron qui parvint au consulat était fils d'un boucher et avait été élevé dans le métier de son père[2]. Le père d'Emilius Scaurus avait été charbonnier, et cela n'empêcha pas le fils d'être deux fois consul et prince du sénat[3].

Mais, en général, et à très-peu d'exceptions près, les citoyens qui exerçaient des professions manuelles à Rome appartenaient beaucoup moins à la classe des hommes nés libres, *ingenui*, qu'à celle des hommes qui l'étaient devenus par affranchissement, *liberti*, ainsi qu'à celle des étrangers domiciliés.

C'est dans cette dernière classe principalement que Numa Pompilius recruta les éléments de ses corporations

---

[1] Den. d'Hal., II, 28 ; IX, 25.
[2] Tite-Live, lib. XXII, cap. xxxvi.
[3] Aurel. Vict., *De Vir. ill.*, cap. lxxii.

de métiers. A côté des patriciens investis de tous les droits politiques, il y avait, en effet, ces familles étrangères nouvellement admises au séjour de la ville. La plupart étant sans terres, comme les métèques à Athènes, il fallait bien qu'elles cherchassent un moyen de vivre dans les métiers où elles ne trouvaient ni la concurrence des citoyens, ni encore celle des esclaves. Ainsi les métiers eux-mêmes eurent leurs travailleurs libres, dans une partie de ces familles qui finirent par se faire admettre aux droits de la cité [1].

Quand les censeurs partagèrent la plèbe romaine en tribus, l'an 574 de Rome, les citoyens de chaque tribu y furent classés par métiers et professions, *causis et quæstibus*, dit Tite-Live [2]. Il y avait donc, encore à cette époque, des citoyens romains ouvriers. Mais ces citoyens se composaient, encore en majeure partie, d'esclaves affranchis et d'étrangers domiciliés. Aussi formaient-ils la plus vile partie du peuple ; et comme, à cause de cela, on ne les enrôlait pas dans les légions [3], —la tourbe des artisans et des ouvriers en boutique, *sellularii*, étant impropre à la guerre,—c'est peut-être pour cela que Denys d'Halicarnasse s'est cru fondé à les exclure du nombre des citoyens. Ils n'en étaient pas moins inscrits pourtant sur le rôle des censeurs, mais ils l'étaient à titre de *capite censi*, c'est-à-dire de citoyens pauvres dont le travail des mains était l'unique ressource; *Quorum res et fides in manibus sitæ erant*, comme dit Salluste [4].

---

[1] Wallon, part. II, ch. I.
[2] Tit.-Liv., lib. XL, cap. LI.
[3] *Id.*, lib. VIII, cap. XX.
[4] Sal., *De bell. Jug.*, cap. LXXVI. — Voy. dans la préface de la traduction du *Mercator* de Plaute, par M. Naudet, des détails curieux sur les professions mercantiles en usage parmi les tribus urbaines.

C'est de cette classe de citoyens que Plaute et, après lui, Horace, entendent parler lorsque le premier nous montre déjà à quel degré de l'estime publique étaient placés ces mercenaires du quartier toscan, ces petites gens des tribus urbaines, qui allaient, soit à la porte Trigémine, soit au Vélabre, vaquer à leurs minces trafics[1], et que le second, répétant les injures du vieux poëte contre cette foule que l'on trouvait toujours aux mêmes lieux[2], prouve que ce mépris n'avait point diminué avec les progrès de la misère[3].

Loin d'avoir diminué, ce mépris était devenu universel à Rome, et Cicéron n'était que l'organe de l'opinion publique en ce point, lorsqu'il disait que « les citoyens qui se faisaient artisans, et vendaient leur travail pour de l'argent, se vendaient eux-mêmes et se faisaient esclaves[4]. »

Faire œuvre de ses dix doigts était donc, pour un citoyen romain, faire œuvre d'esclave, ce qui n'empêchait pas une foule de prolétaires, auxquels les distributions publiques manquaient ou ne suffisaient pas pour vivre, de se livrer à toutes sortes de trafics et de métiers.

Malheureusement, le citoyen tirait moins de profit de son travail que l'esclave lui-même du sien ; car l'esclave était nourri, vêtu et logé aux frais de son maître, ce que l'ouvrier libre ne pouvait pas toujours faire pour lui-même avec son salaire. D'ailleurs, le mépris qu'on ne cessait pas d'avoir, dans la classe libre, pour le travail matériel, et la répugnance que le plus pauvre de cette

---

[1] Plaute, *Curculio*, IV, I, 490. — Id., *Trinummus*, I, XI, 178.
[2] Hor., *Sat.* II, 111, 227.
[3] Wallon, *ubi supra*, ch. IX.
[4] Voy. ci-dessus, p. 12.

classe avait toujours à s'y livrer, même sous la loi de la nécessité, faisaient que le travail servile, le seul qui fût véritablement organisé, acquérait dans l'opinion publique, et en réalité, une supériorité qui tournait nécessairement au préjudice du travail et du travailleur libre[1]. Et puis, comment le travail libre, individuel, eût-il pu lutter contre la concurrence désastreuse qu'il rencontrait dans le travail collectif de ces machines vivantes, appelées esclaves, qu'exploitaient les capitaux spéculateurs des riches patriciens !

La condition des mercenaires et des travailleurs libres n'était donc et ne pouvait qu'être des plus misérables, dans un pareil état de choses.

« Combien d'hommes libres, disait Philon, vont creusant, labourant la terre, exerçant toute œuvre mercenaire pour trouver de quoi vivre ; souvent même portant des fardeaux à travers la place publique, à la vue des hommes de leur âge, de ceux avec lesquels ils ont été élevés et nourris[2] ! »

Quand ces malheureux n'avaient plus la force de continuer isolément leur pauvre travail, ils se mettaient aux ordres et aux gages d'un patron ; mais, dans l'un et l'autre cas, ils gagnaient à peine de quoi pourvoir aux premières nécessités de la vie, et leur mauvaise nourriture ne le cédait qu'à leurs mauvais vêtements.

« Ils vivaient, dit Blanqui, entassés dans des demeures étroites et fétides, en proie aux excès les plus hideux, aux privations les plus cruelles. Leurs vêtements, généralement confectionnés en tissus de laine, et rarement renouvelés, auraient bientôt propagé parmi eux des épi-

____

[1] Varro, *De re rustica*, I, 17. — De Saint-Paul, 199.
[2] Philon le Juif, p. 870, *a*, *c*.

démies meurtrières, si l'usage des bains, universel à Rome, n'en eût prévenu l'invasion [1]. »

Cette misère attachée au travail libre ne put qu'achever de l'avilir et d'en détourner les citoyens même les plus pauvres. Aussi le plus grand nombre préféra-t-il toujours la sportule au salaire, et l'oisiveté la moins bien nourrie au travail libre le mieux rétribué.

Que si, parfois, pressés par le besoin, quelques-uns d'entre eux, des plus courageux et des plus habiles, tentaient de s'y soustraire en offrant leurs bras à exploiter à quelque riche entrepreneur, la déception de leurs espérances ne tardait pas à les faire retomber dans leur misère, dans leur oisiveté forcée. Quel intérêt, en effet, avait l'entrepreneur à traiter de leur travail avec des ouvriers libres, alors que tant d'esclaves également habiles étaient à sa disposition, ou travaillaient déjà pour lui sans condition et sans traité? Force était donc à l'ouvrier libre, qui voulait parvenir au bien-être de l'ouvrier esclave, de se faire esclave comme lui. Et c'est ce qu'il faisait en vendant, pour prix du pain suffisant qu'il voulait gagner par son travail stérile, la liberté qui ne pouvait que lui en donner un insuffisant en ne travaillant pas.

C'est à cette dure extrémité, que subissaient les classes ouvrières libres, que fait allusion Montesquieu, quand il parle de la vente volontaire faite par le pauvre de lui-même ou de ses enfants, pour se soustraire, et eux aussi, à la misère et à la faim[2].

Le travail servile, organisé comme il l'était, mettait-il donc toujours à l'abri de la misère et du besoin tous ceux qui lui sacrifiaient leur liberté et leurs forces? C'est ce

<hr>

[1] Blanqui, *ubi supra*, I, 82.
[2] Voy. *Esprit des lois*, xv.

que je vais examiner dans les chapitres suivants, dans lesquels je traiterai successivement : — de l'organisation du travail servile industriel, — de l'organisation du travail servile agricole, — de l'organisation du travail servile affranchi.

CHAPITRE II.

Organisation du travail servile industriel.

Système oriental des castes héréditaires. — Système occidental du travail par esclaves. — Industrie servile des Romains. — Conditions réglementaires du travail servile. — Association du capital et du travail. — Conséquences économiques de ce qui précède.

S I. — SYSTÈME ORIENTAL DES CASTÉS HÉRÉDITAIRES.

Principes et conséquences économiques de ce système.

Chez les Egyptiens, comme dans la nation indoue, l'organisation sociale du travail reposait sur la division de tous les producteurs en castes, ou professions héréditaires. Cela veut dire qu'une fois né dans la caste ouvrière, le travailleur était rivé pour toujours, lui et les siens, à son métier, comme un damné à sa chaîne éternelle, et n'en pouvait plus jamais sortir.

Deux castes dominaient en Egypte : celles des prêtres et des guerriers; à elles la propriété et le commandement, aux autres toutes les charges de la vie commune. La culture des terres, l'entretien des troupeaux, l'exercice des métiers, occupaient autant de castes distinctes. La caste des artisans était la plus nombreuse, et comprenait tout à la fois les gens de métier de toute sorte, les artistes et les marchands. Tous ces travailleurs étaient protégés, comme le dit Hérodote, par cette fatalité même qui les retenait héréditairement dans l'état que leur avait assigné leur naissance [1].

[1] Hérodote, II, 109, 124, 164. — Wallon, *De l'esclavage*, t. I, ch. I.

En parquant ainsi l'activité productive de l'homme, c'est-à-dire en emprisonnant chacun des producteurs dans un cadre de vie, dans un cercle de professions irrévocablement tracé et limité à l'avance, la civilisation orientale rejetait deux éléments incontestables de succès et de progrès, savoir : le stimulant si énergique de la concurrence et le libre développement de toutes les dispositions spéciales, de toutes les aptitudes natives disséminées parmi les producteurs. Mais, il faut le reconnaître, ce désavantage si énorme, si peu réparable en apparence, était cependant compensé et neutralisé, en grande partie, chez ces nations, par d'autres principes non moins puissants et non moins féconds. Les premières impressions de l'enfance, l'influence d'une éducation professionnelle qui remontait jusqu'au berceau; cette transmission naturelle des procédés, des habitudes, des goûts, des devoirs de chaque état, voilà ce qui remplaçait, dans l'intérêt de la production, les deux éléments de succès et de progrès sacrifiés par l'ordre héréditaire et hiérarchique des castes [1].

 Aussi la [production orientale fut-elle toujours très-abondante et très-perfectionnée, non-seulement pour tout ce qui se rapporte à la satisfaction des besoins domestiques et privés [2], mais encore pour tous les travaux ayant pour objet de répondre aux besoins publics et religieux du corps social [3].

---

[1] De La Farelle, *Plan d'une réorganisation disciplinaire des classes industrielles*, p. 24.

[2] Exemples : les châles de laine fine et les cachemires qui font encore, de nos jours, l'ornement des femmes de l'Orient et même de l'Occident, la perforation des perles, la sculpture de l'ivoire, les tissus de soie, etc.

[3] Exemples : les immenses monuments que nous ont laissés les peuples organisés par castes ; les merveilleuses constructions souterraines d'Eléphanta , de Salsette et de Ceylan ; les prodigieux édifices de Mavalipou-

La misère était-elle, pour le plus grand nombre, le résultat nécessaire, le résultat fatal de cette organisation industrielle? Non assurément. Le bien-être de tous, au contraire, en était le fruit assuré, immédiat. Sans doute, l'égalité civile et l'indépendance individuelle étaient sacrifiées. Mais pour ces peuples, accoutumés aux idées d'une civilisation tout autre que la nôtre, les paisibles douceurs de la stabilité étaient préférables aux périlleuses et incertaines jouissances de la libre concurrence, aux équivoques compensations des droits de l'homme et du citoyen. Aussi croyons-nous qu'en dépit d'un ordre social si profondément contraire à nos idées, à nos passions actuelles, il pouvait y avoir et qu'il y avait beaucoup de bonheur réel, dans ces vertes et riches plaines de l'Indoustan, dans cette fertile et merveilleuse vallée du Nil, même parmi les classes héréditairement vouées à l'ilotisme [1].

En l'absence de toute notion de ce que nous appelons dignité humaine, servir heureux n'est-il pas un bonheur préférable à celui d'être libre malheureux?

§ 2. — SYSTÈME OCCIDENTAL DES TRAVAILLEURS ESCLAVES.

Travail par esclaves, conséquence forcée de la guerre. — Point de suture entre la barbarie et la liberté. — Immense progrès social. — En quoi le système productif des anciens diffère du nôtre. — Curieux rapprochements à faire.

La législation gréco-romaine n'admit point la division orientale de tous les producteurs en castes héréditaires

ram, de Tanjore, de Deogur. Exemples encore : les temples gigantesques qui couvrent la vallée du Nil, les pyramides de Gizé, et tous ces ouvrages cyclopéens de la Babylonie, de Persépolis, d'Ecbatane ;— produits étranges, anormaux, de l'activité humaine dont l'imagination elle-même s'épouvante, et que la raison aurait peine à admettre comme possibles si la réalité n'était là. (De La Farelle, *ibid.*, p. 177.)

[1] De La Farelle, *ubi supra*.

et obligatoires. Elle répudia, au contraire, ce classement *à priori*, ce parquement absolu et infranchissable de l'espèce humaine.

Cependant, au quatrième siècle de l'ère chrétienne, la liberté étant devenue le droit commun, la législation romaine institua, comme contre-poids à cette liberté, la sujétion absolue des hommes de métier au service de la corporation industrielle dans laquelle ils étaient nés [1].

Jusque-là le travail professionnel resta le lot exclusif et forcé des esclaves; et si parfois, ainsi que nous l'avons dit, il devint celui des hommes libres, ce ne fut jamais que partiellement, exceptionnellement, et dans une classe de citoyens où la misère équivalait à l'esclavage.

Vainement, à diverses époques, le travail libre essaya de se constituer sur les ruines du travail servile; vainement Hésiode chanta le travail, ce don des dieux! vainement Solon chassa l'oisiveté de la république; vainement Numa sanctifia par la religion les corporations industrielles; — le travail servile est resté, jusqu'à l'établissement du christianisme, puissant et fort, et le travail libre, faible et méprisé. C'était l'effet de l'esprit de conquête étouffant l'esprit d'initiation. La guerre, en appelant sans cesse à elle tout ce qu'il y avait d'hommes libres dans chaque cité, avait divisé fatalement chaque cité en deux ordres : les guerriers et les travailleurs; les guerriers d'un côté, les travailleurs de l'autre; ceux-ci esclaves, ceux-là libres; tous deux ayant leurs charges distinctes, leurs fonctions propres, leur vie à part; tous deux ayant, vis-à-vis l'un de l'autre, la supériorité et l'infériorité de condition résultant, naturellement pour chacun, de leur qualité de vainqueur et de vaincu.

[1] Voy. ci-après, ch. IV.

Au fond, cette inégalité sociale n'était qu'une inégalité hiérarchique, inégalité née de la force des choses, et constituant, d'ailleurs, l'un des progrès les plus saillants, quoique l'un des moins remarqués, dans l'histoire des progrès de la civilisation. Si dure que fût la condition du vaincu réduit en esclavage, qu'avait-elle de comparable à la condition du vaincu sacrifié? Au lieu de tuer son prisonnier, le faire son esclave, n'est-ce point là un immense progrès social? Et ce progrès ne double-t-il pas sa portée, quand du prisonnier fait esclave, il fait de l'esclave un ouvrier?

Tout vient en son temps, et a sa place marquée, dans la succession des faits progressifs de l'humanité. L'esclavage y figure comme point de suture entre la barbarie et la liberté; c'en est assez pour que, dans l'ordre des temps, sa nécessité pratique, sa nécessité d'actualité ait dû être proclamée par les plus grands génies de l'antiquité païenne.

A ce titre, esclavage et travail sont, dans la contexture des faits sociaux, deux liens corrélatifs de civilisation et de progrès, liens si indissolublement rattachés l'un à l'autre, que le travail ne pourrait pas plus exister sans l'esclavage, que l'esclavage sans le travail, dans la constitution des cités antiques.

En fait, et en ce qui touche spécialement le système productif des anciens, ce système n'avait rien de commun avec celui des peuples modernes. Ce système, en effet, notamment chez les Romains, était celui de la production restreinte aux besoins de l'individu, de la famille, de la cité, tandis que le nôtre est celui de la production étendue aux besoins extérieurs de la consommation générale, autrement dit du commerce universel.

C'est pour cela qu'il n'y a aucune comparaison à établir entre nos procédés de production et les leurs, entre notre commerce et le leur, entre nos manufactures et leurs ateliers de fabrication [1]. Mais il y a, dans la manière dont le travail servile était organisé chez eux, plus d'un rapprochement curieux à faire, plus d'une leçon utile à recevoir, chez nous, en raison de certaines réformes rétrogrades qu'on cherche à introduire en France dans l'organisation du travail libre ; réformes rétrogrades, en effet, car, si elles étaient appliquées, elles ramèneraient tout droit la liberté du travail à l'esclavage.

Sous ce rapport donc, les détails dans lesquels nous allons entrer ont un intérêt d'actualité qui rehausse de beaucoup l'intérêt historique qu'ils présentent.

§ 3. — DE L'INDUSTRIE SERVILE DES ROMAINS.

Industrie domestique et de ménage. — Industrie professionnelle et commerciale — Loueurs d'esclaves.

Le travail industriel confié aux esclaves comprenait, chez les anciens, l'industrie domestique, et l'industrie professionnelle et commerciale.

1. — *Industrie domestique et de ménage.*

En quoi elle consiste. — Les femmes libres s'en occupent avec les esclaves dans les temps primitifs. — Plus tard les esclaves en sont exclusivement chargés. — Dès lors le travail reçoit sa première organisation régulière.

Dans les temps héroïques de la Grèce, c'étaient le plus souvent les femmes esclaves qui s'occupaient des travaux

[1] « Je ne me souviens point, dit Hume, d'avoir lu dans les auteurs anciens un seul passage où la prospérité d'une ville soit attribuée à l'existence de quelque fabrique ; et, quant au commerce, il se bornait presque ; là où l'on dit qu'il a le plus fleuri, à l'échange des productions propres au sol et au climat de chaque contrée. » (*Essais*, t. I, deuxième partie ; p. 434.)

du service intérieur de la maison. Ces femmes ne se bornaient pas à suivre leurs maîtresses, ou à exécuter, sous leurs ordres, des ouvrages de laine [1]; elles cumulaient tous les travaux de la maison les plus durs comme ceux qui paraissaient le plus naturellement dévolus à leur sexe. Les cinquante femmes esclaves du palais d'Alcinoüs se partagent entre le métier et la meule [2]; sur le même nombre que réunit le palais d'Ulysse, douze sont occupées à moudre le blé; vingt autres vont aux fontaines puiser de l'eau; d'autres encore s'empressent, en l'absence des prétendants, à tout disposer pour la fête du jour, et continuent, au milieu d'eux, leur office [3]. Une intendante dirige leurs travaux [4].

C'est un fait commun à toutes les races humaines, avant le temps de leur civilisation, que la coutume de faire des femmes les premiers instruments du travail [5]. La guerre était donnée en partage aux hommes, le travail aux femmes, et avec lui les mauvais traitements et le mépris. Ce n'est que quand le captif eut pris au travail la place que la femme y occupait d'abord, que celle-ci, se relevant de son abaissement primitif, grandit dans la famille et dans la société, élevée qu'elle fut au rang des oisifs [6].

Toutefois, les femmes libres n'en furent pas moins constamment mêlées à leurs esclaves dans les soins habituels de la vie intérieure. De quelque rang qu'elles fussent, le travail domestique resta leur apanage, comme aux

---

[1] Homère, *Iliad.* III, 143, et *Od.* I, 355, etc.
[2] Homère, *Od.*, VII, 103.
[3] *Id., ibid.*, XX, 105, 147-162. — XXII, 421.
[4] *Id., ibid.*, I, 139. — IV, 55. — VII, 175.
[5] Voy. Arist., *Pol.*, II, IX. — Strabon, IV, 4. — Justin, XLIV.
[6] De Saint-Paul, 173.

hommes la guerre. C'est ce que Télémaque rappelle assez durement à Pénélope[1]. Andromaque, Hélène, avaient tissé des voiles ornés de broderies merveilleuses, tout en présidant aux travaux que leurs suivantes esclaves accomplissaient sous leurs yeux. L'habileté dans les ouvrages des mains, qui donnait tant de prix aux esclaves, était aussi un des mérites les plus vantés dans les jeunes filles[2].

Ce n'était point seulement dans ces travaux que les femmes libres se mêlaient à leurs suivantes esclaves. La femme, intendante naturelle de la maison, prenait aussi sa part dans les soins divers du ménage. Les femmes et les filles troyennes allaient laver leurs vêtements à la rivière, et c'est pour le même objet que Nausicaa, fille du roi des Phéaciens, était venue vers les rives du fleuve où peu après abordait Ulysse[3].

« Tisse ta toile, ou il en ira mal à ta tête », dit un mari dans Aristophane[4]. Le proverbe rappelait à la femme mariée que le métier était son affaire, non les assemblées et les armes[5]. Dans les *Nuées*, la femme de Strepsiade, quoique fort amie du luxe, ne laissait pas de travailler à ses vêtements, comme du temps d'Homère[6].

Il en était de même à Rome, dans les premiers âges. La confection des vêtements et même celle du pain étaient le partage des femmes libres, même dans les classes les plus élevées[7]. Lucrèce donnait l'exemple de ces habitudes laborieuses qui se continuèrent quelque temps parmi les

---

[1] Homère, *Odyss.*, I, 356-362.
[2] *Id.*, *ibid.*, II, 97-102 ; XV, 124. — *Iliad.*, VI, 324 ; XXII, 40.
[3] *Odyss.*, XV, 26. — *Iliad.*, XXII, 154. — Wallon, *ubi supra*.
[4] Aristoph., *Lysistr.*, 517.
[5] Wallon, *ubi supra*, part. I, ch. VI.
[6] Aristoph., *Nuées*, 52.
[7] Pline, XVIII, 28, 1.

dames romaines[1]. Chez les Romains, jusqu'à l'âge de nos pères, dit Columelle, le travail intérieur de la maison était, comme chez les Grecs, le propre des matrones[2]. On montra longtemps, dans le temple de la Fortune, la robe de Servius Tullius tissée par Tanaquillia ; et, longtemps se maintint la coutume de porter devant l'épouse, à la célébration de chaque mariage, la navette et l'aiguille que devaient employer ses mains[3].

Mais, au fur et à mesure que s'accrurent l'aisance et la richesse, s'accrut le nombre et s'établit l'usage exclusif des esclaves dans les occupations domestiques et les travaux de l'industrie de ménage.

Toute famille aisée possédait, à cet effet, son moulin à blé, son four à cuire, son atelier de tisseranderie, ses outils, métiers et ustensiles de fabrication usuelle, et, pour les faire fonctionner, un nombre d'esclaves-ouvriers proportionné aux besoins de sa consommation journalière en vivres, vêtements, chaussures, etc. Chacun s'habillait des étoffes fabriquées par ses esclaves. Auguste, lui-même, se faisait comme une règle d'économie domestique de ne porter d'autres vêtements que ceux que ses propres ouvriers avaient tissés et confectionnés[4].

Parmi les familles peu aisées, il y en avait qui possédaient les instruments de travail domestique nécessaires à leur consommation, mais qui ne possédaient pas d'esclaves ou qui n'en avaient pas un assez grand nombre ou de suffisamment habiles pour les faire marcher. Alors,

---

[1] Virg., *Æneid.*, VIII, 410. — Ovid., *Fast.*, III, 741.

[2] Columelle, XII, *Præf.*, VII.

[3] De Villeneuve-Bargemont, *Histoire de l'économie politique*, t. I, p. 190.

[4] Sueton., *Octav.*

si elles ne pouvaient ou ne savaient s'en servir de leurs propres mains, elles s'adressaient à un loueur d'esclaves qui leur en fournissait autant qu'elles en avaient besoin, pour le temps et moyennant le prix qui était convenu.

Chez les hommes opulents, tous les objets de luxe, même ceux du luxe le plus recherché, étaient fournis au maître par le travail de ses esclaves. Le tombeau commun des serviteurs de Livia-Augusta et des Césars nous a conservé de nombreuses inscriptions funéraires d'esclaves brodeurs, doreurs, ciseleurs, peintres, architectes, sculpteurs[1]. Tout cela faisait partie de la domesticité, laquelle, à cause du profond mépris que les anciens attachaient à tout ce qui tenait au service de la personne, était exclusivement dévolue aux esclaves.

Ainsi, ce fut par l'admission auprès de la famille d'un étranger placé en dehors d'elle que le travail reçut sa première organisation régulière. Quand il eut fait travailler le vaincu pour qu'il vécût, le vainqueur ne put tarder à le faire travailler par lui-même; dès lors il y eut, dans la société, une classe d'hommes destinés, par leur condition même, à un travail assidu. Cessant d'être une nécessité momentanée, obéie quand le besoin se faisait sentir, oubliée dès qu'il avait cessé d'être ou actuel ou prochain, le travail devint une fonction sociale, dont l'action fut désormais toujours continue, toujours croissante. Le travail, dès ce moment, fut organisé[2].

[1] De Saint-Paul, p. 34.
[2] *Id.*, 170.

2. — *Industrie professionnelle et commerciale.*

Machines et manufactures des anciens. — Exploitations industrielles. — La tête et le bras. — Ouvriers esclaves et maîtres. — Vente des objets fabriqués. — Boutiques. — Enseignes et étalages.

Les machines des anciens consistaient dans les bras de leurs esclaves.

Dans les mines, on faisait les épuisements uniquement à bras d'hommes [1]. Les puits des jardins de Suze, dont l'eau était élevée au moyen de roues mises en mouvement par des bœufs, passaient pour des merveilles [2]. Les meules dont on se servait, pour la presse des olives et la mouture des grains, n'étaient généralement mises en mouvement qu'à force de bras [3]. Strabon et Vitruve qui, les premiers parmi les anciens, parlent des moulins à eau, le font plutôt comme d'une chose connue de la science que pratiquée par l'industrie [4]. Ainsi, l'industrie suppléait au défaut des machines par le grand nombre des travailleurs esclaves, par les fatigues et les privations qu'elle leur imposait. Et c'est de là sans doute qu'est venue l'aversion des anciens contre tout travail professionnel.

Les anciens n'avaient pas plus de manufactures que de machines. Leurs manufactures étaient des ateliers, des établissements de fabrication, dans lesquels ils faisaient confectionner, toujours par des travailleurs esclaves, tous les objets que l'industrie domestique était impuissante ou insuffisante à produire. A Rome, dit Blanqui, les sénateurs les plus opulents exploitaient ces

[1] Pline, *Hist. nat.*, xxxiii, 51.
[2] Plut., *Quels animaux sont plus avisés*, 60.
[3] Caton sur Varron, *De re rustica*, passim.
[4] Strab., X. — Vitr., x, 10.

usines au moyen de leurs capitaux et des esclaves qu'ils possédaient par milliers [1].

A Athènes, les philosophes capitalistes ne dédaignaient pas ces exploitations industrielles. Eschine le socratique exploitait une fabrique de parfums [2]. Le père d'Isocrate exploita une fabrique d'instruments de musique; Lysias et son frère une fabrique d'armes de guerre; Pantœnètes une forge; le père de Démosthène deux manufactures, l'une d'armes, l'autre de siéges, tous à l'aide d'ouvriers esclaves [3].

A Rome, Remnius Palœmon, grammairien distingué, qui, d'abord esclave, avait été ouvrier tisserand, devenu libre, avait formé un atelier d'ouvriers tailleurs, tous également esclaves [4].

De cette manière, l'esclavage avait établi entre le maître et l'esclave une véritable association industrielle qui faisait que chaque Etat du monde antique pouvait être considéré comme un atelier de production où la classe libre et la classe esclave avaient toutes deux leurs fonctions; l'une dirigeant, l'autre exécutant; l'une étant la tête, l'autre le bras, ou, comme disait Aristote, l'instrument [5].

Les entrepreneurs ou commerçants qui étaient assez riches pour avoir à eux les instruments de leurs fabriques ou les agents de leur négoce ne louaient point d'esclaves ouvriers ou industriels; ils en achetaient. Nul placement d'argent n'était plus lucratif et ne fut plus en usage dans toutes les classes de citoyens. C'était une spé-

[1] Blanqui, *Hist. de l'écon. polit.*, I, 78, note 1.
[2] Boeckh, I, 8.
[3] De Saint-Paul, *ubi supra.*
[4] Suet., *De ill. gramm.*, 23.
[5] De Saint-Paul, p. 198.

culation pour les plus riches; c'était, pour les autres, une
ressource. Par là, on se multipliait en quelque sorte, on
triplait ses bénéfices; les médecins, eux-mêmes, avaient
des esclaves qui allaient, en leur nom, pratiquer la médecine sur les citoyens les moins fortunés[1]. Par là encore
on pouvait, en toute profession, exploiter n'importe
quelle industrie étrangère; car on achetait, avec l'atelier, le chef d'atelier directeur de toute l'entreprise[2].

Les objets fabriqués qui sortaient des usines ou d'ateliers plus modestes établis dans Rome, sous le nom de
boutiques, se vendaient à ceux des consommateurs qui
n'avaient ni esclaves, ni instruments de travail pour les
confectionner chez eux. C'était le plus grand nombre.

La vente s'opérait, comme la fabrication, par des esclaves ou par des affranchis. Les maîtres eussent rougi
de débiter eux-mêmes leurs marchandises aux chalands.

Pour attirer les chalands, chaque marchand plaçait à
la devanture de sa boutique une enseigne composée, pour
l'ordinaire, d'un tableau grossièrement peint avec de la
cire rouge et représentant quelque combat[3], ou quelque
figure hideuse[4]. Quelques-uns, pour séduire les passants
d'une manière encore plus saillante[5], allaient jusqu'à
former, en dehors de leur porte, un étalage de marchandise qui empiétait sur la voie publique[6].

Les états de luxe étaient naturellement ceux auxquels
cela réussissait le mieux; cependant les autres, même
ceux qui paraissaient se prêter le moins à ce genre de
séduction, avaient aussi leur montre : le marchand de

---

[1] Boeckh, *Econom. polit. des Athén.*, t. I, p. 21 et 204.
[2] Wallon, t. I, p. 184.
[3] Hor., II, *Sat.* VII, vers 97. — Cic., *Ad Attic.*, XVI, 11.
[4] Cic., *De orat.*, II, 66.
[5] Senec., *Epist.*, 33.
[6] Mart., VII, 60.

vin étalait des piles de bouteilles enchaînées ; le boucher suspendait sa viande au dehors [1], et, quand c'était de la chèvre, la parait avec quelques petits morceaux de myrte [2], pour indiquer que l'animal dont elle provenait avait été élevé dans un pâturage planté de cet arbuste, et que la chair en serait plus tendre ; le marchand d'aliments cuits plaçait des vulves de truies, des foies, des œufs, et en général tous les mets qu'il débitait, dans des vases de terre pleins d'eau, où, par un effet d'optique assez simple, ils paraissaient plus gros qu'ils n'étaient en effet [3]. Grâce à cette coutume des petits commerçants, Rome, dit Martial, ressemblait à une immense taverne [4].

3. — *Loueurs d'esclaves.*

Plusieurs sortes. — Procédés et prix de location.

Les loueurs d'esclaves étaient des citoyens capitalistes qui possédaient un grand nombre d'ouvriers et d'artisans esclaves de tous les états, non pour les faire travailler eux-mêmes, mais pour les louer, moyennant un prix de journée fixe, à d'autres citoyens, lesquels les employaient, à leur gré, pendant toute la durée de la location, soit aux travaux de ménage de leur maison, soit aux travaux industriels de leurs usines ou manufacturés, soit aux travaux agricoles de leurs domaines ruraux ou de leurs *villas*.

La plupart de ces capitalistes achetaient des enfants de dix à douze ans, les faisaient élever, leur apprenaient

---

[1] Mart., *Ep.*, 53.
[2] Athénée, XIII, p. 568.
[3] Macrob., *Saturn.*, VII, 14.
[4] Mart., VII, 60. — Dezobry, *Rome au siècle d'Auguste.*

diverses professions, et s'indemnisaient de toutes leurs avances par le produit de la location journalière qui en était faite quand ils étaient devenus grands et instruits.

Lors donc qu'un particulier avait besoin de faire faire quelque ouvrage, et qu'il n'avait pas d'esclave à lui qui pût ou sût le faire, il s'adressait à un loueur qui lui envoyait, sur sa demande, l'espèce d'esclave qui lui était nécessaire : un tailleur, un cordonnier, un musicien, un maçon, un grammairien, un maître à danser, etc. Ceux-ci, en revenant le soir chez le capitaliste, lui rapportaient le prix de leur journée. Crassus nourrissait ainsi, pour en tirer profit en les louant, des lecteurs, des écrivains, des orfévres, des argentiers, des cuisiniers, des maîtres d'hôtel, et des écuyers tranchants.

Crassus avait également un bataillon de cinq cents esclaves de toutes les professions qui se rattachent à l'architecture, et dont il tirait un grand revenu. Quand il apprenait que quelque maison était en feu, il accourait vite pour offrir de l'acheter. On comprend sans peine que l'immeuble diminuait singulièrement de prix dans un pareil moment. Le marché conclu, Crassus lâchait ses cinq cents esclaves qui éteignaient l'incendie et qui réparaient la maison. C'est ainsi qu'il devint propriétaire de tout un quartier de Rome[1]. Ce qui fait dire à Plutarque qu'il s'était enrichi d'abord par le sang et ensuite par le feu[2].

On trouve, dans le traité de Xénophon *des revenus de l'Attique*, les détails les plus circonstanciés sur les loueurs d'esclaves et sur le profit qu'ils retiraient de leur industrie. Xénophon cite, entre autres, un nommé Nicias qui

[1] Plut., *Crass.*, cap. II.
[2] *Id., ibid.*

avait mille esclaves, lesquels il louait à un entrepreneur de travaux de mines, moyennant une obole par tête et par jour [1].

Conon avait des faiseurs de sacs et des parfumeurs [2], Aréthuse des savetiers [3], Atticus des copistes [4]. C'est par le travail de leurs esclaves loués que le père de Périclès, qu'Hipponicus et tant d'autres, amassèrent leur grande fortune [5].

4. — CONDITIONS RÉGLEMENTAIRES DU TRAVAIL SERVILE.

Uniformité de joug et de salaire. — Police des ateliers.

1. — *Uniformité de joug et de salaire.*

Heures de travail. — Repos. — Salaire. — Pécule.

L'uniformité de joug et de salaire était le niveau commun sous lequel tous les ouvriers étaient placés. Quels que fussent leur âge, leur degré de force ou d'habileté, tous travaillaient le même nombre d'heures, tous recevaient de leur labeur un profit égal.

L'esclave se devant tout entier à son maître, et sa personne étant un capital viager dont le maître avait à tirer profit, le maître, pour amortir ce capital et couvrir ses frais d'entretien, avait intérêt, comme il avait droit, à lui faire produire tout le travail qu'il pouvait en tirer. Aussi longtemps donc que l'esclave pouvait travailler, le maître le tenait à la besogne. Nulle limite ne lui était imposée que celle que sa propre volonté s'imposait à elle-

---

[1] Xénoph., *De vectigal.*, cap. IV, § 14, 15.
[2] Demosth., *Adv. Olympiad.*
[3] Demosth., *Adv. Nicostr.*
[4] Cornelius Nepos, *Atticus*, 13.
[5] Boeckh, I, 8.

même. Toutefois, son intérêt bien entendu affectait naturellement une limite raisonnable à la durée du travail de l'esclave, comme à celle du travail du cheval ou du bœuf. D'un autre côté, quand l'esclave travailleur n'appartenait pas à celui qui l'employait, le propriétaire, qui l'avait loué à la journée, avait dû déterminer le nombre d'heures dont se composerait la journée, pour déterminer le prix de location. De là, la nécessité de la fixation d'une durée moyenne du jour ouvrable.

Nous savons que le jour légal des Romains commençait à six heures du matin[1] ; mais nous ignorons à quelle heure commençait et finissait le jour ouvrable. Les *Basiliques* et le *Digeste* ne disent rien à cet égard. Le Digeste dit seulement qu'un jour contient, de sa nature, douze heures, et la nuit autant[2] ; ce qui nous porte à croire que la durée moyenne du travail était de douze heures, par chaque jour ouvrable, chez les Romains.

Cette durée de travail était-elle interrompue par quelques moments de repos? Le Digeste nous apprend encore que les affranchis sous condition, qui faisaient leur journée de redevance, avaient, de droit, le temps nécessaire pour faire la sieste à midi[3]. Mais nul repos de cette nature n'était accordé aux esclaves, en dehors des heures consacrées aux repas. «Point de repos aux esclaves», disait un proverbe grec[4]. Caton exprimait la même pensée en disant que «l'esclave, en ne faisant rien, apprenait à malfaire[5].»

Aucun repos même ne leur était accordé les jours de

---

[1] *Basilicor.*, lib. VII, tit. xvii, cap. viii.

[2] *Digeste*, lib. XXXIII, tit. i, L. 2 ; et lib. L, tit. xvi, L. 2, § 1.

[3] *Ibid.*, lib. XXXVIII, tit. i, cap. xxvi, *In proœm.*

[4] Arist., *Polit.*, vii, 8. — Erasm. , *Adag.*, 2132.

[5] Colum., XI, i.

fête. Les fêtes n'étaient point pour les esclaves, excepté les Saturnales, qui ne revenaient qu'une fois par an. Ces fêtes duraient sept jours [1]. Il y avait d'autres fêtes : les Compitales, les Matronales, les Ides sextiles, qui étaient aussi, généralement, des jours de repos pour les esclaves [2]. En Italie, où ces fêtes étaient le plus nombreuses, elles enlevaient au travail environ dix jours par an. Ce devait être assez, selon les philanthropes d'alors, «pour que de telles marques d'humanité rendissent les esclaves dociles, attachés à leurs maîtres, et disposés à supporter, pendant tout le reste de l'année, l'inclémence de la fortune à leur égard [3].» Aux fêtes ordinaires, la loi et les pontifes ne commandaient de laisser chômer que les bœufs [4].

Je ne parle pas du repos périodique tel qu'il est institué, chez les juifs et les chrétiens, à la fin de chaque semaine, sous les noms de sabbat et de dimanche. Cette périodicité fixe et régulière, qui coupe à intervalles égaux la succession des œuvres et des jours, n'existait pas chez les Romains. Les Romains ignoraient la loi de proportion, instituée par Moïse, entre la durée du travail et celle de relâche, loi basée sur cette règle hygiénique dont Proudhon, le premier, a recherché la raison : qu'en temps ordinaire la période de travail doit être à la période de repos comme 6 est à 1 [5].

Quant au salaire que les ouvriers esclaves retiraient de leur travail, il était le même pour tous, et consistait dans le logement, dans le vêtement, et dans la nourriture

---

[1] Voy. ci-dessus, p. 79.
[2] Voy. de Saint-Paul, p. 106.
[3] Dionys. Hal., *Ant. rom.*, VI. —
[4] Cato, R. R., 2 et 38. — Virgile, *Georg.*, I, 268.
[5] Proudhon, *De la célébration du dimanche*, p. 85.

que chacun d'eux recevait, de la même manière, aux mêmes époques, et dans les mêmes quantités, eu égard à leur sexe, à leur âge, et au plus ou moins de déperdition de force nécessitée par la besogne à faire.

Pour les chefs d'atelier, contre-maîtres et surveillants des travaux, les vivres étaient donnés en nature, et par mois. Pour les ouvriers ordinaires, ils étaient donnés par jour et tout préparés. La nourriture des travailleurs de la ville était, à peu de chose près, la même que celle des travailleurs ruraux. Il en était de même des habits et du logement [1].

Ainsi, les choses nécessaires à la vie constituaient l'unique salaire, le salaire en nature, auquel l'esclave eût droit, en échange de sa liberté et de son travail. « Le salaire des esclaves est dans leur entretien », disait Aristote [2].

Mais ce salaire pouvait être augmenté par le *pécule* que l'esclave économe était autorisé à amasser à son profit. Souvent le pécule était l'unique fruit de l'épargne de l'esclave, de son épargne sur la seule chose qui parût être à lui, sa nourriture. C'était ce qu'il en avait rogné *once par once*, ce qu'il se dérobait, en quelque sorte, à lui-même, trompant sa faim ; c'était encore ce qu'il prenait sur son repos, par un travail exagéré, trompant sa lassitude [3]. Souvent aussi le pécule de l'esclave était le résultat de son savoir-faire dans l'art de dérober adroitement et de mettre de côté ce qu'il prélevait sur l'inexpérience, l'incurie ou l'inattention de son maître. « Ce que j'ai dérobé, c'est le plus fort de la dépense », fait dire Plaute à un esclave comptable, dans l'une de ses

---

[1] Voy. ce que nous disons ci-après, chap. III.

[2] Arist., *OEcon.*, I, 5.

[3] Senec., *Ep.*, LXXX, 5. — Wallon, *ubi supra*, ch. VI, p. 2.

comédies[1]. A part ces fraudes, le maître voyait volontiers se grossir l'épargne de ses esclaves, car le pécule, comme l'esclave, était à lui. Quoique formé des sueurs et de la substance même de l'esclave, le pécule, en effet, n'en était pas moins la propriété du maître; l'esclave n'en avait que l'usufruit; mais cet usufruit lui suffisait pour l'encourager à l'augmenter le plus et le plus vite possible, afin de pouvoir, avec son produit, mêler à sa vie de travail quelques jours d'enivrement et de plaisirs[2], et acheter un jour sa liberté, au taux convenu avec le maître[3].

Le pécule[4] pouvait être composé de toutes sortes d'effets, argent, meubles et immeubles. Un esclave pouvait même avoir dans son pécule des esclaves sous lui, et le pécule de ces esclaves[5].

Le pécule était la mesure de la valeur morale de l'esclave. Qui n'avait pas de pécule était, à la lettre, un *vaurien*. Qui en possédait un passait pour un serviteur honnête : *Peculiosum eum decet esse servum et probum*, dit Plaute[6].

2. — *Police des ateliers.*

Poteau exemplaire. — Émulation à coups de bâton. —La pistrine. —Le pausicape.

S'il était des esclaves ouvriers, laborieux, industrieux, économes, qui savaient faire produire un pécule à leur

---

[1] Plaut., *Trinummus*, II, iv, 368.

[2] Plaut., *Pseudolus*, in fine, 1.

[3] Digeste, lib. XXXIII, tit. viii, L. 8, § 5, *De pecul. leg.*

[4] Le mot *pécule* tire son étymologie du mot petite somme, petit bien. *Peculium dictum est quasi pusilla pecunia, sive patrimonium pusillum.* (Dig., liv. XV, tit. i, L. 5, § 3.)

[5] Dig., liv. XV, tit. i, L. 7, § 4.

[6] Plaut., *Rud.*, I, ii, 30.

salaire, et que leurs maîtres associaient, comme nous le verrons, à titre d'encouragement et de récompense, aux bénéfices de leurs entreprises, il en était, et c'était le plus grand nombre, que leur paresse, leur insubordination, leur incapacité réléguaient au rang des machines ou des bêtes de somme, et sur lesquels le maître n'avait d'autres moyens d'action que la contrainte physique et les châtiments corporels. L'intimidation était le principal moteur de ces machines-là. « Il faut que l'esclave craigne, même quand il est irréprochable, dit Plaute [1]. » « Ce n'est pas assez d'user, envers l'esclave qui a failli, de simples réprimandes, comme on fait envers l'homme libre, lit-on dans Platon, il faut encore le punir, c'est-à-dire rendre son âme vingt fois plus esclave que son corps à force de coups et d'étrivières [2]. »

L'égalité des salaires tuant l'émulation, et l'impossibilité, pour le plus grand nombre, de mettre aucune réserve de côté pour améliorer leur sort, engendrant l'indifférence, l'incurie, l'insouci de bien faire, le pécule de ceux-là était le fouet ou le bâton [3]. Le fouet était le sceptre de l'hérilité. « L'esclave fouetté n'en est que plus obéissant », disait Erasme [4]. C'est pourquoi chaque atelier de travail était pourvu d'un arsenal d'instruments disciplinaires dont les contre-maîtres et les chefs de travaux étaient obligés de faire un fréquent usage pour stimuler la paresse et tenir en bride l'insubordination. Une courroie ou sangle de cuir restait constamment appendue, à cet effet, au bas de l'escalier, *in scalis* [5]. Des esclaves

---

[1] Plaut., *Menœch.*, v, 6.

[2] Platon, *Les lois*, VI.

[3] Plaute, *Martell.*, IV, I, 880.

[4] Erasm., *Adag.*, 736.

[5] Hor., *Epist.* XXI, 2, 15.

spéciaux faisaient fonctions de fouetteurs, *lorarii*, ce qui n'empêchait pas les hommes les plus graves de se charger eux - mêmes d'administrer le châtiment. « Caton fouettoit lui-même avec une escorgée ceux qui avoient failly », dit Amyot, traduisant Plutarque.

Au milieu de l'atelier[1] se dressait un pieu ou poteau où, non-seulement on attachait un écriteau sur lequel on lisait le nom de l'esclave coupable, avec l'indication de la faute commise, *titulus vel inscriptio*[1], mais où l'on attachait le coupable lui-même pour y subir la peine du fouet, des verges, des étrivières, de l'aiguillon[2]. « Les coups, les chaînes, les menottes, et la fatigue et le froid et la faim étaient, dit Plaute, le prix de la paresse[3]. »

Quand le coupable puni était incorrigible, on l'envoyait aux carrières, ou aux mines, où on l'employait au *pistrinum*, dont le nom revient aussi fréquemment, dans les menaces des maîtres[4], que celui de *tread-mill* dans la bouche des geôliers anglais. La *pistrille* était un lieu de travail forcé fort peu enviable aux paresseux, à en croire cette description qu'en fait l'*Âne d'or* d'Apulée : « Dans ce réduit affreux, que d'avortons d'hommes s'offrirent à ma vue : toute la peau sillonnée de traces livides par le fouet, le dos meurtri, ombragé plutôt que recouvert par les lambeaux de leur casaque ! Quelques-uns n'avaient qu'une étroite ceinture, mais tous se voyaient à nu à travers leurs haillons : le front marqué, la tête demi-rasée, les pieds étreints d'un anneau de fer, hideux de pâleur, les paupières rongées par cette atmosphère de fumée et de vapeur obscure, si bien qu'ils gardaient à

---

[1] Aulu-Gelle, IV, 2.
[2] Plaute, *Mil. glor.*, 512. — *Aulul.*, 7. — *Asin.*, 282. — *Mostell.*, 252.
[3] Plaut., *Menœchm.*, V, vi, 878.
[4] Wallon, *De l'esclavage*, t. II, p. 241.

peine l'usage des yeux[1]. » Ajoutons que les esclaves boulangers de la pistrine avaient le cou passé dans une sorte de roue en bois, nommée *pausicape*, qui les empêchait de porter la main à leur bouche et de manger la farine pendant le cours de leur travail[2].

Ces châtiments cruels, infligés aux ouvriers esclaves, les rendaient-ils plus laborieux, plus probes, plus dociles? Non; ils ne faisaient que les endurcir, que les abrutir davantage :

> Vincla, virgæ, molæ, sævitudo, mala ;
> Fit pejor [3].

Et pourtant, — à part leurs excès, — ces châtiments étaient nécessaires pour empêcher les vols, les gaspillages, et pour maintenir l'ouvrier esclave dans l'obéissance et le devoir.

§ 5. — ASSOCIATION DU CAPITAL ET DU TRAVAIL.

Esclavage, première forme d'association entre étrangers. — Associations industrielles. — Diverses sortes. — Profit net du travail servile. — Participation de l'esclave aux bénéfices de l'entreprise du maître. — *Et vice versâ*. — Ce que les ouvriers demandent aujourd'hui, c'étaient les maîtres qui le demandaient autrefois. — De quel côté la raison ?

L'esclavage, que nous avons considéré comme la première conquête de la civilisation sur la barbarie, en ce qu'il substitua au sacrifice humain de la vie du vaincu le précepte humain de la vie sauve (*servus*, conservé !) l'esclavage fut encore, dans l'ordre des temps, un premier progrès social, en ce qu'il constitua entre des hommes de races diverses la première forme d'association.

[1] Apul., *Met.*, IX, p. 198.
[2] Pollux, *Onomasticon*, liv. III, ch. VIII ; liv. VII, ch. XIV et XX.
[3] Plaute, *Fr.*, I, 37, è *Bacchid.*

Cette association fut plus qu'un lien moral, plus qu'un lien domestique, établi entre le maître et l'esclave ; elle fut, entre le maître et l'ouvrier, entre le capital et le travail, une première, une véritable association industrielle.

Cette association industrielle se prêtait à diverses formes, à diverses combinaisons d'intérêts mêlés.

Par exemple, il arrivait souvent, pour l'esclave de louage, que le maître lui laissât une partie de son salaire, à la charge de subvenir aux frais de son entretien ; et, pour les esclaves ouvriers employés par le maître, que celui-ci, pour stimuler leur activité au travail, leur donnât un intérêt dans les objets qu'ils étaient chargés de fabriquer ou de vendre ; ou une part dans le produit net qu'il en retirait.

Quel était le profit net que le travail d'un esclave pouvait rapporter à son maître, déduction faite du salaire ? Il est impossible de le calculer au juste, en raison de la différence que l'intelligence, l'éducation, la force et la bonne volonté pouvaient mettre entre le produit de chacun.

Dans telle manufacture d'Athènes, un esclave rendait de produit net 100 drachmes par an (90 fr.) [1] ; dans telle autre 120 drachmes (108 fr.) [2].

Le père de Démosthène possédait une manufacture d'armes où travaillaient trente esclaves. Deux ou trois, qui étaient à la tête de la manufacture, valaient chacun cinq ou six cents drachmes (environ 500 fr.) ; les autres au moins 300 drachmes (270 fr.) ; ils rendaient par an 30 mines, ou 2,700 fr., tous frais déduits [3].

Il possédait, en outre, une manufacture de lits qui

---

[1] Demosth., *In Aphob.*, 1, p. 896.
[2] Æschin., *In Tim.*, p. 275.
Barthélemy, *Voyage du jeune Anarcharsis*, notes sur le chap. xx.

occupait vingt esclaves, lesquels valaient 40 mines ou 3,600 fr.; ils rendaient par an 12 mines, ou 1,080 fr., aussi tous frais faits[1].

Les armuriers valant 190, et les faiseurs de lits 40, les premiers rapportaient donc 30 pour 100 net à leur maître, et les seconds 15[2].

Les quarante mille ouvriers des mines d'argent de Carthagène produisaient au peuple romain un revenu journalier de 25,000 drachmes, environ 3 à 4 oboles par homme; desquels il faut prélever le revenu de la mine elle-même[3].

Le cuisinier de l'*Aulularia*, de Plaute, dit que la journée lui est payée un *nummus* (21 centimes)[4].

Il est plus facile d'évaluer ce que rapportait un esclave à son maître, par le prix de journée que les loueurs d'esclaves retiraient de leur location.

Les esclaves loués aux exploitants de mines, à Athènes, produisaient net, en moyenne, une obole par jour à leurs maîtres, ou 360 oboles par an; et encore les entrepreneurs supportaient-ils les chances des maladies accidentelles, ou de la fuite, puisqu'ils devaient, à l'expiration du contrat, les rendre tout aussi nombreux qu'ils les avaient reçus. A 12 pour 100, intérêt ordinaire de l'argent à Athènes, ce revenu représenterait un capital de 3,000 oboles, ou 5 mines, environ 434 fr.[5].

A Athènes, du temps d'Aristophane, la journée d'un manœuvre libre lui était payée 3 oboles (9 sous)[6].

---

[1] Barthélemy, *Voyage du jeune Anacharsis*, notes sur le chap. xx.
[2] Boeckh, *Économ. polit. des Athén.*, i, 123.
[3] Strab., III.
[4] Plaut., *Aulul.*, iii, 2.
[5] Wallon, I, 204.
[6] Aristoph., *In Eules*, v, 310.

On peut admettre, d'après ces bases, qu'un ouvrier esclave de valeur moyenne devait rapporter à son maître une obole et demie par jour (de 20 à 25 centimes), tous frais faits. Et comme les frais ne pouvaient guère s'élever au-dessus d'une somme égale à celle-là, c'est à trois oboles environ qu'il faut porter le prix total de ce que coûtait le louage d'un ouvrier esclave, de valeur moyenne, à celui qui l'employait[1].

Le louage d'un ouvrier libre était assurément plus cher[2]; car, avec trois oboles, un homme libre n'aurait pas pu nourrir sa famille.

A Rome, aux siècles d'Auguste et des Antonins, le prix de la journée de travail de l'homme libre, manœuvre, laboureur, jardinier, menuisier, charpentier ou maçon, n'était guère que d'un tiers au-dessous du prix moyen actuel de cette même journée, en France, qui est de 1 fr. à 1 fr. 25 cent.[3].

Le placement des capitaux, en ouvriers esclaves, devait donc rapporter environ de 30 à 40 pour 100 par an, à une époque où l'intérêt ordinaire de l'argent était de 12 à 16 pour 100[4]. En six ans environ, un esclave avait produit à son maître une somme double du prix qu'il lui avait coûté[5]. De là, l'usage établi, parmi les grands de Rome, de mettre en liberté, après six ans de servitude, le *captif* honnête et laborieux[6].

Quoi qu'il en soit de ces évaluations, ce qui arrivait souvent, c'est qu'au lieu d'appeler ses esclaves ouvriers

---

[1] De Saint-Paul, 108.
[2] Boeckh, I, 21.
[3] Voy. Dureau de la Malle, *Économ. politique des Romains*, t. I, p. 129.
[4] Boeckh, I, 22.
[5] De Saint-Paul, 108.
[6] Cic., *Philippica*, VIII, 11.

à prendre part aux bénéfices de son industrie, le maître aimait mieux en abandonner l'exploitation à ses esclaves, moyennant une rétribution fixe, ou une part qu'il stipulait à son profit dans les bénéfices qu'ils en retiraient.

C'est ainsi qu'à Rome, Remnius Palœmon, dont j'ai déjà parlé, avait obtenu de son maître d'établir un atelier de tailleurs, tous esclaves comme lui, moyennant une part dans les bénéfices. C'est ainsi qu'avaient fait, à Athènes, les ouvriers employés par le père d'Isocrate, dans sa fabrique d'instruments; ceux employés par Lysias dans sa fabrique d'armes; ceux employés par Pantenœtes dans sa forge, etc.

Caton l'Ancien bénéficiait sur l'industrie de ses esclaves d'une autre manière. Il leur prêtait de l'argent pour qu'ils en achetassent d'autres encore jeunes auxquels ils enseignaient des métiers, et qu'ils revendaient ensuite avec un gros bénéfice auquel Caton participait [1].

Ce fait de la participation commune et proportionnelle du maître et de l'esclave, du capital et de l'outil, aux bénéfices éventuels d'une exploitation industrielle, dont le maître était le patron et l'esclave l'ouvrier, contient en germe le principe de l'association ouvrière qu'on cherche à faire prévaloir, de nos jours, comme mot de l'énigme, comme solution du problème de l'organisation du travail libre dans les sociétés modernes.

A cet égard, nous ferons remarquer, en passant, qu'il existe une grande différence entre les maîtres et les ouvriers d'aujourd'hui et les maîtres et les ouvriers d'autrefois, quant à l'intérêt que les uns et les autres croient et croyaient trouver dans l'association; c'est

[1] Plut., *Vie de Caton*, ch. XXI.

qu'autrefois c'étaient les maîtres qui demandaient à associer leurs ouvriers aux chances des profits et pertes de leurs industries, tandis qu'aujourd'hui ce sont les ouvriers qui demandent à jouir des bénéfices et à subir les désavantages de cette association.

Voici à cet égard ce que faisaient les maîtres.

Non-seulement ils cherchaient à allécher leurs esclaves par l'appât d'un gain plus grand, en les associant aux profits de leurs entreprises industrielles, ou même en leur abandonnant la totalité de ces profits, moyennant une somme à forfait; mais encore ils les entraînaient dans cette voie par un appât encore plus grand, celui de l'affranchissement, celui de la liberté.

La plupart des écrivains attribuent l'émancipation des esclaves à la philanthropie des maîtres; ce n'est là qu'une philanthropique erreur. Nous avons prouvé que les affranchissements étaient, de la part des maîtres, une affaire d'intérêt et d'industrie, bien plus qu'une question de liberté et de morale. Sous le régime de l'esclavage, les maîtres avaient tous les soucis de la propriété directement exploitée; il fallait qu'ils surveillassent les esclaves, qu'ils les nourrissent, qu'ils les vêtissent, et qu'ils supportassent seuls toutes les chances du travail et du chômage, de la santé et des maladies, des mutineries et des évasions. Par l'affranchissement, au contraire, par l'affranchissement sous condition de redevance annuelle, les maîtres transportaient sur la tête de leurs esclaves tous les soins, toutes les inquiétudes, toutes les éventualités fâcheuses qui pesaient sur les leurs, et s'affranchissaient ainsi eux-mêmes des embarras et des périls de l'exploitation directe [1]. A ce

___

[1] Voy. Granier, *Histoire des classes nobles*, ch. XIII.

moyen, c'étaient les esclaves qui devenaient maîtres, et les maîtres qui devenaient salariés. Leur salaire était fixé comme celui d'un ouvrier ; ils trouvaient cela plus commode et moins aventureux. Ils avaient moins de chances de gain, mais ils avaient moins de chances de perte ; et la position tranquille et sûre de rentiers leur paraissait préférable à la position agitée et hasardeuse de fabricants. Telle est, au fond, l'origine et la signification véritable de la plupart des affranchissements chez les anciens [1]. D'où cette conséquence, qu'en renonçant au salaire fixe pour s'exposer aux hasards d'une quote-part proportionnelle de bénéfices incertains, les ouvriers d'aujourd'hui font précisément le contraire de ce que l'intérêt mieux entendu des maîtres portait ceux-ci à faire autrefois.

§ 6. — CONSÉQUENCES ÉCONOMIQUES DE CE QUI PRÉCÈDE.

Esclaves, machines vivantes. — Concurrence au travail libre. — Opulence d'un côté, pauvreté de l'autre. — Juste milieu économique cherché par Platon. — Pas encore trouvé.

Quelque vicieuse que fût l'organisation du travail servile industriel chez les anciens, les forces combinées du grand nombre de bras esclaves qu'ils employaient sur un même point, sur une même œuvre, sous une même main, suppléaient chez eux aux nombreuses ressources que l'industrie emprunte de nos jours aux agents naturels, à de simples lois mécaniques, aux machines de toute espèce, enfin. Ces légions d'esclaves peuplant les fabriques, les mines, les carrières, étaient en effet des machines vivantes dont la force motrice et productive

---

[1] Voy. ci-dessus, p. 183 et suiv.

équivalait, jusqu'à un certain point, à celle des machines à vapeur. Aussi, la concurrence que faisaient au travail libre et individuel ces machines vivantes, aux mains des capitalistes d'autrefois, était non moins formidable, non moins désastreuse que celle que lui font, de nos jours, les machines mécaniques, aux mains des capitalistes modernes ; car, exploité comme il l'était, sous l'influence et avec l'argent des familles patriciennes qui en faisaient tout à la fois un instrument d'usage et de spéculation, le travail servile ne tuait pas seulement le travail libre et isolé en l'étouffant dans son germe sous le poids du mépris public qui était l'attribut de tout travail manuel, il le tuait encore, et surtout, en l'empêchant de naître, de fructifier, de se développer, sous la pression d'une concurrence disproportionnée contre laquelle les forces individuelles, affaiblies par le préjugé et la misère, étaient impuissantes à lutter.

Opulence d'un côté, pauvreté de l'autre, le travail ne pouvait, entre ces deux extrêmes, maintenir l'équilibre de répartition de produits que la Providence garantit à tous les travailleurs égaux en habileté et en force ; pas plus qu'entre l'opulence d'un côté et la pauvreté de l'autre, le travail ne peut trouver l'assiette intermédiaire qui seule peut tirer de sa perfection l'aisance et le bien-être de l'ouvrier.

Platon, dans sa *République*, a émis à ce sujet une opinion remarquable : «Qu'est-ce, dit-il, qui perd les artisans? L'opulence et la pauvreté. Comment cela? Le voici : le potier, devenu riche, s'embarrassera-t-il beaucoup de son métier? Non. Il deviendra de jour en jour plus négligent et plus fainéant, et, par conséquent, plus mauvais potier. D'un autre côté, la pauvreté lui ôte les moyens de se fournir d'outils et de tout ce qui est nécessaire à son art; son travail en souffrira; ses enfants et les ouvriers qu'il forme seront moins habiles. Ainsi les richesses et la pauvreté nuisent également aux arts et à ceux qui les exercent. Voilà donc deux choses auxquelles nos magistrats prendront bien garde de donner entrée dans nos villes : l'opulence et la pauvreté. L'opulence, parce qu'elle engendre la mollesse et la fainéantise; la pauvreté, parce qu'elle produit la bassesse et l'envie : l'une et l'autre, parce qu'elles conduisent l'état vers une révolution. »

Opinion qui a fait dire à M. Blanqui :

« Après plus de deux mille ans, nous n'avons pas encore obtenu la réalisation de l'utopie de Platon, de ce juste milieu économique, assurant à chacun une égale répartition des profits du travail. Nous avons toujours de ces potiers enrichis qui négligent leur art, et des ouvriers pauvres auxquels il faut fournir des outils qu'ils sont hors d'état de se procurer. Il y a donc bien longtemps qu'on y pense à ces terribles problèmes de l'état social que les révolutions abordent toujours sans les résoudre jamais! Dictature, esclavage, liberté, pillage, association, aristocratie, démocratie, on y a tout usé; l'énigme demeure encore indéchiffrable; heureuse notre génération si la science lui en donne le mot quelque jour [1]. »

____

[1] Blanqui, *Hist. de l'économ. polit.*, I, 45.

CHAPITRE III.

Organisation du travail servile agricole.

Considérations générales. — Petite propriété, exploitation directe par mains libres. — Grande propriété, exploitation indirecte par mains serviles. — Métayage. — Fermage à prix d'argent. — Conséquence du travail servile appliqué à l'agriculture.

§ I. — CONSIDÉRATIONS GÉNÉRALES.

Prééminence de l'agriculture sur l'industrie. — Toutefois, agriculture, travail servile à Athènes, à Lacédémone, dans les Gaules. — Les ambactes et les ilotes. — *Quid* à Rome ?

L'agriculture obtint de grands honneurs chez les anciens. Comme la guerre, elle eut ses dieux, ses rites, ses fêtes ; elle fut chantée par les poëtes, enseignée par les hommes les plus illustres, et recommandée par les sages comme la mère et la nourrice de tous les arts [1].

Les travaux agricoles inspiraient donc aux anciens bien moins de répugnance que les travaux industriels ou de nature commerciale. « L'agriculture est préférable à l'industrie, disait Aristote, parce qu'elle rend propre à la guerre en donnant des forces au corps et du courage à l'âme, tandis que le commerce et les métiers affaiblissent et énervent l'un et l'autre. » Dans l'opinion du même philosophe, un peuple agriculteur est le plus juste de tous les peuples, et l'agriculture est également, de toutes les sources de gain, la plus juste et la plus naturelle. « Elle est, dit-il, la plus juste, parce qu'elle ne tire rien des hommes, soit de leur consentement, comme le com-

___

[1] De Saint-Paul, p. 24.

merce et l'industrie, soit contre leur volonté, comme la guerre. Elle est la plus naturelle, parce que par elle la nourriture vient de la terre qui est la mère des hommes[1]. »

Cependant l'agriculture, comme les arts industriels, avait, chez presque tous les peuples de l'antiquité, pour agents principaux, pour agents immédiats, de simples esclaves.

Dans les temps héroïques de la Grèce, c'étaient en général des esclaves qui remplissaient les charges de la vie des champs. Ils se partageaient entre les soins divers de la culture et la garde des troupeaux. On les voit, dans Homère, taillant les haies de l'enclos du vieux Laërte, et dans Hésiode, occupés à tous les travaux que le poëte a si minutieusement décrits[2]. L'âge mûr était jugé convenable au labourage ; les pâtres étaient plus spécialement choisis parmi les jeunes esclaves les plus actifs et les plus vigoureux[3], car leurs loisirs n'étaient pas sans dangers ; ils devaient veiller sous les armes, toujours prêts à repousser les attaques des bêtes fauves ou des brigands[4]. Les vieillards étaient généralement réservés aux soins plus doux de la vie domestique[5].

La vie pastorale, étant encore une vie de combats, était la plus estimée. Les hommes libres la partageaient avec les esclaves. Chez les Troyens, Pâris était berger[6]; Anchise gardait les troupeaux de son père quand il plut à Vénus[7]; et les sept frères d'Andromaque tombèrent

---

[1] Voy. Boeckh, *Economie politique des Athéniens*, traduct. de Laligant, t. I, p. 68.

[2] Hesiod., *Opera et dies*, 470, 502, 595, etc.

[3] Homer., *Odyss.*, XIV, 104.

[4] Hom., *Iliad.*, XVIII, 525-529, et 577-587.

[5] Wallon, *De l'esclavage*, t. I, ch. II.

[6] Eurip., *Hecub.*, 926.

[7] Homer., *Iliad.*, V, 313.

sous les coups d'Achille dans les plaines où ils veillaient aux mêmes soins [1].

Les autres occupations de la vie rustique réunissaient les hommes libres et les esclaves. Il n'y avait pas plus de différence dans les fonctions diverses de la domesticité. Ici encore les princes eux-mêmes prennent souvent la place de leurs serviteurs. Agamemnon et Achille font communément, non-seulement les honneurs de la table, mais les apprêts du festin [2]. Nul soin ne paraissait trop bas; Andromaque « versait l'orge savoureuse aux coursiers d'Hector »; les frères de Nausicaa s'empressent à dételer, à son retour, les mules que les esclaves avaient attachées à son char; et Junon se servira de la même manière, sans déroger à la dignité de la mère des dieux [3].

Bien que, des diverses républiques de la Grèce, Athènes seule ait conservé jusqu'au bout le caractère agricole dont son origine était empreinte, et que, même sous l'administration de Périclès, quand la ville élevée par la politique, enrichie par le commerce, ornée par les arts, attirait dans son sein la Grèce entière, l'Athénien aimât toujours la vie des champs, néanmoins les propriétaires ruraux employaient presque exclusivement des esclaves à leur culture [4].

A Sparte, toutes les terres étaient cultivées par les ilotes; l'agriculture y était aussi méprisée que l'industrie [5].

Il en était de même dans les Gaules. Les *ambactes* étaient des esclaves par qui les nobles gaulois faisaient

---

[1] Homer., *Iliad.*, VI, 420.
[2] *Id.*, *ibid.*, IX, 205-218.
[3] *Id.*, *ibid.*, VIII, 187; *Odyss.*, VII, 4. — Wallon, *ubi suprà*.
[4] Xenoph., *Econ.*, iv et seq. — Arist., *Écon.*, I, 2. — Boeckh, i, 8.
[5] Plutarque, *Vie de Lycurgue*.

cultiver leurs champs. Ils n'en surveillaient pas même l'exploitation. Ils se contentaient de toucher annuellement le tribut auquel les *ambactes* étaient assujettis [1].

Mais il en était autrement à Rome. Rome avait adopté l'agriculture comme la plus noble occupation du citoyen, comme la meilleure école du soldat [2]. « Les laboureurs, dit Caton, engendrent les hommes les plus courageux et les soldats les plus robustes; c'est de leur profession que l'on tire le profit le plus légitime, le plus sûr et le moins attaquable ; et ceux qui y sont occupés sont le moins sujets à penser au mal [3]. » Toutefois l'esclavage y employa aussi ses mains serviles, mais ce fut moins par le mépris qu'en fit le peuple, que par l'impossibilité où se trouva l'homme libre de continuer à s'y livrer seul.

C'est ce que je vais expliquer dans les paragraphes suivants.

§ 2. — PETITE PROPRIÉTÉ. — EXPLOITATION DIRECTE PAR MAINS LIBRES.

La terre, élément sacré. — L'agriculture, occupation noble. — La campagne, séjour de prédilection des gens de qualité. — *Viatores*. — *Plebs urbana*. — *Suburbana* et *Prædiola*. — *Nundinæ*. — Jadis, tout Romain agriculteur. — Les citoyens les plus illustres cultivaient eux-mêmes leurs champs. — Cincinnatus, Régulus, etc. — Alors chaque champ est limité à sept *jugera*. — Alors pas d'esclaves ruraux. — Quand, comment, et pourquoi le travail servile fut substitué au travail libre, dans la culture des terres.

Dans les temps où l'austérité des mœurs marchait de pair, à Rome, avec l'amour des conquêtes, l'agriculture marchait de pair aussi avec la profession des armes [4].

Les plus illustres citoyens regardaient la première de ces occupations comme aussi digne d'eux que la seconde,

---

[1] Voy. là-dessus de Saint-Paul, p. 128.

[2] Denys d'Halic., II, 28.

[3] Cato, *De re rust.*, traduction de M. Villemain.

[4] Plutarque, *Vie de Numa*, 71.

et les généraux mêmes, après avoir commandé les armées et gagné des batailles, retournaient glorieusement à la charrue et reposaient leurs lauriers sur les épis de blé semés ou cueillis de leurs mains [1].

Cincinnatus labourait sa terre de quatre arpents quand les députés du sénat vinrent le saluer dictateur; et ses mains triomphales laissèrent, avec la même simplicité, les armes pour la charrue, dès que le salut public fut assuré [2].

Scipion l'Africain, après avoir vaincu Annibal et les Carthaginois, désillusionné de la gloire des armes, se retira dans sa terre de Literne en Campanie, et y mourut agriculteur [3].

Caton le Censeur cultivait, de ses mains, un petit champ voisin de celui du vieux Manius Curius, le vainqueur des Samnites [4].

Marius, qui fut sept fois consul, Pompée, surnommé le Grand, pratiquaient également l'agriculture [5].

A l'exemple de ces grands citoyens, la plupart des sénateurs tenaient à honneur de demeurer à la campagne. Plusieurs même ne croyaient pas déroger en prenant à ferme et en exploitant pour leur compte les domaines de la république [6]. Pour ces sénateurs ruraux les magistrats avaient des messagers spéciaux à leurs ordres pour les appeler en ville lorsqu'ils convoquaient le sénat. Ces messagers s'appelaient *viatores* [7].

On désignait sous les noms de *pecuarii*, d'*aratores*, et

---

[1] Cic., *Pro Rosc. Amer.*, c. xviii.
[2] Tite-Liv., III, 26.
[3] Michelet, *Hist. rom.*, II, 102.
[4] Michelet, *ibid.*, II, 96.
[5] Pline, *Natural. histor.*, lib. XVIII.
[6] Cic., *In Verr.*, III, 40.
[7] Cic., *De senect.*, c. xvi.

plus spécialement d'*agricolæ*, les citoyens romains qui s'adonnaient à la culture des champs : *O fortunatos nimiùm, suâ si bona norint, agricolas!* Ces citoyens formaient le peuple de la campagne, *plebs rustica*, autrement dit les tribus rustiques, au nombre de trente-une, dans lesquelles tous les gens de qualité se faisaient inscrire; ces tribus étant beaucoup plus considérées que les quatre tribus de la ville, *plebs urbana*; composées de gens oisifs et de métiers [1].

C'est pour les habitants de la campagne qu'ont été instituées les réunions périodiques appelées *nundinæ*, afin qu'occupés pendant neuf jours aux travaux agrestes; ils eussent un jour fixe où ils pussent venir à Rome traiter leurs affaires privées, et exercer leur part de souveraineté dans les affaires de la république [2].

L'agriculture était tellement en honneur dans ces temps, que l'on ne pouvait mieux louer quelqu'un qu'en disant qu'il était bon laboureur [3]; que la gloire s'appelait *adorea*, du mot *ador*, blé [4]; et que, pour exprimer la considération, l'argent, la richesse, on se servait de mots empruntés à la culture des champs [5]: Les noms d'hommes même avaient quelque chose de rural dans leur étymologie [6].

La terre, dans les idées religieuses de la vieille Italie,

---

[1] Val. Max., lib. VII, c. v, n° 2.

[2] Denys d'Halicarn., VII, 8. — Colum., I, *Præf.* — *Id.*, 8.

[3] Caton, *De re rust.*, præf. — Pline, XVIII, iv, 4, 5.

[4] Festus, v° *Adoreum*.

[5] *Pecunia*, argent, vient de *pecus*, troupeau. De *pascere*, paître, vient *pascua*, revenus. *Locuples* (locus), *opulentus* (ops), signifie homme considérable, homme de fonds. Les enclos dans lesquels le peuple s'assemblait au Champ-de-Mars, s'appelaient *Ovilia*. (Michelet, *Histoire romaine*, I, 80 et 128.)

[6] *Porcius, Verrès, Taurus, Capricius, Vitulus, Vitellius;* etc.—Michelet, *ubi supra*, I, 128.

avait un caractère divin. Pline, à une époque où l'esprit de l'ancien culte était presque éteint, parlait avec un religieux enthousiasme de « la bonne terre de labour qui brille derrière la charrue, comme la peint Homère sur le bouclier d'Achille; les oiseaux la cherchent avidement derrière le soc et vont becqueter les pas du laboureur[1]. »

Et Cicéron : « J'aime mieux, disait l'orateur philosophe, le parfum de la terre que celui du safran. Voulez-vous savoir quelle est cette odeur de la terre? Lorsqu'elle repose au coucher du soleil, au lieu où l'arc-en-ciel vient d'appuyer son croissant, lorsqu'après une sécheresse elle s'est abreuvée de la pluie, alors elle exhale ce souffle divin, cette haleine suave qu'elle a conçue des rayons du soleil[2]. »

Tout ce qui touche l'élément sacré est sacré comme lui. Le bœuf est protégé par la loi sainte; le blé, offert aux dieux, consacre le mariage patricien, et la série des travaux annuels de la culture forme une sorte d'épopée religieuse, dont le dénoûment est la miraculeuse résurrection du grain[3].

Que ce miracle annuel ait saisi vivement l'imagination des premiers hommes, ou que la paix des champs ait simplement attiré à elle les citoyens fatigués du tumulte des camps et de la ville, toujours est-il qu'une sorte de manie rurale s'était emparée de tous les esprits à Rome, même du temps d'Auguste, et que chacun tenait à avoir près de la ville une maison de campagne où il pût aller se délasser, après l'heure des affaires. Ces maisons s'ap-

---

[1] Michelet, *ubi supra*, p. 78.
[2] *Id.*, I, 128.
[3] *Id.*, *ibid.*

pelaient *suburbana*; c'étaient les propriétés des riches[1]; d'autres, plus modestes, appartenaient aux gens d'une condition médiocre et s'appelaient *prædiola*. On s'en servait surtout pour des parties de campagne; — pour y manger de la salade et des pommes, avec les amis[2].

Dans les premiers temps, tous les Romains étaient agriculteurs, et, comme le territoire de Rome était très-limité, Romulus fixa à deux jugera la quantité de terre assignée à chaque citoyen. Plus tard, après l'expulsion des rois, vers l'an 500 avant notre ère, cette quantité se trouva portée à sept jugera[3].

Pour que le père de famille fût bien maître de son champ, on voulait que l'étendue n'en surpassât jamais la mesure de ses forces[4]. C'est dans ces limites qu'étaient comprises les parts des citoyens auxquels des terres étaient distribuées. Manius Curius, le vainqueur des Samnites, déclarait citoyen dangereux celui à qui cette mesure ne suffirait pas[5].

Et ce n'était pas sans raison que ceux qui voulaient poser les fondements de Rome pour l'éternité mesuraient d'une main si avare le champ où se devait contenir le citoyen. Rome ne pouvait maintenir sa place dans le monde qu'au moyen d'une nombreuse population d'hommes libres, et la petite culture pouvait seule la lui assurer.

Jusqu'aux temps de la première guerre punique, on trouve à Rome, parmi les citoyens les plus illustres, des

---

[1] Cic., *Ad Attic.*, iv, 2. — Corn. Nep., *Attic.*, 14. — Plin., ii, *Ep.* 17. — Suet., *Nero*, 48.

[2] Aulu-Gelle, XIX, 7. — Dezobry, III, 212.

[3] Pline, XVIII, ii, 1. — *Ibid.*, iv, 3. — Val. Max., IV, iii, 5. — Le *jugerum* représentait un peu moins de vingt-cinq ares. — Biot, 17.

[4] Colum., *De re rustica*, I, iii, 9.

[5] Plin., XVIII, iv, 3. — Val. Max., IV, iv, 6.

exemples de cette antique médiocrité. Ainsi, Régulus, à la tête de l'armée d'Afrique, demandait son rappel, alléguant que la mort de *son* esclave et l'infidélité de *son* mercenaire laissaient *son* petit champ dans l'abandon et sa famille dans la détresse[1].

Dans cette période d'austère simplicité, la propriété, divisée à l'infini, devait être cultivée à bras. Chaque propriétaire cultivait lui-même son champ, avec sa famille [2], ce qu'il pouvait faire, même en temps de guerre, tant qu'on se battit seulement autour de Rome. Alors, la guerre se faisant par courtes expéditions, et, au bout de quelques jours, le citoyen pouvant revenir cultiver son champ, les censeurs punissaient sévèrement celui qui le laissait inculte [3]. Tant que la propriété fut contenue dans ses limites primitives, on comprend qu'elle ait pu être cultivée exclusivement par des mains libres. Le petit champ suffisait à toute la maison [4]; et quand le père de famille avait besoin d'aide dans ses travaux, un seul journalier libre (*operarius*) ou un seul esclave lui suffisait [5].

Mais, plus de cent ans avant l'époque où Régulus exposait au sénat le péril de son petit bien, Licinius avait grand'peine à faire passer sa loi agraire, qui réduisait les possessions domaniales du riche à 500 arpents[6]. C'est dire que le soldat propriétaire, qui n'était pas Régulus, et qui, forcé d'aller combattre au loin et de s'ab-

---

[1] Val. Max., IV, iv, 6. — Wallon, II, 9.

[2] Varr., *De re rust.*, I, 7.

[3] Plin., XVIII, 3. — Aulu-Gelle, IV, 12.

[4] Juven., xiv, 166.

[5] Wallon, II, 8.—La portion de chaque citoyen étant d'un demi-hectare environ sous Romulus, et de 1 hectare 71 ares après l'expulsion des rois, vers l'an 508 avant notre ère, tous les citoyens durent cultiver la terre; il n'y avait pas de place pour nourrir des esclaves. —Biot, 17.

[6] *Ibid.*, 10.

senter plusieurs mois, ne pouvait pas demander au sénat son congé, ni obtenir, pendant son absence, l'exploitation de son champ aux frais de l'Etat, se voyait, lorsqu'il rentrait dans Rome, vainqueur et ruiné, réduit à aller frapper à la porte du patricien ou du riche plébéien, pour lui demander à emprunter jusqu'à la campagne prochaine de quoi nourrir sa femme et ses enfants. C'est dire que l'hypothèque qu'il offrait de sa première victoire, ne suffisant pas pour garantie de sa dette, force lui était d'engager son petit champ, et, comme la valeur du champ engagé était bientôt absorbée par les intérêts accumulés de la somme prêtée au taux énorme de 12 pour 100, la personne de l'emprunteur répondait de sa dette; il était *nexus*, lié[1]. C'est dire enfin que la personne et la terre du pauvre, hypothéquées au créancier, finirent par s'absorber l'une et l'autre dans le domaine du riche où toute petite propriété vint s'abîmer; et que cette destruction de la petite propriété dut nécessairement amener celle du travail libre[2]. Toutefois, le travail libre, avant d'être détruit, commença par se transformer. Le petit propriétaire dépossédé resta souvent sur sa terre à titre de colon ou de cultivateur à gages, et partagea les soins rustiques avec les esclaves, sous la direction du propriétaire nouveau.

Un auteur qui écrivait au premier siècle avant notre ère, Varron, parle des débiteurs insolvables comme travaillant conjointement avec les esclaves à la culture des terres des riches. Il y joint aussi des mercenaires ou ouvriers salariés pour les grands travaux de la moisson et de la vendange. Avant lui, Caton l'Ancien parle aussi des

[1] Michelet, *Hist. rom.*, I, 154.
[2] Wallon, II, 9.

ouvriers salariés, et il conseille de ne pas les garder plus d'un jour[1].

Il est à propos de citer le passage de Varron pour bien montrer la différence du mode de travail agricole, dans la période ancienne et à l'époque où ce passage était écrit[2].

« Toutes les terres, dit Varron, sont cultivées ou par des esclaves ou par des hommes libres, ou encore par le travail réuni d'hommes libres et d'esclaves. La culture par hommes libres a lieu dans les terres des pauvres qui cultivent avec leurs enfants, et dans les terres des riches qui emploient des ouvriers salariés ou louent des hommes libres pour les grands travaux de l'agriculture, tels que la récolte des foins et la vendange ; à ceux-ci se joignent ceux que nous appelons les obérés (*obærati*), lesquels s'engagent, pour payer leurs dettes, au service de leur créancier[3]. »

Ainsi, il n'y avait plus, du temps de Varron, parmi les familles libres, que les petits propriétaires pauvres qui se livrassent eux-mêmes aux travaux de l'agriculture avec leurs enfants. Mais les révolutions, la guerre, l'ambition, les humiliations attachées à la pauvreté, les tyrannies de l'homme puissant, les séductions, les spoliations du riche, le haut prix qu'il donnait des terres qui l'avoisinaient, quand il ne les usurpait pas, diminuèrent chaque jour le nombre de ces familles[4].

A la fin, malgré les riantes couleurs dont Cicéron et Virgile se plaisaient à parer l'agriculture de leur temps, le travail servile se substitua entièrement au travail libre

---

[1] Cat., *De re rustica*, cap. v, § 4.
[2] E. Biot, *De l'abolition de l'esclavage ancien*, p. 43.
[3] Varr., *De re rust.*, lib. I, cap. xvii.
[4] Sallust., *Jugurtha*, 45 ; *Ad Cæsarem*, 4. — De Saint-Paul, p. 26.

dans toutes les exploitations rurales, et les domaines finirent par devenir si considérables en étendue, et si agglomérés en peu de mains, de morcelés à l'infini qu'ils étaient primitivement, qu'ils ne purent plus être cultivés que par des armées d'esclaves.

L'obligation où étaient les citoyens ruraux de se faire enrôler dans les légions toutes les fois qu'il survenait une guerre, amena, plus qu'aucune autre cause, ce résultat funeste, en dépeuplant les campagnes de cultivateurs libres. Cette obligation, dit Appien, fit qu'on employa à la culture des terres des esclaves qu'on ne courait pas le risque de voir détourner de leurs travaux [1]. Tite-Live remarque qu'il restait à peine, à cette époque, quelques gens libres dans les campagnes, et que celles qui avaient été jadis des pépinières fertiles en soldats n'étaient plus que des pépinières d'esclaves [2].

« Consumé par la double action d'une guerre éternelle et d'un système de législation dévorante, l'homme libre disparaissait de l'Italie, dit Michelet. Le Romain passant sa vie dans les camps, au delà des mers, ne revenait guère visiter son petit champ. La plupart n'avaient plus même ni terre ni abri. Un échange s'établissait entre l'Italie et les provinces. L'Italie envoyait ses enfants mourir dans les pays lointains, et recevait en compensation des millions d'esclaves [3]. »

Alors, la terre cessa d'être arrosée des sueurs de ses propriétaires; les petits propriétaires disparurent, et les riches, abandonnant la vie austère de la campagne, pour la vie molle et dissipée de la grande cité, laissèrent à leurs esclaves l'exploitation de leurs vastes domaines.

---

[1] App., *De bell. civ.*, lib. 1, p. 608.
[2] Tit.-Liv., lib. VI, cap. XII.
[3] *Histoire romaine*, II, 136.

Voyons quels furent les procédés et les résultats de ce nouveau mode de culture.

§ 3. — GRANDE PROPRIÉTÉ. — EXPLOITATION INDIRECTE PAR MAINS SERVILES.

Les *villæ* de luxe et les *villæ* de rapport. —Description d'une *villa* de rapport. — Ses diverses parties. — Ses confins. — Sa vaste étendue. — Son exploitation. — Le maître et le *procurator*. — Le *villicus* et la *villica*. — Les contre-maîtres et les décurions. — *Mancipia rustica*. — Combien d'esclaves ruraux employés à la culture des terres.— Salaire des esclaves ruraux.— Leur nourriture et leurs vêtements. — Leurs logements. — L'ergastulum et le bâtiment cellulaire. — Système cellulaire de nuit.—Panopticon.—Traitement des esclaves vieux et malades. — Police du travail des champs.—Observatoire central.—Décuries.—*Valetudinarium* des travailleurs. — *Ferratile genus*. — *Fugitivarii*. — Peines disciplinaires. — Nature et mesure de ces peines. — Œil et intérêt du maître. — Occupations accessoires.— Effets du système d'exploitation rurale servile. — *Latifundia perdidere Italiam !*

C'est à l'aide d'esclaves à lui et sous sa direction que le riche patricien commença par faire cultiver ses terres qu'il n'exploitait plus, qu'il ne pouvait plus exploiter par lui-même ou par des mains libres.

Le centre de cette exploitation était la *villa* que possédait chaque riche propriétaire.

La *villa* dont il est question ici n'a de commun que le nom avec les *villæ* de plaisance que beaucoup de riches possédaient dans les provinces voisines de Rome [1], et où, comme disait Caton le Censeur, il y avait plus à balayer qu'à labourer [2]. La *villa* dont nous parlons était une propriété rurale, consistant en fonds de terre dont on tirait moins d'agrément que de profit.

Une vraie *villa*, comprenant une certaine étendue de terres arables, bois futaies, taillis, prés, vignes, pacages, oliviers, arbres fruitiers, oseraies; étangs, etc., se com-

---

[1] Telles que : Antium, Tibur, Formies, Tusculum, Arpinum, Préneste, Caiète dans le Latium ; Réate et Nomentum dans la Sabine ; Cumés, Misènes, Pompéi, Puteoli, Baïes, dans la Campanie.

[2] Plut., *M. Cato*, x.

posait de trois parties distinctes : l'*urbana* ou le *prœto-rium*, réservée à l'habitation du maître; la *rustica*, des-tinée aux esclaves et aux animaux; et la *fructuaria*, employée à serrer toutes les récoltes [1].

Caton, Varron, Columelle nous ont laissé de curieux détails sur ces diverses parties des *villœ* romaines. Ces détails, je ne les reproduirai point. Je me bornerai à en rappeler la nomenclature; elle suffira pour indiquer l'intelligence parfaite qui présidait à l'économie de ces vastes exploitations rurales.

Je ne dirai rien de l'*urbana* ou *prœtorium* servant à l'habitation du maître, si ce n'est pour mentionner qu'une tour dominait toutes les constructions et servait de colombier.

La partie appelée *rustica* comprenait, outre la basse-cour intérieure, dans laquelle était un *compluvium* ou une piscine recevant les eaux pluviales et servant d'a-breuvoir : le logement du *villicus* dont je parlerai bientôt; la *cuisine* et les *bains* des esclaves; l'*apotheca* au-dessus des bains pour serrer et faire mûrir plus vite le vin nou-veau; le *fenuarium* ou étuve pour les dessiccations; les *bubilia* ou étables à bœufs; les *ovilia* et les *caprilia*, ber-geries des brebis et des chèvres; les *equilia* ou écuries des chevaux; les *aviaria* ou volières; les *gallinaria* ou poulaillers; les *harœ* ou étables à porcs; les *hangars* pour remiser les chars; l'*horreum* pour déposer les instru-ments aratoires; enfin l'*ergastulum*, prison souterraine des esclaves valides, et le *valetudinarium*, infirmerie des esclaves malades.

La partie appelée *fructuaria* comprenait : le *torcular* ou pressoir; les *cellœ oleariœ*, celliers pour serrer l'huile

---

[1] *Rome au siècle d'Auguste*, III, 212 et suiv.

la *cella vinaria* ou cellier au vin ; la *cortinale* ou laboratoire pour le vin cuit ; le *penus* ou office ; l'*oporotheca* ou
fruitier ; l'*horreum* ou grenier.

Puis, en dehors de la *villa*, pour éviter le danger des
incendies, se trouvaient situés, autour d'une basse-cour
extérieure dans laquelle était un *bassin* servant à détrem-
per tout ce qui a besoin d'être macéré dans l'eau : les
sterquilinia ou trous à fumier ; la *pistrine* ou boulangerie ;
le *fournil* et le *bûcher ;* puis, dans les étages supérieurs,
le *fenile*, magasin au foin, et le *palearium*, magasin à la
paille. Enfin, en dehors de la basse-cour : le *nubilarium*
ou grange ; l'*area* ou aire à battre le blé ; l'*umbraculum*,
hangar servant d'abri aux ouvriers ; et les *citernes*.

En outre, la *villa* renfermait : un *pomarium* ou verger ;
un *hortus* ou potager ; un *rucher* ; un *vivarium* ou parc
pour l'élève du grand et petit gibier ; puis, comme dépendance du parc : un *leporarium* pour élever des lièvres ;
un *glirarium* pour élever des loirs ; et un *cochlearium*
pour élever des escargots.

Les confins de toute *villa* étaient marqués : d'abord, par
un espace de 4 pieds 6 pouces (ou 1 mètre 472 millim.
environ), laissé en friche entre les deux propriétés conti-
guës, et sur lequel, en vertu de la loi des Douze Tables,
chacun des cultivateurs riverains avait droit de passer à
pied ou à cheval et de tourner la charrue, mais qui n'appartenait ni ne pouvait jamais appartenir à aucun des
deux propriétaires limitrophes [1] ; et ensuite, sur d'autres
côtés, soit par des bornes de pierre, où étaient inscrites
les dimensions du terrain [2], soit par des plantations de
pins, de cyprès, d'ormes ou de peupliers [3].

---

[1] Cic., *De legib.*, I, 21.
[2] Tibull., I, 3, vers 43. — Hor., I, *Sat.* VIII, vers 12.
[3] Dezobry, III, 222.

La contenance moyenne des *villæ* ordinaires n'est indiquée dans aucun des auteurs que j'ai consultés. On peut l'induire seulement de celle que les auteurs assignent à quelques-unes de leurs dépendances, et l'on peut juger alors de leur immensité. Dans une *villa* dont parle Varron [1], le bûcher seul avait un jugerum (25 ares) de surface; le parc au gibier 50 jugera (près de 13 hectares); et un plant d'oliviers 480 jugera (près de 120 hect.).

« Il y a, dit Sénèque, des *villæ* qui ressemblent à des provinces et dont la surveillance a à s'exercer sur une étendue de terrain supérieure à celle des gouvernements des anciens consuls [2]. »

Le même auteur parle d'un certain Pompée, qui vivait sous Caligula, et dans les possessions duquel plusieurs fleuves naissaient et achevaient leur cours [3]!

Six hommes possédaient la moitié de l'Afrique, lorsque Néron les fit mourir [4].

Après cela, Pline n'avait-il pas douloureusement raison de s'écrier : La grande propriété a perdu l'Italie; *Latifundia perdidere Italiam* [5]?

Ce qui voulait dire : la petite culture, confiée à des mains libres, avait porté l'Italie au plus haut degré de prospérité; la grande culture, abandonnée à des esclaves, consomma sa décadence [6]. »

« Toutes les républiques de l'antiquité ont péri par la concentration de la propriété, disait dernièrement un orateur à la tribune nationale; et, à l'heure qu'il est,

---

[1] Varr. *R. R.*, I, 1-18; III, 3, 12, 13, 16.
[2] Senec., *De ira*, I, 16.
[3] Senec., *De tranquill. animi*, 11.
[4] Plin., XVIII, 6.
[5] *Id.*, VII, § 3.
[6] Dureau de la Malle, *Econom. polit. des Rom.*, II, 228.

ajoutait-il, les Etats-Unis sont sur le point de sombrer pour la même cause [1]. »

C'est qu'aux Etats-Unis règne aussi l'esclavage.

Dans les derniers temps de la république romaine, cent domaines n'en formaient plus qu'un seul, et, de cent maîtres, il n'en restait plus qu'un ; les quatre-vingt-dix-neuf autres devenaient colons, métayers, journaliers à gages, serfs de la glèbe[2]. Il ne restait à l'homme libre que ce qui ne convenait ni aux esclaves, ni aux animaux : les terres malsaines, les gros ouvrages, les travaux rebutants[3]. Ces travaux, en effet, étaient le lot presque exclusif des malheureux colons que la misère fixait au sol avec leurs familles, ou des populations entraînées sur la pente de l'esclavage par le lien de la dette qui les assujettissait au créancier [4]. C'était déjà pour eux comme une terre de servitude, et l'on devine aisément si elle leur pesait [5]. « Héritiers ! s'écrie un poëte latin, n'interrogez pas le pauvre colon ; car la terre, si peu que ce soit, lui est devenue un lourd fardeau [6]. »

Toutefois, lorsque le propriétaire résidait sur son domaine, et présidait de sa personne à toutes les parties de l'exploitation, la grande culture produisait en ses mains plus et mieux qu'elle ne put faire plus tard, abandonnée par lui aux seules mains de ses esclaves. « Ce qui fertilise le plus une terre, c'est l'œil du maître », disait Pline [7]. C'est pourquoi Magon, le Carthaginois,

---

[1] Ledru-Rollin, séance du 25 août 1848.
[2] Wallon, part. II, ch. ix.
[3] Caton, V, 4. — Columelle, I, vii, 4 et 6.
[4] Varr., I, xvii, 2.
[5] Wallon, *ubi supra*.
[6] Martial, *Epigr.* xi, 14.
[7] Pline, XVIII, 6.

commence son traité d'agriculture par ce précepte :
« Quiconque achète un bien rural, doit quitter la ville et
vendre sa maison [1] » ; précepte que suivit Caton, non-
seulement en écrivant à son tour que « la présence du
maître sur ses terres vaut mieux que ses ordres [2] », mais
encore en demeurant lui-même sur son bien, et en le cultivant lui-même concurremment avec ses esclaves :
« mangeant avec eux, dit un historien, buvant comme
eux de l'eau, du vinaigre ou de la piquette [3]. » Ce qui,
soit dit en passant, ne le rendit pas plus tendre, car il
recommande expressément, dans son livre sur l'agriculture, « de vendre les vieilles ferrailles, les vieilles char-
rettes et les vieux esclaves [4]. »

Ce qui me surprend, dans l'histoire de l'agriculture
servile, même de celle dirigée par l'intelligente présence
du maître, ce n'est pas qu'elle ait produit si peu, c'est
qu'elle ait produit autant ; et quand je me mets à com-
parer la méthode de culture des Romains à la nôtre,
leurs procédés d'économie rurale aux nôtres, leur vieille
routine agricole, en un mot, à notre science agrono-
mique actuelle, je ne sais, en vérité, si l'on doit moins
admirer leurs découvertes que nos inventions, et si on
ne doit pas reconnaître, avec Chaucher, qu'en définitive
il n'y a de nouveau que ce qui a vieilli.

Quand le propriétaire ne résidait pas sur son domaine,
ou n'y venait que de temps en temps, il se faisait représenter par deux agents, un *procurator* et un *villicus ;* le
premier libre, le second esclave ; le second subordonné
au premier [5].

[1] Columel., I, 7.
[2] Cato, 4.
[3] Michelet, *Hist. rom.*, II, 96.
[4] Cato, *De re rust.*
[5] Cic., *De orat.*, I, 58. — Dezobry, III, 220.

Il n'était besoin d'un *procurator* que dans les exploitations de la plus grande étendue; dans les autres, le *villicus* suffisait.

Le *villicus* avait pour auxiliaire sa femme, la *villica*, et, pour agents d'exploitation, des esclaves comme lui, appelés, les uns *contre-maîtres*, et les autres *décurions*.

Le *villicus* et la *villica* étaient donc les régisseurs de la *villa* tout entière.

Le *villicus*, chargé de diriger en chef tous les travaux rustiques, était habituellement élevé et formé par le maître qu'il remplaçait et représentait pendant son absence [1]. A ce titre, il jouissait de plusieurs distinctions notables : ainsi, quoique d'une condition serve, il avait pour le servir deux ou trois esclaves à lui [2]. Il mangeait seul et assis. Les jours de fête il pouvait se mettre à table couché [3].

Le *villicus* avait sous ses ordres tout le personnel agricole de l'exploitation; personnel composé d'autant d'esclaves qu'il en fallait pour chaque espèce de culture, de soins ou de travail.

La *villica* secondait son mari dans les travaux propres à son sexe, et s'occupait personnellement de la basse-cour et du ménage. Sa règle de conduite était dans ce précepte de Columelle : Point d'occupations sédentaires; ne pas rester longtemps dans le même endroit [4].

Les *contre-maîtres* étaient chefs de chaque espèce de culture; ils dirigeaient, surveillaient les ouvriers et travaillaient avec eux. On choisissait pour ces fonctions les esclaves les plus intelligents, les plus soigneux, les

---

[1] Varr., I, 2. — Colum., I, 8, et XI, 1. — Cic., *OEconom.*, II.
[2] Cato, 5.
[3] Dezobry, III, 218.
[4] Columel., I, 2; et XII, 1.

plus sobres, les plus âgés. Ils étaient mariés à des femmes esclaves de la *villa*, et on leur concédait un petit champ dont la culture leur rapportait un petit bénéfice. Outre cela, on les traitait plus libéralement et pour l'habillement et pour les vivres [1].

Tous les travaux de la *villa* se faisaient par des esclaves, sauf ceux des foins, de la moisson, des vendanges, pour lesquels on prenait des ouvriers de supplément, gens de condition libre, qui se louaient pour ces travaux spéciaux [2].

En général, on comptait un esclave pour huit *jugera* (2 hectares 40 centiares), et uné paire de bœufs pour cent (25 hectares [3]).

Ce que j'ai dit des heures de travail et du pécule des ouvriers-esclaves de la ville, *fabriles*, s'applique aux ouvriers-esclaves des champs, *mancipia rustica* [4].

Quant au salaire, il consistait, pour les *mancipia rustica*, comme pour les *fabriles*, dans le gîte, la nourriture et le vêtement.

Le gîte ou le logement des esclaves ruraux variait suivant qu'il s'agissait d'esclaves enchaînés ou d'esclaves sans chaînes.

Les esclaves enchaînés — ils l'étaient presque tous — couchaient, la nuit, dans un local spécial appelé *ergastulum*, dont la garde était confiée à un ou plusieurs esclaves choisis, en qui le maître ou le *villicus* avait le plus de confiance. Ces gardiens s'appelaient *ergastu-*

---

[1] Dezobry, III, 221.

[2] Varr., I, 17. — Cic., *De offic.*, I, 13. — Plut., *T. et C. Gracchus*, 47.

[3] Varr., I, 18 et 19. — A défaut de bœufs, on se servait pour le labour de vaches, de mulets et d'ànes, suivant la qualité des terres et les facilités qu'elles offraient pour les nourritures. (*Ibid.*, 20.)

[4] Voy. ci-dessus, p. 213.

laires. L'*ergastulum* était souterrain et éclairé d'un
grand nombre de petites fenêtres étroites et assez élevées du sol pour qu'on ne pût y atteindre de la main [1].
Un seul ergastulum ne pouvait contenir toute la population esclave d'une *villa.* Il y en avait plusieurs à côté les
uns des autres. On ne renfermait guère plus de dix à
quinze esclaves dans chaque ergastule [2]; et c'était bien
assez, dit un écrivain moderne, pour rendre redoutable
cette réunion d'hommes asservis qui n'avaient d'espoir
que dans la révolte ; car, au fond de l'ergastule, il n'y
avait à attendre ni pécule ni affranchissement [3]. L'*ergastulum* servait aussi de prison pour les esclaves insoumis,
oisifs ou récalcitrants [4].

Les esclaves ruraux sans chaînes couchaient, comme
les *fabriles,* dans un bâtiment spécial où on leur appliquait le système cellulaire de nuit. Chacun d'eux, en
effet, était placé dans une cellule individuelle, et une
rangée de cellules constituait ce que Caton appelait les
cellules du père de famille, *cellas familiæ* [5], cellules
étroites, *angustis cellis,* dit Horace [6]. Ces cellules faisaient
plus que constituer le système de la séparation nocturne
des esclaves entre eux, elles étaient rangées les unes auprès des autres, afin de piquer davantage l'émulation
des esclaves en les rendant témoins mutuels de leur diligence ou de leur incurie [7]. De plus, elles constituaient,
pour leur surveillance, le système que Bentham a appelé,

---

[1] Columel. , I, 6, 3.
[2] *Quindecim vincti faciunt ergastulum.* (Apuleius, *Apologetica.*)
[3] De Saint-Paul, p. 120.
[4] Columel. , I, 8.
[5] Cato, XIV, 1.
[6] Hor., *Sat.* i, 8.
[7] Dezobry, III, 230.

depuis, panoptique, et qui consiste en ce que l'on peut voir, d'un point central, tout ce qui se passe aux extrémités. Varron et Columelle nous apprennent, en effet, que les *cellæ familiæ* étaient groupées panoptiquement, c'est-à-dire de manière que le *villicus*, placé près de l'unique porte centrale du bâtiment cellulaire, pût surveiller, d'un coup d'œil, les rentrées et les sorties de chacun[1].

Et pour compléter ce système de surveillance, et remplir, pour ainsi dire par avance, cette autre condition majeure du panopticon de Bentham : *custodes ipsos quis custodiet?* Columelle et Varron nous apprennent encore qu'au-dessus de la porte d'entrée de la partie de la *villa* destinée aux esclaves, il existait un observatoire placé en face de la demeure du *villicus*, observatoire d'où le maître ou le procurateur pouvait, sans être vu, surveiller le villicus lui-même, et voir tout ce qui se passait chez lui[2].

Voilà pour le logement. Quant à la nourriture des esclaves, elle était réglée ainsi qu'il suit :

Tout le monde était rationné. L'hiver, chacun recevait quatre *modii* (34 litres) de froment par mois, et l'été quatre et demi (38 litres). Le *villicus*, la *villica*, le berger n'en recevaient que trois (25 litres 92 centilitres). Ceux qui travaillaient enchaînés recevaient journellement quatre livres de pain (1 kilog. 3 hectog. 8 décag.) en hiver, cinq (1 kilog. 6 hectog. 8 décag.) quand ils se mettaient à labourer les vignes, et quatre quand les figues commençaient à donner[3].

---

[1] Colum., I, vi, 6-9. — Varr., I, xiii, 2.
[2] Colum., I, 6 et 13. — Varr., I, 13. — Dezobry, III, 227.
[3] Cato, 56.

On faisait un pilau pour la famille, d'abord avec des olives tombées, ensuite avec celles venues à maturité, dont on ne devait tirer que peu d'huile. Quand les olives étaient consommées, on donnait de la saumure et du vinaigre; chaque individu avait un sextarius (54 centilitres) d'huile par mois, et un modius (8 litres 64 centilitres) de sel par an [1].

La même économie présidait à leur boisson; après la vendange, le marc de raisin étant abondant, on le mettait dans des tonneaux, on jetait de l'eau dessus et on en faisait une piquette qu'ils buvaient pendant trois mois. Le quatrième mois, on leur donnait une hémine (27 centilitres) de vin par jour, ou deux conges et demi (8 litres 10 centilitres) par mois. Les cinquième, sixième, septième, huitième mois, un sextarius (54 centilitres) par jour; ou cinq conges (16 litres 20 centilitres) par mois. Les neuvième, dixième, onzième mois trois hémines (81 centilitres) par jour, ou une amphore (25 litres 92 centilitres) par mois. Aux saturnales et aux compitales, chaque homme recevait un conge (3 litres 24 centilitres). — En général, on réglait la ration suivant les travaux, et ce n'était pas trop qu'un homme bût dix *quadrantalia* (2 hectolitres 60 litres) de vin dans son année [2].

Passons au vêtement. Les esclaves employés aux travaux de la campagne avaient pour vêtements des tuniques à manches et des saies avec un capuchon, afin qu'étant bien couverts, ni le vent, ni la pluie, ni le froid ne pussent interrompre leurs travaux. La tunique et la saie devaient durer deux ans, et on avait soin, en distribuant les neuves, de reprendre les vieilles pour faire

[1] Cato, 58.
[2] *Id.*, 57.

des morceaux, car on mettait souvent des pièces aux habits. On donnait également à chaque esclave, tous les deux ans, une paire de bons sabots garnis de clous[1].

Tel était le régime alimentaire des esclaves ruraux. Parlons maintenant de leur régime disciplinaire.

Les facilités et les occasions de fuir qu'offrait aux esclaves agricoles le travail à l'air libre et en plein champ avaient fait adopter, pour les contenir, une police sévère, et des moyens répressifs odieux.

D'abord, la chaîne qui les retenait, la nuit, dans l'*ergastulum*, les suivait, le jour, à l'ouvrage et ne les quittait jamais[2]. Un collier de fer au cou, des anneaux de fer aux pieds, étaient donc, pour chaque esclave rural, l'accessoire obligé de la bêche, de la serpe, ou de la charrue ; c'est pour cela qu'on appelait les esclaves des champs, la race ferrée, *ferratile genus*[3].

En second lieu, les esclaves qui travaillaient aux champs étaient divisés par groupes, selon la nature du travail. Chaque groupe, composé de dix hommes, s'appelait *décurie*, et était dirigé par un esclave appelé *décurion*. Les anciens approuvaient fort ce mode de division, lequel, tout en parant au danger des coalitions, offrait des avantages réels pour la surveillance comme pour la bonne culture[4].

Si, malgré ces précautions, des esclaves venaient à fuir, ils étaient soumis aux châtiments les plus cruels. « L'esclave fugitif s'amasse un pécule de misère », disait Plaute[5]. Des chercheurs jurés, *fugitivarii*, se mettaient

---

[1] Columel., I, 8 ; XI, 1. — Cato, 59. — Varr., *De re rustic.*, I, 8. — Dezobry, III, 256.

[2] Plin., XVIII, 10. — Ovid., *Trist.*, IV, 1, vers 5. — Florus, III, 19.

[3] Plaut., *Mostellaria*, I, 1, 18.

[4] Colum., I, ix, 7. — Wallon, II, 99.

[5] Plaut., *Mostell.*, IV, 1, 880.

à sa recherche.[1]. Une récompense était donnée à qui le ramenait[2]; des peines sévères étaient infligées par la loi à qui lui donnerait asile[3]. Les jurisconsultes trouvaient les caractères de la fuite jusque dans les moindres tentatives[4]. Si légère qu'en fût la trace, elle restait ineffaçable dans l'esclave : l'esclave était marqué pour toujours au front par le fer et le feu[5]. Toutes les peines lui étaient dues. Le maître pouvait le livrer aux sanglantes exécutions de l'amphithéâtre, aux combats d'animaux, aux jeux des gladiateurs[6]; il pouvait le jeter dans un puits, dans un four[7], ou bien, s'il voulait jouir de ses tortures ou en faire un plus frappant exemple, il le faisait mourir sur une fourche, sur une croix, hors de la ville, ou il le faisait brûler dans une robe de poix[8].

Pour ce délit, ou pour d'autres, le maître avait encore à sa disposition les lieux de supplice, appelés moulins, mines, carrières. Nous avons dit un mot du moulin, *pistrinum*, en parlant des peines disciplinaires infligées aux ouvriers des villes (v. p. 219). Voici ce qu'un esclave, sorti des carrières, raconte de cet enfer de l'esclavage : « J'ai vu bien souvent en peinture les supplices nombreux de l'Achéron; mais il n'y a point d'Achéron comparable à ces carrières d'où je viens; c'est un lieu où le travail épuise le corps jusqu'aux dernières limites de la fatigue[9]. » « On ne fait grâce, dans ces lieux, écrit Diodore,

---

[1] Florus, III, 19.
[2] Letronne, art. dans le *Journal des Débats* du 11 décembre 1833.
[3] Plaut., *Pœnul.*, 1, i, 184.
[4] Dig., XXI, i, L. 17, § 1, 4, 8 et 15.
[5] Val. Max., VI, viii, 7. — Cic., *De offic.*, ii, 7. — Wallon, II, 243.
[6] Aulu-Gelle, V, 14.
[7] Wallon, II, 245.
[8] *Id., ibid.*
[9] Plaut., *Capt.*, V, iii, 932-6.

et l'on n'accorde de relâche, ni aux infirmes, ni aux estropiés, ni aux femmes même en raison de la faiblesse de leur sexe. Tous indistinctement sont, à coups de fouet, contraints de travailler jusqu'à ce que, complétement épuisés par les fatigues, ils périssent de misère [1]. »

- Il ne faut pas croire que les punitions infligées par les maîtres à leurs esclaves fussent, chez eux, l'effet d'un plan systématique de rigueurs exercées *quand même*. Bons envers les bons, mauvais envers les mauvais, tels se montraient, en général, les propriétaires d'esclaves. Leur intérêt était la garantie de leur justice. L'esclave étant la propriété du maître, le maître était intéressé à sa conservation comme à la conservation de sa propre chose. Tirer le meilleur parti de son bien, hommes ou terres; distribuer à ses esclaves, dans la plus juste mesure, les soins et le travail : le travail jusqu'aux limites du possible, les soins dans les limites du nécessaire; telle était sa règle de conduite; ce ne pouvait qu'être par erreur, ignorance, exceptionnellement qu'il y manquait [2].

Caton, si sévère pour ses esclaves qu'il donnait lui-même les étrivières à ceux d'entre eux qui négligeaient leur service, Caton, l'austère censeur, récompensait ceux dont il était content, en ayant pour eux une complaisance... qu'une bouche honnête ne peut nommer, complaisance d'autant plus immorale d'ailleurs qu'il ne rougissait pas d'en tirer profit, en se la faisant payer [3].

Quand un esclave était malade, il était placé dans une infirmerie, *valetudinarium*, annexée à l'ergastulum ou au bâtiment cellulaire. Là il recevait les soins comman-

[1] Diod., III, 12 et 13, trad. de Miot.
[2] Wallon, II, 204.
[3] Plut., *Cat.*, xxxii.

dés par son état. Étaient-ce les soins d'un médecin? ce n'est guère supposable d'après l'interdiction formelle que Caton faisait des médecins à son fils[1]; c'étaient plutôt les soins d'un esclave infirmier versé dans la pratique de quelques remèdes de campagne. C'est à l'infirmerie qu'on envoyait se reposer l'esclave fatigué par trop de travail[2]. Le sommeil, dans ce cas, était le seul remède que Caton prescrivît. « Caton, dit Plutarque, voulait qu'un esclave travaillât toujours ou qu'il dormît. Après le sommeil, il était plus propre à sa tâche[3]. » Les bains, si usités dans la classe libre, l'étaient peu ou point dans la classe serve. Les esclaves ne se baignaient que les jours de fête, l'usage fréquent du bain nuisant à la vigueur du corps[4].

L'esclave était-il vieux, impotent, maladif? il était vendu comme inutile avec les vieux bœufs et les ustensiles usés de jardinage ou de labour[5]. Comme nous vendons aujourd'hui pour la boucherie le bœuf qui ne peut plus traîner nos charrues, on vendait alors pour la mine ou le moulin l'esclave faible ou vieux qui n'était plus bon qu'à tourner la meule. Il n'y avait pas plus d'inhumanité dans ce cas que nous n'en mettons dans l'autre; c'étaient les mœurs du temps.

Après la mort d'un esclave, vers le soir, un de ses compagnons, retirant le cadavre de l'étroite cellule, allait le jeter sans pompe et sans bruit dans la fosse commune aux esclaves et aux animaux[6].

---

[1] *Interdixi tibi de medicis. Jurarunt inter se nos omnes necare medicinā.* Cato, *De re rustica.*

[2] Colum., XI, 1; XII, 3.

[3] Plut., *Cato*, 32.

[4] Columel., I, 6.

[5] Cato, *De re rustica*, II, *in fine.*

[6] Hor., *Sat.* I, 8. — De Saint-Paul, p. 104.

Bien que le *villicus* eût toute la confiance du maître et qu'il le remplaçât dans toutes les parties de l'exploitation du domaine, le maître n'en gardait pas moins l'œil de la surveillance sur ses esclaves et sur le villicus lui-même. C'est pour cela que, de temps en temps, le propriétaire du domaine en exploitation se rendait sur les lieux et se faisait rendre compte par le *villicus* de ce qu'on avait fait pendant son absence, et de ce qui restait à faire pour que les travaux fussent toujours au courant. Il visitait les plantations, parcourait les vignes, recensait les esclaves, comptait le bétail, s'informait près des chefs si personne n'avait manqué à la discipline, et auprès des esclaves s'ils n'avaient point eu à souffrir de la colère ou de la cupidité de tous ceux auxquels ils étaient soumis, les engageant à se plaindre des agents qui les maltraitaient ou les volaient. Il inspectait aussi leurs habillements et leurs chaussures et demandait à chacun s'il avait reçu tout ce qui devait être fourni. Enfin, il se rendait dans la cuisine et goûtait le pain, la boisson et les aliments des esclaves, pour s'assurer s'ils étaient de bonne qualité[1].

Un maître intelligent avait toujours à la maison des fileuses et des foulons pour la confection du vestiaire des esclaves[2].

Quand il faisait mauvais, on occupait les esclaves dans l'intérieur des bâtiments, et, dans les jours courts, on faisait des veillées pendant lesquelles on réparait ou on confectionnait des outils, des claies, des paniers, des ruches, des mannes, et cent autres ouvrages pareils[3].

---

[1] Columel., I, 8; XI, 1. — Cato, II.

[2] Cato, 57. — Digest., XXXIII, tit. vii, L. 12, § 5 et 6.

[3] Columel., XI, 2. — Virgil., *Georg.*, I, vers 291. — Pline, XVIII, 26.

Quelque bien ordonné que pût être ce système d'exploitation rurale, et quelque profit qu'il eût pu rapporter dans les commencements, les vices de sa nature servile étaient tels que l'agriculture, soumise à ce régime, dut finir par tomber en décadence et appauvrir la terre qu'elle devait féconder. « Quand le conquérant romain, dit un publiciste moderne, devenait maître d'un homme libre et industrieux, il donnait les ouvrages de cet homme pour modèles à ses esclaves; alors le travail se perfectionnait. Lorsqu'il n'y eut plus d'hommes industrieux à subjuguer, les esclaves ne furent plus instruits que par les esclaves. Alors, une partie de la population servile travaillant machinalement d'après les ordres de l'autre, le travail devint de plus en plus grossier. Lorsque les esclaves furent plus nombreux à Rome, ils cultivèrent seuls les terres; alors, comme l'agriculture était trop compliquée pour des esclaves, tout s'éteignit, tout dépérit, tout fut changé en pâturage [1]. »

Le pâturage absorba et rendit inutile toute culture, et l'économie rurale n'eut plus d'autre axiome que celui-ci : Quel est le profit le plus certain? le bon pâturage. Et après? le pâturage médiocre. Et enfin? le mauvais pâturage.

Toutes les fois, dit Hume, que les agronomes de l'antiquité se plaignent de la diminution du blé en Italie, ils ne manquent pas d'attribuer ce décroissement de richesse territoriale à l'introduction de l'exploitation servile [2].

L'esclavage eut, à cet égard, de tels effets que l'Italie finit par devenir presque aussi improductive que l'est

---

[1] Conte, *Traité de législation*, t. IV.
[2] Hume, *Essais*, II, p. 504.

aujourd'hui la campagne de Rome, et qu'au lieu d'exporter du blé, comme elle l'avait fait quelque temps, elle fut obligée de compter pour sa subsistance sur les moissons de la Barbarie, de la Sicile et de l'Egypte[1]. « C'est à l'Afrique et à la Sicile que nous demandons notre pain, dit Varron ; c'est à Cos et à Chio que notre marine va faire la vendange[2]. » Columelle se plaint, dans les mêmes termes, de voir l'Italie tributaire du monde[3] ; et Tibère, effrayé, écrivait au sénat que la vie de Rome se trouvait désormais à la merci des flots et du vent[4]. »

§ 4. — MÉTAYAGE.

Avantages et inconvénients de ce système. — Lois agraires liciniennes.

C'est pour remédier aux désastreux effets de l'exploitation servile que les lois agraires liciniennes restreignirent l'étendue des terres arables qu'il serait permis à chacun de posséder, et déterminèrent le nombre d'esclaves qu'il serait licite d'y employer.

Le métayage, ou exploitation rurale par métayers libres, fut le procédé de culture qui résulta de l'application des lois liciniennes.

« La loi licinienne, dit M. de Gasparin, en limitant l'étendue des possessions rurales et le nombre des esclaves qu'on pourrait y tenir, et enjoignant de se servir

<hr>

[1] Dunoyer, *Liberté du travail*, liv. IV, ch. iv.
[2] Varr., II, *præf.*, 3.
[3] Colum., I, *præf.*, 20.
[4] Tacit, *Ann.*, III, 54.

d'hommes libres pour la culture, força les riches à avoir recours à leurs concitoyens pauvres. Alors, sans doute, la coutume de partager les fruits de la terre entre le propriétaire et le cultivateur, ou le *métayage*, prit naissance [1].

La plus ancienne mention qui soit faite du contrat de métayage se trouve dans Caton l'Ancien, où le métayer est désigné sous les noms de *politor* et de *partiarius* [2].

L'usage de partager les fruits et récoltes de la terre, par égales ou inégales. portions, entre le propriétaire et le métayer ou colon partiaire, se trouve également mentionné dans un fragment de Gaïus [3] et dans une lettre de Pline le Jeune [4].

Mais cet usage n'eut que la durée des lois agraires liciniennes, c'est-à-dire qu'il ne dura que peu de temps.

Après la chute de ces lois, on introduisit de nouveau dans la culture cette foule d'esclaves, genre de propriété qu'il fallait utiliser; le métayage fut presque aboli. Sous les premiers empereurs, le métayage était tellement réduit que Columelle ne daigne pas faire mention d'un mode d'exploitation dont Caton parlait comme d'un procédé généralement suivi; il ne connaît plus que l'exploitation servile et le fermage à prix d'argent [5].

---

[1] *Guide du propriétaire des biens soumis au métayage*, p. 19.

[2] Cato, *De re rust.*, cap. CXXXVI et CXXXVII.

[3] Gaïus, lib. X, *in Digest.*, lib. XIX, tit. II, L. 25, § 6.

[4] Plin., *Epist.*, lib. IX, ep. XXXVII.

[5] De Gasparin, *ubi supra*, p. 19 et 47.

§ 5. — FERMAGE A PRIX D'ARGENT.

Supériorité de ce système sur le métayage. — Divers modes. — *Adscriptitii* et *coloni*.— Origine de l'emphytéose et des serfs de la glèbe. — Conséquences du travail servile appliqué à l'agriculture. — Appauvrissement et dépopulation des campagnes.

Columelle, dans son traité sur l'agriculture, établit en ces termes la supériorité de ce mode d'exploitation sur l'autre : « Dans les propriétés éloignées, où le maître ne peut pas se rendre facilement, il vaut mieux employer pour la culture le système des fermiers libres que le système des esclaves domestiques, surtout pour les terres à blé, que le fermier ne peut pas ruiner comme s'il s'agissait de vignes ou de plantations, et que les esclaves ruinent, au contraire, en louant les bœufs du maître, en les nourrissant mal, ainsi que les troupeaux, en faisant négligemment les labours, en exagérant les semences employées, en négligeant les semailles faites, enfin en laissant perdre, faute de soin ou par fraude, les gerbes apportées sur l'aire après la moisson ; car, ou ils dérobent ou ils laissent dérober, ou bien encore ils n'inscrivent pas fidèlement sur les registres ce qui a été récolté. Il arrive ainsi que l'esclave intendant et les autres esclaves se relâchent, et que trop souvent les domaines se perdent. C'est pour cela que lorsqu'il y en a de pareils, et qu'ils doivent manquer de la présence du maître, je crois qu'il faut les affermer [1].»

La constitution de la société antique favorisait naturellement ce mode d'exploitation rurale, parce que les immenses domaines, concentrés dans les grandes familles, ôtaient aux maîtres la possibilité d'en surveiller l'ex-

[1] Colum., *De re rust.*, lib. I, cap. vii. — Voy. Dickson, *Agriculture des anciens*, trad., t. I et II.

ploitation, et que, pour s'épargner le soin et la peine de
régir eux-mêmes les innombrables esclaves dont il aurait fallu les couvrir, ils trouvaient plus sûr et plus simple de les affermer et d'en percevoir ainsi les revenus,
sans en avoir les soucis.

Un propriétaire qui voulait s'assurer un revenu fixe
sur ses terres, et s'en épargner l'administration, avait
deux partis à prendre : ou bien il les affermait à des
cultivateurs libres, pour un temps et pour un prix conve-
nus, ou bien il les donnait à bail, de gré à gré, à ses propres esclaves, dont il avait expérimenté déjà l'activité et
la probité ; — demeurant d'ailleurs toujours le maître de
leur retirer sa confiance s'ils s'en montraient indignes,
et de les remettre de leur état nouveau de fermiers dans
leur ancien état d'esclaves, puisque leur changement de
condition était précaire et bénévole, et n'avait aucun caractère d'émancipation.

Ces fermiers esclaves étaient donc des esclaves agricoles, des esclaves laboureurs, des esclaves vignerons,
des esclaves bergers, auxquels leurs maîtres, par suite
d'un nouveau système de gérance appliqué à leurs biens,
ne donnaient plus le gîte, le vêtement et la nourriture,
comme par le passé, mais accordaient la faculté de diriger à leur gré, sous leur responsabilité, ou la culture
d'une étendue de terre déterminée, ou la conduite d'un
troupeau, à la condition de payer annuellement au
maître une certaine portion des revenus du troupeau
ou de la terre, et de garder le reste pour eux, comme
équivalent de la nourriture, du vêtement et du gîte
qu'ils ne recevaient plus gratuitement [1].

---

[1] Granier, *Classes ouvrières*, ch. II, et Wallon, *De l'esclavage*, part. III,
ch. VII.

Les fermiers esclaves s'appelaient *adscriptitii* (*adscrits à la terre*), par opposition aux *coloni censiti, originarii, inquilini,* ou *coloni* tout simplement, lesquels n'étaient plus esclaves.

Ces derniers, sur la condition desquels M. Giraud a jeté un si grand jour, dans son *Histoire du droit au moyen âge,* après trente ans de possession comme fermiers esclaves, devenaient colons libres avec leurs propriétés, ce qui n'empêchait pas, bien entendu, qu'ils fussent forcés de cultiver la terre et d'en payer les redevances.

C'est de là que sont venus l'emphytéose et le fief terrien.

Emphytéose , précaire, possession, bénéfice, fief, étaient autant de synonymes signifiant également l'exploitation d'une propriété cédée à quelqu'un, moyennant certaines redevances et certaines conditions.

Cette exploitation recevait plus spécialement le nom de *bail emphytéotique* [1], lequel commença par être temporaire et révocable, et finit par devenir irrévocable et héréditaire à perpétuité [2].

Quelque dénomination que reçût la concession de terres faite par le propriétaire aux esclaves, sous condition de redevance et de gré à gré, cette concession, qui a eu pour effet de transformer par la suite l'antique servitude appliquée aux esclaves ruraux, en changeant ceux-ci en serfs de la glèbe, comme les propriétaires en seigneurs féodaux, n'a pu faire que l'esclavage romain ne produisît pas l'effet immédiat, nécessaire, fatal, qu'il était dans sa nature de produire, savoir : l'appauvrissement et la dépopulation des campagnes. La population, en effet, sous le souffle empoisonné de l'esclavage, dé-

---

[1] *Emphytéose* est un mot grec qui signifie *ensemencement.*

[2] Voir sur tout cela l'*Hist. des classes nobles,* de M. Granier de Cassagnac, ch. xii et xv.

clina non moins rapidement que les moyens de subsistance ; et non-seulement la population libre, mais la
population servile elle-même ; car l'esclave ne se mariant
pas, mais s'accouplant, l'esclave n'étant pas homme, mais
chose, dut n'avoir que la durée de l'instrument aratoire
auquel il était assimilé. D'un autre côté, l'esclave n'é-
tant, le plus souvent, affranchi par le maître qu'à la condition qu'il ne se marierait pas, et cela afin que tout le bien
qu'il pourrait acquérir affranchi revînt au patron par
héritage, la race esclave dut s'éteindre rapidement.

« La nation tout entière disparut peu à peu par l'effet
de ce régime odieux, dit un historien économiste. On ne
trouvait plus de Romains qu'à Rome, d'Italiens que dans
les grandes villes. Quelques esclaves gardaient encore
quelques troupeaux dans les campagnes ; mais les fleuves avaient rompu leurs digues, les forêts s'étaient étendues dans les prairies, et les loups et les sangliers
avaient repris possession de l'antique domaine de la civilisation [1]. »

[1] De Sismondi, *Nouv. princip. d'écon. polit.*, I, 113.

CHAPITRE IV.

Organisation du travail servile affranchi

(du deuxième au quatrième siècle de l'empire).

Affranchissement du travail servile. — Monopole du travail aux mains de l'État. — Travail individuel : la boutique, la ferme. — Travail sociétaire : les corporations ou jurandes privées. — Fabriques impériales : les corporations ou jurandes publiques. — Conclusion.

§ 1. — AFFRANCHISSEMENT DU TRAVAIL SERVILE.

Caractère de cet affranchissement. — Le travail est affranchi, mais pas le travailleur. — Travailleurs libres et travailleurs esclaves assimilés et confondus dans une servitude nouvelle, le *service de l'État.* — Service de l'Etat substitué pour tous à l'esclavage privé et à la liberté individuelle. — *Obsequium.* — Droit à l'oisiveté converti en obligation au travail. — Obligation imposée à tous les citoyens. — Réhabilitation du travail. — Travail élevé au rang de service public. — C'est, avec l'impôt, le seul produit du budget de l'empire.

La révolution politique qui substitua l'empire à la république de Rome ne fut pas seulement un changement radical dans le gouvernement, ce fut un changement radical dans l'organisation du travail servile et de l'oisiveté citoyenne.

L'empire affranchit le travail servile et convertit le droit à l'oisiveté en obligation forcée au travail.

Cette obligation, l'État l'imposa à tous les citoyens ; et, pour que personne n'y échappât, il éleva le travail au rang de service public, et s'en constitua l'organisateur et le chef suprême.

Est-ce donc que tous les esclaves furent émancipés et qu'il n'y eut plus que des travailleurs libres ? Cette grande transformation ne s'opéra point ainsi.

Les sources de l'esclavage ayant diminué, et les mêmes

causes qui avaient rendu l'esclavage plus rare ayant fait la liberté plus misérable, le peuple, qui n'avait plus les comices et qui ne se portait plus vers les légions, se trouva naturellement poussé vers le travail, d'autant que le mépris public ne le frappait plus de réprobation comme autrefois, et que les empereurs, au contraire, l'entouraient d'immunités et de faveurs [1]. Mais, à côté de ces immunités, il y avait des charges nouvelles dont le travail individuel était grevé [2]; charges qui firent que la production alla en déclinant, en même temps que le prix des objets d'usage et de consommation s'éleva dans une progression encore plus rapide [3]. Donc, livré à lui seul et libre de suivre ses instincts, le peuple eût fui peut-être les métiers au lieu de les rechercher, et demandé à l'esclavage des ressources qu'une liberté besoigneuse ne pouvait plus lui offrir, si, pour l'arrêter sur cette pente, le pouvoir ne fût intervenu; or, il intervint.

Autrefois, le pouvoir, appartenant à l'aristocratie des pères de famille, respectait, par une sorte d'accord, de réciprocité personnelle, la souveraineté de chacun dans sa maison. Aujourd'hui, le pouvoir de ces maîtres, appartenant à un seul maître, ne reconnaissait plus ces barrières si longtemps sacrées, et le foyer de la maison était de son domaine, tout aussi bien que celui de la place publique. Aujourd'hui, l'intérêt public était tout, l'intérêt particulier rien. Aujourd'hui donc l'État gouvernait non-seulement les familles dans leurs relations mutuelles, mais chaque famille dans son intérieur, mais chaque administration dans le moindre fonctionnement

---

[1] Wallon, III, 240, 241, 252.
[2] Voy. *ibid.*, 263, et ci-après § 3.
[3] Voy. *ibid.*, 254 et 255.

de ses moindres rouages, mais chaque branche de commerce dans son exploitation, mais chaque métier dans sa sphère d'action et de produit [1].

Le budget de la république reposait sur les produits de la guerre; celui de l'empire, sur le produit du travail et de l'impôt.

L'empire ne pouvait donc vivre sans travail. Pour le rendre plus fécond, il le dépouilla du caractère de servilité qui l'avilissait dans l'opinion publique, et le rendit accessible, même enviable, à tous les citoyens, non-seulement en lui donnant le droit de bourgeoisie, mais encore en lui conférant des priviléges et des titres de noblesse; car le travail des métiers, autrefois interdit aux citoyens comme un signe d'esclavage, pouvait maintenant conduire à toutes les charges, à toutes les fonctions, à toutes les magistratures, même à la dignité de comte.

L'esprit du christianisme commençait à souffler sur le monde païen. Le travail servile était affranchi !

Mais le travailleur l'était-il? Pas encore.

Deux classes de travailleurs étaient en présence, à la fin de la république : les travailleurs esclaves et les travailleurs libres; — les travailleurs esclaves en grand nombre, les travailleurs libres moins nombreux. L'empire résolut de faire concourir ces deux classes, de la même manière, au même but, en les assimilant l'une à l'autre, et en les confondant toutes deux en une seule classe, sous une même dénomination, sous un même joug. Pour cela, il réduisit le nombre des premiers par l'affranchissement, et augmenta le nombre des seconds par la nécessité du travail. Pour cela encore, il rendit les esclaves non affranchis moins esclaves, et les ci-

____

[1] Wallon, III, 252 et 309.

toyens libres moins libres, en infusant, pour ainsi dire,
la liberté dans l'esclavage, et l'esclavage dans la liberté.
Par ce moyen, l'esclave et l'homme libre se touchèrent
de si près, dans cette condition de rapprochement réci-
proque qui leur était faite, que tous deux se donnèrent
forcément la main, et se confondirent l'un et l'autre, non
dans une même liberté, mais dans une même servitude
de liberté : — servitude nouvelle, servitude appelée
service de l'État.

Le service de l'État fut donc le centre commun où
vinrent converger désormais tous les rayons du travail,
tous les efforts des travailleurs, et cela sans distinction
d'origine, comme sans distinction de fonction ou de métier ; ajoutons, sans résistance possible d'aucune volonté contraire ; car toute volonté individuelle était su-
bordonnée et invinciblement enchaînée à la volonté
souveraine de l'Etat ; — car un seul mot résumait les
rapports du sujet et du souverain ; — or, ce mot était
celui qui exprimait les devoirs de l'esclave envers son
maître, ou, plutôt, les obligations serviles de l'affranchi
vis-à-vis de son patron : *obsequium.* Ce mot s'appliquait
à toutes les fonctions, à tous les services, à toutes les
prestations, à toutes les conditions, à tous les travaux [1].
Et ce n'était pas un vain mot ! Toutes les classes, en effet,
étaient rapprochées, sous ce mot, et confondues dans
les mêmes mesures [2]. Toutes étaient soumises au niveau
commun. C'était le droit de l'esclavage qui gouvernait
maintenant l'homme libre.

---

[1] *Obsequia* præsidialia. *Obsequium* pistrini. Excoquendæ calcis *obsequia.*
Obsequia curiarum, *obsequium* municipale, *obsequium* militare, etc., etc.
(Voy. *Cod. Theod.*, lib. VII, VIII, XI et XII, tit. i, vii, xvi et i, etc.)

[2] *Cod. Theod.*, lib. VI, tit. xxxvii, *De perfectissimatus dignitate*, L. un.

§ 2. — MONOPOLE DU TRAVAIL AUX MAINS DE L'ÉTAT.

Organisation militaire de ce monopole. — Tout citoyen est travailleur. — Tout travailleur est soldat. — Division des travailleurs en milices forcées. — Milice guerrière, milice administrative, milice ouvrière, etc. — Cette classification est purement hiérarchique, et ne constitue aucune supériorité d'une milice sur l'autre. — Tous *servent* l'Etat diversement, mais également, c'est-à-dire sous le même niveau, celui de la glèbe héréditaire appliqué à l'administration et aux métiers.

L'Etat, après avoir inutilement encouragé le peuple au travail en l'y aidant, avait fini par l'y déterminer en l'y contraignant, et en l'y contraignant de telle sorte qu'il y fut à jamais rivé, comme un condamné à sa chaîne, lui, sa fortune et ses descendants.

Et pour que le service de l'Etat, ainsi entendu, ainsi constitué, fût organisé de manière à n'être jamais en souffrance, et à fonctionner sans intermittence sous l'impulsion d'une volonté, d'une autorité, d'une intelligence unique, puissante, éternelle, l'Etat lui-même, personnifié dans l'empereur, concentra dans ses mains tous les intérêts particuliers, toutes les industries privées, et en fit à son profit un monopole universel.

Ainsi, de même que l'empereur était le grand juge de la justice, le grand général des armées, le grand trésorier des finances, le grand promoteur de l'administration, l'empereur devint le grand, l'unique producteur de l'empire; — en ce sens que tous les travaux publics ou privés relevèrent de lui, et que lui seul en tint les fils, et en fit mouvoir les rouages, non plus dans l'intérêt de tel ou tel individu, de telle ou telle classe, mais dans l'intérêt du gouvernement.

De même l'empereur se fit fermier général de toutes les terres de l'empire.

De même, le droit d'hérilité n'appartint plus qu'à lui.

Maître des maîtres, il le devint conséquemment des esclaves; esclaves et maîtres ne travaillaient plus que pour l'Etat.

Maintenant, quelle organisation donner à cette vaste machine ouvrière gouvernementale ? L'empire lui donna son organisation propre, l'organisation militaire.

Jusqu'alors, celui-là seul était soldat qui portait les armes pour son pays. Désormais, sera également soldat celui qui portera un instrument quelconque de travail, un signe quelconque d'autorité ou de fonction; car celui-ci comme l'autre, dans la spécialité de sa sphère, *milite* également pour le service de l'Etat. L'armée des soldats de la paix, ou des travailleurs, formera donc désormais, avec l'armée des soldats ou travailleurs de la guerre, une seule et même armée, — armée divisée en autant de milices qu'il y aura de services distincts dans le service universel de l'État.

Ainsi, il y aura : la *milice palatine*, comprenant tous *les serviteurs* et employés du *palais* de l'empire.

La *milice guerrière*, comprenant les légions, et tous les *serviteurs* de l'armée.

La *milice administrative*, comprenant les fonctionnaires ou *serviteurs* des finances, de l'annone, de la police urbaine, des préfectures, des curies provinciales, et généralement de toutes les divisions et subdivisions de l'administration publique de l'empire.

Enfin, la *milice ouvrière*, comprenant les *serviteurs* ou fonctionnaires du travail manuel, industriel, commercial.

Cette organisation milicienne ne constituait ni privilége, ni supériorité d'une milice sur l'autre; ce n'était qu'une classification hiérarchique d'ouvriers divers, enrégimentés par ordre de numéros de fonctions, et ne différant entre eux que par la différence même des services auxquels ils étaient diversement attachés. Pour tout le reste ils étaient égaux ; égaux en droits ; égaux surtout sous le niveau commun de leur servitude ; car, grands ou petits, riches ou pauvres, patriciens ou plébéiens, nobles ou prolétaires, militaires ou citoyens, fonctionnaires publics ou simples particuliers, travailleurs des mains ou travailleurs de la tête, individus enfin ou corporations, tous concouraient, dans la mesure de leurs forces et de leur aptitude, à pourvoir aux besoins, au service de l'État ; — tous *servaient* l'État par leur travail, et ce service commun était tellement une servitude commune, qu'esclaves ou libres, tous servaient en esclaves, en esclaves de la loi qui leur était faite, loi qui faisait du travail un devoir obligatoire pour tous, et qui, dans ce vaste atelier national, assignait à chacun sa besogne, et à chaque besogne chacun ; de manière qu'ouvrage et ouvrier, travail et travailleur, fonctionnaire et fonction, individu ou corporation étaient si indivisiblement unis l'un à l'autre, que la mort même n'en pouvait briser le lien, ce lien étant un héritage perpétuel qui ne s'éteignait qu'à la dernière génération.

Quant à la répartition des travailleurs dans tel ou tel cadre, dans telle ou telle milice, quand la fatalité de sa naissance n'avait pas fait au-travailleur sa place marquée, il n'appartenait qu'à l'empereur de lui faire cette place ; — l'empereur seul ayant le droit d'affecter les citoyens aux divers services de l'État, suivant les convenances et les besoins dont lui seul était juge [1]. Alors il n'était pas plus possible au travailleur désigné de quitter la place assignée, qu'il ne lui eût été loisible de ne pas y entrer.

[1] Wallon, III, 213.

Ce système, comme on le voit, n'était autre que celui de la glèbe appliqué à l'administration et aux métiers. Nous allons le voir maintenant fonctionner dans ses détails, suivant qu'il s'appliquera au travail industriel ou au travail agricole ; au travail individuel ou au travail sociétaire.

§ 3. — TRAVAIL INDIVIDUEL. — LA BOUTIQUE ; LA FERME.

Le travail libre se relève un moment, puis retombe. — Pourquoi ? — Le chrysargyre. — L'hérédité. —Travailleurs libres industriels, et travailleurs libres agricoles, retenus pour toujours par la même chaîne, l'un à son maître, l'autre à sa terre. — Oisifs et fugitifs réputés vacants. — L'hérilité passée des maîtres à l'Etat. — L'Etat maître de tous les biens. — Les propriétaires ne sont plus que ses fermiers. — Colonat.

Le travail libre, que nous avons vu, rare et besoigneux, succomber sous le poids de la concurrence du travail servile, non moins que sous celui du mépris public dont il était accablé, se releva tout fier et se produisit avec plus de chances, dès que, moins restreint dans le nombre de ses ouvriers, et pouvant porter haut la tête, il se vit classé au rang des fonctions sociales dont le citoyen laborieux pouvait tirer profit sans rougir. Le premier usage qu'il fit de ses coudées plus franches fut de se livrer à un mouvement de vanité, bien excusable, en raison des avances flatteuses dont il était l'objet de la part des empereurs. Donc, certains ouvriers libres, heureux de leur réhabilitation, se firent honneur des métiers que le préjugé avait le plus atteints, et s'en parèrent comme d'un titre de gloire. Dans les inscriptions tumulaires qu'ont colligées Gruter et Muratori, on trouve celle-ci : *marchand de gladiateurs*, NEGOCIATOR FAMILIÆ GLADIATORIÆ, — preuve du cynisme de satisfaction avec lequel l'homme qu'elle concernait trouvait honorable tout métier où l'on gagnait de l'argent. Et ces deux autres, exaltant avec une naïve emphase les plus modestes professions : NEGOCIATRIX LEGUMINARIA, *négociante en légumes!* NEGOCIATOR ARTIS MACELLARIÆ, *négociant dans l'art du rôtisseur !...* [1].

Malgré cela, le travail libre individuel ne put jamais devenir prospère. D'abord, l'esclavage n'avait point entièrement cédé la place au travail libre, et les fabriques impériales, dont je parlerai dans le § 5, et où les hommes libres eux-mêmes se trouvaient comme enrôlés et retenus héréditairement, lui faisaient, à défaut même de l'esclavage, une autre concurrence bien plus redoutable encore et qui fermait toute issue à ses produits. En second lieu, les charges dont le travail libre individuel se trouva grevé, comme par compensation des profits que le fisc eût tirés du travail exclusif des manufactures publiques, durent naturellement arrêter son essor. Ces charges, introduites, par Caligula et Vespasien, dans le système des impôts de Rome [2], étendues par Alexandre Sévère à diverses sortes de métiers [3], et généralisées par Constantin [4], aboutirent au *chrysargyre*, impôt odieux, impôt maudit, qui atteignait tous ceux qui n'avaient d'autre patrimoine que leurs bras ; et réduisit les classes ouvrières aux extrémités les plus tristes et les plus calamiteuses [5].

Malheureusement pour l'ouvrier libre, il était enchaîné au *service de l'Etat,* isolé comme associé, et la fata-

---

[1] Voy. Gruter et Muratori, cités par Wallon, III, 242.

[2] Suet., *Calig.*, 40, et *Vespas.*, 23.

[3] Lampride, *Vie d'Alex. Sév.*, 24.

[4] *Cod. Just.*, lib. XI, tit. LXVIII, leg. un., *de capitat. civium censibus eximenda.*

[5] Voy. notre ouvrage sur le *Droit à l'assistance chez les anciens.*

lité de sa naissance ou de sa condition ne lui permettait pas plus de sortir du métier qu'il exerçait, que d'en embrasser un autre, sans l'intervention du maître souverain auquel il appartenait, — l'État !

Que si, par réminiscence du passé, il invoquait son ancien droit à l'oisiveté, la loi de l'empire opposait à ce droit prescrit un autre droit nouveau, supérieur, celui conféré à l'État de considérer comme vacants, *vacantes*, tous les citoyens oisifs, *otiosi*, et comme oisifs tous ceux qui ne travaillaient que pour eux seuls, et de s'emparer d'eux tous à son profit, comme d'un bien vacant [1].

C'est ainsi que l'empereur prenait souvent aux ateliers privés, aux boutiques, les ouvriers qui n'y travaillaient que pour eux ou pour leur patron, et dont il avait besoin pour combler les vides qui se trouvaient dans les corporations, ou les fabriques impériales dégarnies [2].

Comme on le voit, le travail ne s'était répandu parmi les classes libres que pour y apporter, en les augmentant, les obligations de la servilité.

Sous ce rapport, il en était du travail libre agricole comme du travail libre industriel.

Le colon, en effet, était pour toujours adhérent à la terre, comme l'ouvrier pour toujours à son métier.

Le colonat apparaît tout constitué, avec son caractère d'obligation et de contrainte, dès les premières lois du Code théodosien [3].

Les terres les plus fertiles, les plus enviées de l'ancienne Italie, avaient été successivement abandonnées par leurs fermiers, par leurs propriétaires. Pertinax

---

[1] Wallon, III, 214.
[2] *Id.*, *ibid.*
[3] *Cod. Theod.*, lib. V, tit. ix, L. 1, *De fugit. colonis.*

18

ayant offert de ces terres en toute propriété à qui pren-
drait l'engagement de les faire valoir, personne n'en
voulut à cette condition [1]. Dans ces nécessités de la
culture, à qui manquait le travail servile, sans qu'elle
trouvât parmi les libres un concours suffisant, la loi ne
put que prendre le colon et l'attacher à la glèbe, lui
et sa postérité [2]. La fuite du cultivateur venait-elle à
laisser un champ sans culture, c'est-à-dire sans produit pour le Trésor, la loi poursuivait le malheureux;
et le recherchait où qu'il se trouvât; la loi le tirait de
sa retraite ni plus ni moins que l'esclave, et le ramenait
de force à son champ désolé [3]. C'était la condition-
commune de tous les travailleurs, de tous les fonctionnaires de l'empire. Sa fonction à lui était d'être membre
de la terre, comme celle du curiale d'être membre de
la curie. N'y aurait-il pas eu inhumanité à *mutiler* la
terre [4]!

Les mêmes lois, d'ailleurs, qui asservissaient les colons, faisaient aussi leur garantie. Les colons étaient attachés au sol, ils n'en pouvaient sortir; mais on ne
pouvait non plus les en tirer. Il était défendu de les
déplacer des champs emphytéotiques du domaine de
l'État [5], de les vendre sans la terre, comme de vendre
la terre sans eux [6]. C'était toujours la raison d'utilité
publique, et l'intérêt du Trésor [7].

Que si un homme libre valide était trouvé errant dans

[1] Hérodien, II, 4, § 12.
[2] *Cod. Just.*, lib. XI, tit. LXX, L. un.
[3] *Ibid.*, tit. LIII, L. un., etc.
[4] Wallon, III, 303.
[5] *Cod. Just.*, *ubi supra*, tit. LXII, *De mancipiis et colon. patrimon.*
[6] *Ibid.*, tit. XLVII, *De agricolis*, L. 2.
[7] *Ibid.*, L. 7.

les campagnes; la loi le considérait comme vagabond, et l'envoyait, à ce titre, comme colon forcé, sur le domaine de celui qui l'avait dénoncé [1]. L'État se saisissait lui-même des familles qu'il jugeait *vacantes* pour les attacher, comme dans les travaux de la ville, aux champs où le besoin s'en faisait sentir [2].

J'ai dit que l'empereur était constitué fermier général de toutes les terres de l'empire; c'était dire, en d'autres termes, que les propriétaires n'étaient plus que les fermiers de l'État. Comme tels, ils devaient à l'État, leur maître, le tribut territorial qui était la redevance de tous. Et ce tribut ils le devaient, non-seulement pour leur part et portion personnelle, mais solidairement pour la part et portion de tous leurs voisins. Que les voisins fussent solvables ou non, c'était l'affaire du propriétaire choisi; c'était à lui à exercer son recours en remboursement, comme il l'entendrait, et à ses seuls risques et périls. Après lui, le fisc, l'année suivante, en choisissait un autre, et la ruine des propriétaires fonciers pouvait ainsi s'étendre de proche en proche, sans que, pendant longtemps, le progrès en fût appréciable dans le produit de l'impôt [3].

Les domaines des particuliers étant devenus le domaine de l'État, nul ne pouvait en distraire, au préjudice de l'État, les esclaves rustiques qui y étaient *adscrits* par le cens (*in possessionibus adscripti*), soit pour les émanciper, soit pour les vendre; la loi punissait de l'exil quiconque les enlevait à leurs travaux [4].

Ainsi, le citoyen n'eût plus un aussi plein pouvoir de

[1] *Cod. Theod.*, XIV, 18; *De mendic. non invalidis*, L. 1.
[2] *Ibid.*, XI, 1, *de Annon.*, L. 26.
[3] Voy. Wallon, III, 286.
[4] *Id., ibid.*, 308.

retirer son esclave d'occupations trop peu productives et de se retirer lui-même de fonctions trop ingrates ; tout ce labeur et ces soins ne s'accomplissaient plus seulement pour lui ; ils s'accomplissaient avant tout pour l'État. L'État avait ses profits dans l'industrie privée, comme sa part dans les revenus des terres. L'État donc avait besoin du travail sous toutes ses formes : il y retenait l'esclave malgré le maître ; il y retenait l'homme libre malgré lui [1].

§ 4. — TRAVAIL SOCIÉTAIRE. — CORPORATIONS OU JURANDES PRIVÉES.

Origine des jurandes. — Jurandes volontaires ou libres. — Jurandes obligatoires ou forcées.

1. — *Origine des jurandes.*

La jurande naît spontanément des nécessités du travail affranchi. — Groupes de métiers par quartier préludent à la jurande.

Au fur et à mesure que la population des sociétés antiques s'accrut et se civilisa ; au fur et à mesure qu'avec les besoins progressifs nés de cette civilisation, le travail et l'industrie, qui seuls pouvaient les satisfaire, acquirent un développement et des perfectionnements proportionnels, les industriels et les travailleurs libres, multipliés par les affranchissements devenus de plus en plus nombreux et nécessaires, se groupèrent pour ainsi dire d'eux-mêmes et par la seule force des choses, au milieu des autres classes de la société, en une seule et grande famille industrielle, divisée en autant de branches agglomérées qu'il y avait, parmi ses membres, de corps d'état particuliers et de métiers distincts.

[1] Wallon, III, 120.

La jurande, ou association des travailleurs libres d'un même ordre, naquit ainsi spontanément des nécessités du travail affranchi substitué au travail servile ; nécessités qui naquirent elles-mêmes de l'impossibilité qu'il y avait pour le travail libre de lutter, en s'isolant, en s'individualisant, contre la concurrence du travail servile sociétaire des loueurs d'esclaves, des capitalistes fabricants, et des manufactures de l'État.

Les travailleurs affranchis préludèrent à leur classement par corporations en se groupant, par corps d'état, dans des quartiers spéciaux, dans des rues distinctes, pour l'exercice de leurs diverses professions, ou l'exploitation de leurs différents commerces. A Rome, en effet, ouvriers et marchands s'étaient comme parqués par espèce d'industrie dans plusieurs quartiers de la ville, sans que rien de légalement obligatoire les y contraignît, bien avant que les censeurs divisassent, l'an 574 de Rome, les quatre tribus de la ville, pour les suffrages électoraux, selon les différentes professions et selon les différents métiers de ceux qui les composaient [1].

Au *Forum romanum*, c'étaient les banquiers, les prêtres, les courtiers d'affaires [2].

Dans *Tuscus vicus* et dans le *Vélabre*, c'étaient les confiseurs, les parfumeurs, les pigmentaires, les débitants de drogues, telles que la ciguë, la salamandre, l'aconit, les chenilles de pin, les cantharides, la mandragore, etc [3].

Dans *Argilète*, c'étaient les fabricants de chaussures [4].

---

[1] Voy. ci-dessus, p. 193.

[2] Denys d'Halicarnasse, III, 20.

[3] Senec., *Epist.* 56. — Horat., II, *Sat.* III, vers 226. — Mart., XI, 28. — *Digest.*, XLVIII, tit. VIII, leg. 2, § 3.

[4] Mart. II, 17.

Sous le *portique d'Agrippa*, les fabricants de riches habits [1].

Dans la *voie Sacrée*, les fournisseurs de toutes les riches bagatelles dont on fait des cadeaux aux femmes, telles que : éventails en plumes de paon, boucles de cristal, osselets d'ivoire, coffrets de bois précieux, dés, tables à jouer, tablettes à écrire, et mille autres colifichets [2].

Aux environs des théâtres, des cirques, des bains, et dans tous les lieux de réunions publiques, les marchands de vin, les charcutiers, les débitants d'aliments cuits [3].

Une fois mis en contact, par le fait seul de leur voisinage, les ouvriers d'une même industrie, les commerçants d'un même négoce, maçons avec maçons, forgerons avec forgerons, teinturiers avec teinturiers, etc., se rapprochèrent d'idées, s'unirent d'intérêts, convinrent de certains points fixes pour régler leurs rapports réciproques, et élurent certains d'entre eux pour juger les cas et appliquer les règles acceptées. Telle est l'origine des premières corporations de métiers, des premières jurandes volontaires.

---

[1] Mart. X, 87.

[2] Ovid., *Amor.*, I, vers 100. — Propert., II, 18, vers 59. — Mart., XIV, *passim*.

[3] Mart., V, 71. — Hor., I, Ep. xiv, vers 21. — Plaut., *Pœnul.*, prol., vers 41. — Senec., Ep. lvi.

2. — *Jurandes volontaires ou libres.*

Point de départ des jurandes. — Ont l'initiative de leur formation. — Leur première institution par Numa. — Leur organisation, leurs progrès. — Leur division en jurandes industrielles et en jurandes marchandes ou commerciales. —
Leurs règlements, leurs devoirs, leur but. — Sont modelées sur l'image de Rome.
— Leurs dignitaires, syndics et patrons. — A qui les jurandes offrent spécialement leurs travaux. — Le gouvernement intéressé à leur développement. — En-
couragements qu'elles en reçoivent. — Privilèges, immunités. — Raisons de
l'intervention de l'Etat dans le régime intérieur des jurandes. — Quand et pourquoi soumises à l'autorisation préalable. — Cette autorisation ne nuit pas à leur
liberté.

Aux termes d'une loi de Solon sur les confréries grecques, loi reproduite par celle des Douze Tables sur les
sodalités romaines, tous les ouvriers, tous les commerçants, tous ceux qui avaient un commerce, une industrie ou une pensée, avaient le droit de se réunir, de s'organiser, de se former en société, pourvu que les lois
publiques n'y apportassent pas obstacle [1], c'est-à-dire,
pourvu que l'association ne violât pas la loi commune [2].

Ainsi, les jurandes privées ont commencé par être
libres, par avoir le droit d'initiative dans leur formation
en se soumettant aux lois; c'est là leur point de départ.

On attribue à Numa l'organisation des premières jurandes romaines. « Numa, dit Plutarque, constitua à
part, dans la cité, les arts des joueurs de flûte, des fondeurs en or, des forgerons, des teinturiers, des cordonniers, des corroyeurs, des ouvriers en airain, des potiers;
il réunit tous les autres arts en un même corps, leur
donna une même organisation, et leur attribua des colléges, des assemblées et des rites sacrés appropriés à
chaque genre [3]. »

[1] Voy. *Dig.*, lib. XLVII, tit. XXII, leg. 4. *De collegiis et corporibus.*
[2] Granier de Cassagnac, *Classes ouvrières*, p. 325.
[3] Plut., *Numa*, 17.

Ce sont ces corporations qui, plus tard, dans la constitution de la plèbe de Rome par Servius Tullius, formèrent les tribus urbaines [1].

Un peu avant l'institution du tribunat, Rome avait fait la dédicace d'un temple à Mercure, et institué, sous son patronage, un collége de marchands [2].

Rares quand le travail servile embrassait la généralité des métiers et à des industries, les jurandes privées se multiplièrent au fur et à mesure que le travail libre s'organisa, se développa, s'étendit.

Les jurandes privées se divisaient en *jurandes industrielles* et en *jurandes commerciales* ou.*marchandes*.

Une loi de Constantin, de l'année 337, énumère trente-cinq corporations industrielles, lesquelles se composaient des corps de métiers suivants : les architectes, les plâtriers, les couvreurs, les charpentiers, les lapidaires, les ciseleurs sur argent, les ciseleurs sur cuivre, les maçons, les équarrisseurs de pierre, les fourbisseurs, les paveurs, les peintres, les peintres décorateurs, les sculpteurs, les ouvriers en perles, les ouvriers en mosaïque, les menuisiers, les statuaires, les forgerons, les marbriers, les doreurs, les fondeurs, les teinturiers en pourpre, les orfévres, les miroitiers, les charrons, les porteurs d'eau, les vitriers, les ouvriers sur ivoire, les foulons, les potiers, les plombiers, les pelletiers, les médecins, les vétérinaires [3].

Mais il y avait bien d'autres métiers organisés en jurandes que la loi de Constantin ne mentionne pas. Ceux-ci se trouvent rappelés dans les inscriptions qu'ont

---

[1] Voy. ci-dessus, p. 110 et 111.
[2] Tit. Liv., II, 27.
[3] *Cod. Theod., De excusationib. artific.*, lib. XIII, tit. IV, leg. 2.

recueillies Gruter et Muratori. Ces inscriptions témoignent du développement qu'avaient pris les professions manuelles dans la classe libre sous les empereurs. On y trouve, en effet, mentionnés en plusieurs endroits : le travail du fer ou de l'airain, du bois, de la pierre ou du marbre; la confection des machines; tous les arts qui se rapportent à la construction ou à la décoration des maisons ; les soins qui ont plus spécialement pour objet la personne de l'homme, son vêtement, sa chaussure, avec tous les ornements que la richesse y ajoute; l'industrie qui met à son usage tout ce que réclament les besoins ordinaires ou les recherches de la civilisation, meubles d'utilité ou de luxe, armes de guerre ou de chasse, instruments de musique, instruments de métiers; et le commerce qui va chercher dans des régions lointaines, ou qui livre à la consommotion les choses nécessaires à la vie ou au bien-être de la vie [1]. Pour ce qui est des jurandes privées industrielles, de nombreuses inscriptions constatent l'existence de colléges de forgerons, de charpentiers, de constructeurs de vaisseaux, de mécaniciens, d'ouvriers en marbre, en or, en airain ; colléges de fabricants de vases, de miroirs, de pastilles ou tablettes; colléges de parfumeurs; colléges de cardeurs de laine, de tisserands, de teinturiers, de foulons, de tailleurs ou de cordonniers ; colléges de mariniers; colléges de plongeurs, de pêcheurs, même de chasseurs; colléges de médecins, de pédagogues, et d'autres dont le caractère est vague ou inconnu [2].

Les principales *corporations marchandes* de l'empire étaient : les colléges des bateliers ou mariniers, non pas

[1] Muratori et Gruter, cités par Wallon, III, 241 et 242.
[2] Voy. *Ibid.*, II, 245.

seulement sur le Tibre, mais sur tous les grands fleuves, sur le Pô, sur l'Adige, sur le Rhône, sur la Saône, sur la Seine, sur le Rhin, sur le Danube, sur le Guadalquivir, et dans un grand nombre de villes assises au bord d'une rivière navigable ; négociants au long cours faisant le commerce de blé, d'huile ou de vin ; colléges de marchands de bestiaux, de cuirs, de salaisons, de fourrage [1]; colléges de boulangers, de bouchers ; des fabricants de chaux ; colléges de pêcheurs de coquillages, et teinturiers en soie ; colléges de rouliers, de marchands de merrain et de bois de construction ; et une foule d'autres, jusqu'au respectable corps des mesureurs jurés de blé aux magasins du port d'Ostie [2].

Les jurandes privées, industrielles ou commerciales, avaient les mêmes règlements, les mêmes priviléges, les mêmes devoirs, le même but. Elles portaient indifféremment le même nom de colléges, *collegia*, ou de corporations, *corpus*. Leurs membres s'appelaient *collegiati* ou *corporati* [3]. Chacun de ces colléges élisait annuellement des administrateurs qui portaient le nom de *patrons* [4], ou de *syndics* [5]. Un de ces patrons ou syndics était nommé, pour cinq ans, par la corporation tout entière, administrateur général des intérêts de la société; il portait le titre de prieur, *prior*, et avait la garde de tous les biens, meubles et immeubles [6]. Les patrons des

---

[1] Muratori et Gruter, cités par Wallon, III, 245.

[2] *Cod. Theod.*, lib. XIII, tit. v ; lib. XIV, tit. iii. *Ib.*, tit. iv. *Ib.*, tit. vi ; lib. X, tit. xx, etc.

[3] *Cod. Theod.*, lib. XIV, tit. vii, leg. 2.

[4] *Cod. Theod.*, lib. XIV, tit. iv, l. 9.

[5] *Cod. Theod.*, lib. XIV, tit. ii, leg. 42.

[6] *Cod. Theod.*, lib. XIV, tit. iii, l. 7, et tit. iv, l. 9.

bateliers du Tibre étaient élevés, de droit, après cinq ans de service, à la dignité de comte [1].

Les jurandes privées, organisées et reconnues, avaient dans les transactions ordinaires le caractère de personnes civiles, et, dans leur organisation, les formes d'un corps politique, tout aussi bien que les corps spécialement rattachés au service des villes ou de l'État. Elles étaient, en général, modelées sur les formes de la cité, sur l'image de Rome, le prototype de toutes les cités. Plus d'une corporation s'appelait une république [2]; plus d'un corps de métier prenait le nom de *peuple*, de *plèbe*, *d'ordre* [3]. Le peuple des jurandes avait, comme l'ancien peuple romain, ses divisions en décuries ou en centuries; il avait ses dignitaires, ses magistrats. Ses chefs ou maîtres, appelés *magistri*, se nommaient quelquefois *décemvirs* et presque généralement *quinquennales*; ou bien, par un emprunt aux formes mêmes de l'administration des provinces, ils se nommaient recteurs et préfets. A côté d'eux, se trouvaient des questeurs et des procurateurs pour la comptabilité et la gestion des affaires communes ; puis, à des degrés moins élevés, des décurions, des adjudants. A l'exemple des curies, les colléges assignaient un rang à part aux premiers de l'ordre ; ils avaient, comme elles, leurs adjonctions gratuites et leur éméritat ; ils avaient non pas seulement leurs dignités et leurs grades, mais encore leur office : on trouve des secrétaires d'un collége de médecins; un scribe, un médecin, un haruspice, dans un collége de forgerons. Ils avaient, enfin, leurs affranchis et leurs esclaves; ils

[1] *Cod. Theod.*, lib. XIV, tit. iv, l. 9 et 10.
[2] Wallon, III, 181.
[3] *Id., ibid.*, p. 247.

avaient leur ère, leurs lustres, comme les empires [1].

C'était moins aux particuliers qu'à l'État que les ouvriers associés en jurandes pouvaient offrir leur travail. En effet, les particuliers riches possédant un grand nombre d'esclaves, à peu près de toutes les professions, n'avaient guère besoin de recourir aux corporations pour faire exécuter leurs ouvrages [2] ; et, auprès des particuliers pauvres, les jurandes trouvaient la concurrence des loueurs d'esclaves [3]. Restait donc pour elles le gouvernement. C'était là le vrai client des jurandes, et les travaux entrepris par lui formaient le seul atelier permanent où les ouvriers pussent gagner chaque jour leur salaire [4].

De son côté, le gouvernement trouvait, dans le travail des corporations d'artisans, des ressources trop précieuses pour les municipes et pour le Trésor, pour ne pas le mettre à profit en l'encourageant par tous les moyens en son pouvoir.

Alexandre Sévère fut celui des empereurs qui multiplia, qui généralisa le plus ces associations de travail [5]. Ce fut lui qui, le premier, accorda des immunités au commerce pour l'attirer vers Rome [6]. Des immunités furent pareillement accordées par les autres princes à la pratique des arts utiles, sans distinction de lieu [7], quelque bas qu'elles fussent placées dans la hiérarchie milicienne, toutes les corporations de métiers avaient leur part de priviléges. Ces priviléges consistaient, notam-

---

[1] Voy. sur tout cela Wallon et les auteurs qu'il cite, *ubi supra*, 248.

[2] Voy. ci-dessus, p. 206.

[3] Voy. ci-dessus, p. 211.

[4] Granier de Cassagnac, *Classes ouvrières*, ch. ii.

[5] Lampride, *Alex. Sev.*, 33.

[6] *Id., ibid.*, 22.

[7] Wallon, III, 241.

ment, dans la dispense de tutelle, et dans l'exemption du service de la milice armée [1]. A Rome, les corporations en général se voyaient exemptes des charges extraordinaires et de la milice, à moins qu'il ne s'agît d'un devoir intérieur, de la défense des portes et des murs [2]. La corporation chargée de recueillir pour le peuple romain les porcs et le lard était dispensée de la fonction, dite sordide, de recruter des soldats [3].

Ces dispenses, que le droit du Digeste réduisait aux métiers rattachés au service de l'armée, ou du moins aux corporations consacrées à quelque service public, furent étendues par Constantin à la plupart des professions civiles. L'utilité dont leur travail, quoique privé, était à l'État, avait légitimé cette forme d'encouragement en leur faveur [4].

Ces immunités, d'ailleurs, n'étaient que la conséquence du système de haute surveillance et d'administration supérieure que le gouvernement impérial s'était attribué sur toutes les branches et sur toutes les formes du travail affranchi.

Le caractère spécial de la période dont nous nous occupons est l'intervention de l'État dans le domaine de la vie privée, autrefois muré pour lui. Entre la vie privée et la vie publique, la loi ne reconnaît plus de barrière. Elle prétend gouverner non pas seulement les familles dans leurs relations mutuelles, mais chaque famille dans son intérieur ; et ce n'est qu'une extension nécessaire et une dernière application de la règle qu'elle avait suivie

---

[1] *Dig.*, lib. XXVII, tit. II, *De excusationibus*, leg. 17, § 2.—*Cod. Just.*, lib. XII, tit. xxxv, l. 1.

[2] *Cod. Theod.*, lib. XIV, tit. II, *De privileg. urbis Romœ.*

[3] *Ibid.*, lib. II, tit. xvi, *De extraord. sive sordid. muneribus.*

[4] Wallon, III, 241.

en organisant le service public. Il faut que la marche de
l'Etat soit garantie ; il faut que les revenus de l'Etat
soient assurés. La principale source de ces revenus ré-
side dans le travail individuel des familles laborieuses,
dans le travail sociétaire des corporations de métiers ; il
faut donc que l'Etat s'occupe des corporations et des familles, et qu'il veille à ce que, par l'emploi de leur industrie et de leurs ressources, elles produisent en argent
ou en nature ce qui est demandé par les nécessités de
l'administration [1]. Il faut enfin que les jurandes industrielles soient organisées par lui ou pour lui ; et, en tout
cas, de telle sorte que l'intérêt privé ne soit plus, aux
mains du travailleur, qu'un instrument de l'intérêt public.

Pendant plus de sept siècles, à partir du règne de Numa qui est le berceau des jurandes, les jurandes, sous
les rois, sous la république, et sous les empereurs jusqu'à
Trajan, purent se former librement, sauf à être supprimées quand elles violaient les règlements généraux de
l'Etat.

Mais, à partir de Trajan, les jurandes n'ont plus l'initiative de leur formation ; elles sont soumises à l'autorisation préalable du gouvernement, — autorisation qui
précise les conditions auxquelles elle est accordée, quand
elle est accordée [2].

Avant Trajan donc, les jurandes se forment spontanément et règlent elles-mêmes les conditions de leur existence.

Depuis, et jusqu'à Constantin, le propre des divers corps
de métiers est d'être absolument sous la direction et sous la
dépendance du gouvernement ; ils ressortissaient, en Ita-

---

[1] Wallon, III, 222.
[2] Voy. *Digest.*, lib. LXVII, tit. xxii, leg. 4.

lie, au préfet des subsistances, ou au préfet de Rome [1] ;
ils étaient, en ce qui touche leurs fonctions, tout à fait à
la discrétion des empereurs ; le corps des boulangers
était tenu de fournir du pain aux villes, les bateliers et
les rouliers d'opérer les transports ; les maçons de mettre
un nombre suffisant de bras aux ouvrages ; en un mot,
les corps des métiers étaient rigoureusement les instruments de l'administration, et même, en beaucoup de
points, l'administration elle-même ; mais, au moins, les
divers membres de ces corps étaient parfaitement les
maîtres d'y entrer et d'en sortir, de passer de l'un à l'autre
à leur choix, et, en tout état de cause, de conserver le patrimoine qu'ils avaient tout à fait libre, tout à fait séparé,
tout à fait personnel, et de l'entraîner avec eux dans quelque maîtrise qu'ils s'affiliassent ; faculté qui leur fut enlevée depuis Constantin, quand, de libres qu'elles étaient,
les jurandes devinrent obligatoires, et leurs membres enchaînés à tout jamais, eux et leurs descendants, dans la
corporation qu'ils avaient choisie ou dans laquelle ils
étaient nés [2].

C'est sous cette dernière phase qu'il nous reste à considérer les jurandes privées.

3. — *Jurandes obligatoires ou forcées.*

Similitude et différence entre les sodalités et les jurandes. — Devenues des clubs,
des associations politiques, elles sont supprimées. — Plus tard, elles sont réta-
blies. — Puis dissoutes de nouveau et prohibées. — Puis réorganisées par et
pour l'Etat. — De libres, elles deviennent forcées, obligatoires, héréditaires. —
Époque et conséquences de cette révolution dans les jurandes.

Les sodalités romaines dont nous avons parlé au commencement de l'article précédent (page 279), et que re-

---

[1] *Cod. Theod.*, lib. XIV, tit. ii, leg. 1.
[2] Granier, *ubi supr.*, ch. xiii.

connaissait la loi des Douze Tables avec le droit de se gouverner intérieurement, étaient, dans le principe, de petites *amphictyonies* fort innocentes, c'est-à-dire des réunions privées, dont le but était de faire, en commun, des sacrifices et des repas religieux [1]. Ces associations, qui étaient fort nombreuses sous l'empire [2], se distinguaient donc en cela des corporations de métiers dont le but spécial était tout mercenaire, tout industriel. Cependant ces mêmes corporations avaient été empreintes dans l'origine du même caractère; et le passage de Plutarque que j'ai cité plus haut prouve que Numa les avait instituées dans la même pensée que Solon les confréries grecques, avec un caractère religieux et des rites sacrés [3]. Ce caractère, les sodalités et les jurandes romaines le conservèrent intact sous la monarchie. Mais elles ne purent traverser la république sans s'imprégner peu à peu des mœurs et des idées de cette forme de gouvernement. La politique entra donc dans la sodalité comme dans la jurande, et l'esprit de sédition, d'insubordination et de révolte y pénétra par tous leurs pores, c'est-à-dire par tous leurs membres, mêlés aux agitations du Forum. Les choses en étaient venues au point, dans le septième siècle de Rome, que les sodalités, connues sous les noms de confréries ou de colléges, telles que les colléges de la bonne déesse, de Minerve, de Diane, de la jeunesse, de la conservation des mœurs (*sodalitas pudicitiæ servatæ*,) et autres [4], étaient devenues autant de sociétés politiques, autant de *clubs sodalistes*, où les en-

---

[1] Festus, *Fragm.*, cité par Wallon, III, 485, note 17.
[2] Mommsen, *De collegiis et soldalitiis Romanorum.*
[3] Voir Wallon, III, 501, note 38.
[4] Id., *ibid.*, 486.

nemis du gouvernement recrutaient leurs sicaires et leurs agents les plus sûrs, les plus dévoués. Aussi le sénat, première victime dévouée aux poignards des conspirateurs, les supprima-t-il entièrement, l'an 64 avant notre ère.

Les corporations de métiers durent, aussi bien que les sodalités religieuses et plus facilement encore, prendre un caractère politique dans les troubles de la république à cette époque. « Ces hommes de travail, dit Wallon, humiliés et appauvris par l'esclavage, et depuis si longtemps éloignés des affaires de l'Etat, n'avaient garde d'être sourds à l'appel des ambitieux qui leur faisaient espérer la fortune et le pouvoir. C'est pourquoi le sénatus-consulte publié en 64, au milieu des complots de Catilina, dut porter sur eux comme sur les autres [1]. »

Mais, il est plus facile d'ordonner la suppression d'institutions séculaires que de l'opérer. Clodius, voulant venger la mort et reprendre l'œuvre de destruction de Catilina, rétablit les corporations détruites, et les multiplia au profit des agitations populaires. Mais César les ramena à leur ancienne mesure [2]. Auguste les fit rentrer dans les mêmes limites, après un nouveau débordement des factions [3], et Néron dissolvit toutes celles qui s'étaient organisées contrairement aux lois [4].

Depuis lors, une phase nouvelle commence pour les jurandes privées.

Jusqu'alors les jurandes avaient eu l'initiative de leur

---

[1] Wallon, III, 486.

[2] *Cuncta collegia, præter antiquitus constituta, distraxit.* (Suet., *Cæs.*, 42.)

[3] *Collegia, præter antiqua et legitima, dissolvit.* (Suet., *Aug.*, 32.)

[4] *Collegiaque, quæ contra leges instituerant, dissoluta.* (Tacit., *Annal.*, lib. XIV, cap. 17.)

formation; désormais elles ne pourront plus se former sans l'autorisation préalable du gouvernement[1]. Cette autorisation était un moyen de suppression indirecte. On la refusait, en effet, quand elle était demandée, effrayé qu'on était toujours de ces associations libres où se pouvait nourrir encore un vieil esprit républicain[2]. C'est dans cette pensée que Trajan s'opposa à la formation de nouvelles jurandes, et notamment à celle d'un collége de cinquante forgerons que Pline lui demandait la permission d'établir dans la ville de Nicomédie[3].

En supprimant, en étouffant les jurandes, les sénatus-consultes et les décrets des princes n'avaient pas pour but de supprimer, d'étouffer le travail, mais seulement de briser, de dissoudre le lien civil qui unissait les travailleurs. Ce lien fut longtemps la terreur du gouvernement impérial, et pourtant il en recélait le salut. Pour l'en faire sortir, il ne fallait pas le briser, mais se l'approprier. Toutes ces milices ouvrières pouvaient être et étaient, en effet, un danger permanent pour l'Etat; mais elles pouvaient lui être aussi une source intarissable de bien-être et de sécurité; pour cela, il fallait savoir convertir leur danger en utilité publique, et appliquer leur intelligence et leur force à la prospérité de chacun et de tous. C'est ce que le gouvernement comprit à la fin.

Le gouvernement favorisa donc le rétablissement des corporations, et il en créa lui-même pour toutes les industries. Mais il n'eut pas seulement en vue, en cela, d'offrir au travailleur isolé la sécurité et les priviléges de l'association publique, il avait entendu, surtout et avant

---

[1] Granier de Cassagnac, *Classes ouvrières*, p. 329.
[2] Wallon, III, 105.
[3] C. Plin., *Epist.* x, 34.

tout, y trouver des garanties pour l'Etat. Ces garanties, il les chercha, non dans la corporation libre dont le centre de production, reposant sur la volonté des associés, pouvait, par cela seul, lui faire défaut au moment des nécessités publiques, mais dans la corporation forcée, obligatoire, héréditaire pour tous, en tout temps, et dans quelque branche d'industrie que ce fût.

C'est vers le commencement du quatrième siècle de l'empire, sous Constantin, que s'opère cette grande révolution dans l'institution des jurandes, lesquelles, à partir de cette époque, deviennent un corps nécessaire, *necessarium corpus*, comme disent les lois romaines[1].

Cette nécessité légale de la corporation fit que, non-seulement les corps de métiers conservèrent les mêmes obligations qu'ils avaient déjà vis-à-vis du gouvernement, mais que les individus qui en faisaient partie en contractèrent de nouvelles plus assujettissantes encore. En effet, à partir de cette époque, aucun membre d'une corporation ne put ni cesser d'en faire partie, ni passer d'une corporation à une autre, sous quelque excuse que ce fût. Ceci est dit pour toutes les corporations en général, dans une novelle de Valentinien, de l'année 445, laquelle ordonne de ramener à leur jurande tous ceux qui l'avaient quittée, fussent-ils devenus soldats, fussent-ils devenus clercs, jusqu'au grade de diacre[2]; et on le trouve établi en particulier pour les bateliers, pour les bouchers, pour les boulangers, pour les tailleurs, par diverses lois de Valens, d'Honorius, de Théodose et de Valentinien[3]. Il en était de même pour toutes les autres jurandes.

[1] *Cod. Theod.*, lib. XIV, tit. iii, leg. 2.

[2] *Cod. Theod.*, *Leg. novellar.* lib., tit. xxvi.

[3] *Cod. Theod.*, lib. X, tit. xxii, l. 16; lib. XIII, tit. v, l. 11; lib. XIV, tit. iii, l. 8; et tit. iv, l. 6.

De cette façon, l'institution générale des maîtrises de l'empire devint semblable à ce que sont les ordres dans l'état ecclésiastique ; elle imprima caractère, à tel point que la mort elle-même n'en brisa pas les liens, et que le fils ou le légataire de l'ouvrier, l'un pour avoir pris son nom, l'autre pour avoir pris son héritage, furent forcés de choisir le même métier que lui et d'entrer dans la même confrérie [1].

Les jurandes forcées, d'ailleurs, avaient l'organisation et jouissaient des immunités des jurandes libres [2]; et elles empruntaient aux jurandes publiques tout ce que nous dirons, dans le paragraphe suivant, du joug perpétuel imposé aux travailleurs de toutes les milices [3].

§ 5. — FABRIQUES IMPÉRIALES. — CORPORATIONS OU JURANDES PUBLIQUES.

La jurande, charpente osseuse du corps de l'Etat. — Pourquoi l'Etat a des fabriques à lui, des corporations à lui. — Deux sortes de jurandes publiques : jurandes de l'administration centrale, jurandes de l'administration provinciale. — Quels travaux ressortissent à ces deux sortes de jurandes. — Parmi ces travaux, quels sont sordides, et quels serviles. — Les premiers exécutés par des hommes libres, les seconds par des esclaves. — Libres et esclaves sont mélangés dans tous les travaux d'utilité publique. — Grands travaux exécutés par les jurandes. — Les jurandes ne sont pas seulement d'origine romaine. — Jurandes juives et jurandes grecques. — Caractère essentiel des jurandes publiques. — *Originis vinculum.* — Obligation de rester toujours dans sa jurande. — Ceux qui s'en éloignent y sont ramenés. — Les travailleurs marqués. — Obligation héréditaire, même par alliance. — Hérédité du sang, hérédité des biens. — Hypothèque perpétuelle. — Peut-on se faire remplacer ? — Mariage défendu en dehors de la jurande. — Servitude personnelle, réelle, héréditaire, attachée à toutes les fonctions, à la milice administrative comme à la milice ouvrière. — Tout sert. — La condition des condamnés aux mines est la condition commune de l'empire. — Conséquences de ce système. — Y a-t-il plus à y prendre qu'à y reprendre pour l'organisation du travail moderne ? — Conclusion.

Ce n'était pas assez pour l'État d'avoir organisé les classes ouvrières en milices forcées, et d'avoir converti

[1] Granier de Cassagnac, *ubi supra*, ch. XIII.
[2] Voy. ci-dessus, p. 282 et 284.
[3] Voy. ci-après, p. 302.

en travail public le travail privé ; d'avoir extrait du travail individuel et du travail sociétaire tout ce que la loi de
contrainte qui pesait sur toutes les fonctions de l'empire
pouvait en extraire à son profit ; l'État voulut avoir et
avait, à lui, ses fabriques propres et ses corporations spéciales, pour les travaux publics que lui seul pouvait entreprendre et mener à fin.

Les fabriques impériales étaient réparties sur divers
points de l'empire. Les ouvriers s'en recrutaient au
moyen du droit de contrainte dont j'ai déjà parlé, et qui
faisait que tout ouvrier, isolé ou en boutique, qui ne travaillait que pour lui ou pour son patron, était réputé *vacant* et appartenait, à ce titre, à l'État [1]. Les principales
manufactures impériales étaient celles où se fabriquaient
les armes et instruments de guerre [2]; où se tissaient les
vêtements pour l'armée [3]; où se fabriquaient les
monnaies [4]; où se construisaient les voitures publiques [5], etc., etc.

Les travaux publics étaient confiés à des corporations
publiques, c'est-à-dire à des jurandes organisées exclusivement en vue des divers services publics auxquels elles
étaient attachées.

Il y avait des jurandes publiques de deux sortes : celles
qui comprenaient les travaux accomplis au profit du
prince ou de l'État, — autrement dit les travaux ressortissant à l'administration centrale; et celles qui comprenaient les travaux exécutés au profit des villes et des

---

[1] Voy. ci-dessus, p. 273.
[2] Voy. les titres *De fabricensibus* dans le *Cod. Theod.* et dans le *Cod.
Just.*, et Amm. Marc., XIV, 7 et 9.
[3] Wallon, III, 145.
[4] *Cod. Theod.*, lib. XV, tit. ɪ.
[5] *Cod. Theod.*, lib. VIII, tit. v, *De cursu publico*, L. 17.

municipes, — autrement dit les travaux ressortissant à l'administration provinciale.

A la première classe de jurandes publiques appartenaient notamment : les mines et carrières, l'entretien des routes et des ponts, les hôtels de monnaies, les fabriques d'armes [1], les plomberies de l'État [2], l'administration des eaux [3], les transports du fisc (*bastagarii*) et généralement tous les travaux nécessaires aux besoins des troupes [4]. Adrien avait organisé en cohortes ceux qui exerçaient ce dernier genre de métier. Il y avait donc dans les camps, à l'exemple des anciennes centuries, des colléges de charpentiers, de forgerons, de constructeurs de radeaux, de tentes, etc. [5]. Pareillement, les ouvriers de la monnaie, les ouvriers employés à recueillir la pourpre (*murileguli*), à tisser des vêtements pour l'usage de la maison du prince ou de l'armée, etc., formaient des corporations ou des colléges [6].

Les jurandes publiques, préposées plus spécialement aux travaux qui concernaient les villes ou l'administration municipale, concentraient leur action dans le territoire de la cité, sous la haute direction de la curie et des sevirs augustales [7]; mais elles n'en appartenaient pas moins pour cela au gouvernement central; car, pour répondre à leur destination, les municipes n'avaient pas seulement à vivre par et pour eux-mêmes, à suffire aux besoins de leur administration et de leur entretien ; ils devaient

---

[1] *Cod. Theod.*, lib. XV, tit. i, *De operib. publicis.* — *Ibid.*, tit. ii, *De aquæduct.* — *Ibid.*, tit. iii, *De itinere muniendo.*

[2] Gruter, p. 182, 9.

[3] *Id.*, p. 601, 7.

[4] Wallon, III, 144.

[5] *Id., ibid.*, 145.

[6] *Id., ibid.*, 144.

[7] Voir sur les curies et les augustales, Wallon, III, 172 et s.

concourir à la vie, à l'action commune, fournir à l'État du travail et de l'argent. C'est pour cela que c'était aux citoyens de chaque municipe que, sous forme de charges personnelles, on laissait la direction et l'accomplissement des travaux compris dans sa circonscription. C'était donc à l'administration municipale, et, par elle, aux habitants des municipes, que l'État, pour trouver plus de garantie et simplifier son travail, remettait la perception des impôts en argent ou en nature, la tâche d'assurer aux armées leur matériel et à l'annone ses approvisionnements, le transport de ces matières soit par terre, soit par eau, et tous les travaux et les services nécessaires pour les faire passer de la perception à la distribution, ou même, sans plus d'intervalle, à la consommation [1].

C'est à Rome surtout, où il y avait plus de besoins, plus de services, que l'on vit se multiplier, pour le service municipal et pour le service public, les colléges et les corporations. Il y avait des corporations permanentes pour recueillir les porcs, le bétail, le vin destiné à l'annone de la ville [2]. Indépendamment du corps général des naviculaires [3], il y avait des corps particuliers d'armateurs, affectés à diverses sortes de transports; des corporations distinctes de mariniers, par exemple, le corps des bateliers du port d'Ostie. Dans ce port, ils se rencontraient avec la corporation des *mesureurs*, leurs

---

[1] Wallon, III, p. 136, 172 et 173.

[2] Voy. à ce sujet le titre IV, *De suariis, pecuariis, et susceptoribus vini, cæterisque corporatis*, dans le *Cod. Theod.*, lib. XIV. — Les rations de lard n'étaient à Rome que de quatre mille par jour pendant cinq mois en l'an 419. (L. 10, *eod.*). Y avait-il donc moins de pauvres qu'autrefois? Non. Il y avait seulement moins d'habitants, et le fisc avait moins de ressources. (V. Godefroi sur ce titre, et Wallon, III, 508, note 40.)

[3] Le corps des armateurs ou naviculaires était chargé du soin de transporter, des provinces d'outre-mer aux grands centres de consommation, les matières de l'annone. (*Cod. Theod.*, lib. XIII, tit. V, *De naviculariis.*)

rivaux d'intérêts, et avec celle des portefaix que les particuliers étaient tenus d'employer au transport de leurs bagages ou marchandises [1].

Bien que le travail manuel ne déshonorât plus celui qui s'y livrait, il y avait cependant encore certaines occupations, certains travaux qu'on réputait sordides et qui, à ce titre, étaient imposés comme charges spéciales à certains citoyens, à certains corps, pris parmi les-moins élevés dans la hiérarchie des travailleurs. Telles étaient, notamment : la charge de préparer le charbon et la chaux pour les besoins des capitales [2]; celle de fournir du bois au matériel des camps [3]; celle de fournir à l'armée des conscrits [4]; celle de faire de la farine ou du pain [5].

Quoique sordides, ces charges n'étaient point serviles. C'étaient, comme toutes les charges, des fonctions publiques, lesquelles, par cela seul, pouvaient s'imposer et s'imposaient sans dégradation aux citoyens.

Mais, dans un ordre inférieur, les besoins de l'État pouvaient demander des soins vraiment serviles. Dans ce cas, on y employait des esclaves. Ainsi, le chef d'une boulangerie avait, à cet effet, à son service, des bêtes de somme, des esclaves et des mules [6]. De même, dans les relais publics, il y avait tout ce qui était nécessaire aux

[1] Wallon, *ubi supra*, p. 179, 180 et 509, note 50.

[2] Voy. *Cod. Theod.*, lib. XI, tit. xvi, *De extraord. sive sordid. muneribus*, L. 15.

[3] *Ibid.*

[4] La milice qui, sous la république, était un privilége, devint, sous l'empire, une charge, une redevance, un impôt ; — impôt en nature dont la perception s'opérait comme celle des bêtes de somme. Dans la dégradation du régime militaire de cette époque, la charge de lever des soldats était sordide, celle de lever des pourceaux ne l'était pas ! (Voy. Wallon, III, 155, et les tit. du *Cod. Theod.*, qu'il cite.)

[5] *Cod. Theod.* lib. XIV, tit. iii, *De pistoribus.* — L'ancienne description de Rome comptait 254 boulangeries. (Voy. Godefroi, sur ce titre.)

[6] *Cod. Theod.*, *ubi supra*, L. 7.

transports, chevaux et palefreniers esclaves, mules et-
muletiers esclaves, chars et charretiers esclaves, et quelquefois, avec le même caractère de servitude, des
hommes employés au bon entretien des voitures ou
des bêtes de somme [1]. Ils formaient une *famille* comme
toute réunion d'esclaves [2]; et la loi les appelait *esclaves
publics*, avec défense de les affranchir [3].

Quelque serviles que fussent ces détails, aucun pourtant ne rebutait ou, du moins, aucun n'excluait les citoyens. On voyait, en effet, des hommes libres avec les
esclaves employés à la construction des voitures publiques [4]; il y avait des corporations attachées au service
des postes et des transports [5]; il y avait des colléges de
muletiers et de palefreniers [6]. Ces hommes, livrés au
dur travail de tirer le sable de la carrière, pour le transporter sur les routes en construction ou en réparation,
formaient des colléges [7]. Ceux qui faisaient la chaux ou
qui la voituraient dans Rome étaient une des corporations de la ville [8].

Tous ces travaux, et autres, d'utilité publique, présentaient, dans leurs ouvriers, le mélange des deux conditions serve et libre. Mais l'élément libre y dominait [9].
Que si, dans les corporations ou colléges, il se rencontrait des esclaves, comme serviteurs ou comme affiliés,

---

[1] *Cod. Theod.*, lib. VIII, tit. v, *De cursu publico*, l. 51,—*Ib.*, l. 17 et 58.
[2] *Ibid.*, L. 21.
[3] *Ibid.*, L. 58, — et Wallon, III, 177.
[4] *Cod. Theod.*, lib. VIII, tit. v, *De cursu publico*, L. 17.
[5] *Cod. Theod.* lib. XIV, tit. iii, *De pistoribus*, l. 9 et 10; et lib. XI,
tit. x, *Ne operæ*, l. 1.
[6] Wallon, III, 178.
[7] *Id., ibid.*
[8] *Cod. Theod.*, lib. XIV, tit. ii; *De privilegiis corporat. urbis Romæ;*
tit. vi, *De calcis coctoribus.*
[9] Wallon, *ubi supra*, 143.

ces corps n'en pouvaient pas moins être officiellement constitués que par des hommes libres[1], c'est-à-dire par des hommes qui pouvaient porter le nom sacré de soldat, car ce nom, qui s'étendait désormais depuis le plus haut fonctionnaire de l'empire jusqu'au dernier degré de l'administration, depuis la sphère la plus élevée du travail jusqu'au plus bas échelon, jusqu'au simple forgeron, jusqu'à l'homme de peine et de corvée peut-être[2], ne pouvait être porté que par un homme libre[3]...

En résumé, il y avait des corporations qui étaient chargées de recueillir l'impôt; il y en avait qui approvisionnaient Rome; il y en avait qui la nourrissaient; il y en avait qui pourvoyaient à ses édifices; d'autres qui habillaient ses soldats; d'autres qui entretenaient les nécessités intérieures et domestisques d'une ville pleine de richesses et vouée à tous les genres de plaisirs. « Les jurandes étaient donc comme la charpente osseuse qui supportait ce grand corps romain. C'était par elles que le sénat et les empereurs agissaient après avoir parlé; c'était par elles que tant de provinces, de nations, de langues et de religions différentes, se tenaient et marchaient ensemble; c'était par elles que s'opéraient les actes matériels conçus par l'intelligence du peuple roi; enfin c'était par elles que s'exécutaient tous ces menus détails de travaux journaliers auxquels suffit parmi nous cette nuée d'entrepreneurs, d'ateliers particuliers et d'ouvriers libres, qui sont la partie agissante des Etats modernes, mais qui manquaient complétement aux empires de l'antiquité[4]. »

---

[1] Wallon, III, 144.
[2] *Id., ibid.*, 146.
[3] *Id., ibid.*
[4] Granier, *Histoire des classes ouvrières*, ch. xii.

Les jurandes, d'ailleurs, n'étaient pas seulement d'origine romaine.

Les jurandes se montrent chez les Juifs et chez les Grecs, dès les temps les plus reculés.

Les jurandes juives se voient dans les différents corps de métiers qui sont employés à bâtir le temple de Salomon [1].

Les jurandes grecques, qui portaient le nom de compagnonnage, sont nettement indiquées par Plutarque dans ce qu'il écrit du partage des citoyens d'Athènes que fit Thésée [2].

Ce fut à l'aide des jurandes que les rois égyptiens obligèrent les intendants des provinces d'ouvrir et d'entretenir, dans leurs départements, des ateliers de travaux publics où tous les bras inoccupés étaient sûrs de trouver de l'ouvrage en tout temps. C'est par ce moyen, et dans ce but politique, que furent entreprises et menées à fin, d'après Pline, les fameuses pyramides d'Egypte.

Ce fut à l'aide des jurandes, et pour tenir occupé un peuple toujours redoutable à ses chefs dans les loisirs de la paix, que Périclès put consacrer à l'embellissement de la ville d'Athènes une grande partie des contributions publiques. Il représenta qu'en faisant circuler ces richesses, elles procureraient à la nation l'abondance pour le moment et une gloire immortelle pour l'avenir [3]. Aussitôt, les manufactures, les ateliers, les places publiques se remplirent d'une infinité d'ouvriers et de manœuvres dont les travaux étaient dirigés par des artistes intelligents, d'après les dessins de Phidias [4]. Ces ouvrages, qu'une grande

---

[1] Flavii Josephi *Ant. Jud.*, lib. VII, cap. II.
[2] Plut., *Thés.*, cap. XVII.
[3] Plut., *Vie de Périclès.*
[4] *Id., ibid.*

puissance n'aurait osé entreprendre, et dont l'exécution semblait exiger un long espace de temps, furent achevés par une petite république, dans l'espace de quelques années, sous l'administration d'un seul homme, sans qu'une si étonnante diligence nuisît à leur élégance ou à leur solidité [1].

Ce fut pareillement à l'aide des jurandes que furent entrepris et achevés ces grands travaux publics des Romains, — travaux plus magnifiques qu'utiles pour la plupart, il est vrai, *opera magna potius quàm necessaria*, dit Suétone, — mais qui n'en avaient pas moins ce grand but, ce grand résultat d'utilité publique, d'occuper les classes ouvrières tout en fondant la puissance romaine sur d'impérissables monuments. Tels étaient, entre autres, ces grands chemins, ces routes immenses, ces magnifiques voies romaines dont l'empire était couvert comme d'un vaste réseau, et qui n'étaient qu'une conséquence nécessaire du système militaire de ce peuple antiindustriel et anticommercial. « Ces routes, dit un économiste moderne, voyaient rouler plus souvent les chars des guerriers que les paisibles voitures du commerce et de l'industrie. Ils n'avaient pour but que de faciliter le transport des soldats et du produit des contributions. »

A l'égard de ces routes nous ferons remarquer, en passant, que les empereurs romains faisaient contribuer, avec une égale ardeur, à leur confection, leurs soldats, leurs administrateurs et leurs sujets. La surveillance des routes était une magistrature imposante, dont les plus grands citoyens se montraient honorés. Aucun impôt ne paraissait trop élevé quand il s'agissait de les entretenir,

---

[1] *Voyage du jeune Anacharsis*, t. I, introd. et note 8. — Ces ouvrages coûtèrent environ 3,000 *talents*, ou 17,100,000 fr. (*Ibid.*).

et la sévérité du gouvernement était si grande à cet égard
que l'on vit plus d'une fois les légions se révolter par
suite des travaux excessifs auxquels elles étaient condam-
nées pour suffire à ce soin. On y travaillait par corvées et
par contributions, chacun suivant l'importance de ses
propriétés riveraines, estimées par arbitres. et estimées
en conséquence [1].

Ce fut à l'aide des jurandes que les empereurs romains
purent exécuter ces autres travaux dont nous parlons
dans notre ouvrage *du Droit à l'assistance,* gigantesques
monuments de leur luxe effréné, plus que de leur amour
pour la gloire et pour l'utilité réelle du pays.

Ce fut enfin à l'aide des jurandes que furent exécutés
ces autres travaux, plus utiles-que magnifiques; ou plutôt non moins magnifiques qu'utiles, tels que ces vastes
rues de Rome, ces six cents fontaines, ces bains nombreux, ces magnifiques égouts, et ces aqueducs somptueux qui, dirigés de distances lointaines sur la grande
cité, déversaient sur leur route, soit pour l'irrigation des
campagnes, soit pour la boisson des habitants, le tribut
de leurs eaux limpides et salubres. .

Malgré le génie, les richesses et la puissance d'agrégation des jurandes, on se demande comment les Romains
ont pu couvrir le monde des monuments de leur architecture et des magnifiques travaux de leurs ingénieurs.
En y réfléchissant bien, on arrive à reconnaître que ces
travaux leur ont coûté fort peu de chose en définitive;
que l'invention seule leur en appartient tout entière; et
que l'exécution est l'œuvre des peuples vaincus. La majeure partie de ces édifices a été construite, en effet, au

---

[1] Bergier, *Histoire des grands chemins de l'Empire romain,* liv. I,
ch. xvi.

moyen des corvées et des contributions spéciales. Des captifs ou des esclaves formaient la classe ouvrière de leur temps, et marchaient à l'œuvre comme des troupeaux, sans murmurer ni se plaindre. Nous retrouverons ce système dans la corvée des temps féodaux, quand l'Europe chrétienne fut couverte à son tour de monuments inspirés par d'autres croyances, mais exécutés par les mêmes moyens [1].

Quoi qu'il en soit de la part qu'ont prise les jurandes dans l'érection des monuments et dans la confection des travaux publics des Romains, ce qui est certain, c'est que les jurandes publiques étaient, comme les jurandes privées, depuis Constantin, personnellement, réellement et perpétuellement obligatoires, c'est-à-dire que nul de ceux qui y étaient nés, ou qu'y incorporait la volonté de l'empereur, ne pouvait jamais s'y soustraire ni en affranchir ses biens.

La condition des condamnés aux mines est la condition commune de l'empire ; elle s'applique, avec quelques différences de formes, à toutes les corporations, à tous les degrés de la milice des travailleurs [2].

Le lieu auquel la sentence du juge attache les condamnés aux travaux des mines, est devenu pour leurs enfants le sol natal. Ils y tiennent par le nœud de la naissance ou par les liens de leur condition [3] ; ils en porteront même la marque [4], et, s'ils viennent à fuir on les recherchera, fût-ce dans l'asile du palais impérial, qui se dépouille de son caractère divin pour les livrer aux agents de la force pu-

---

[1] Blanqui, *Hist. de l'économie polit.*, I. 98.
[2] Wallon, III, 147.
[3] *Cod. Theod.*, lib. X, tit. xix, *De metallariis*, I. 7 et 15.
[4] *Ibid.*, lib. IX, tit. xl, *De pœnis*, I. 2.

blique [1]. Point de prescription pour eux ; et, s'ils se sont mariés, s'ils ont eu des enfants sur la terre qui les a recélés, le fisc veut bien, pour le passé, les partager avec le maître ; pour l'avenir, il se les réserve tous [2].

Pareillement, dans tout métier publiquement constitué (la loi ne distingue pas entre les corporations), on était forcément, héréditairement retenu ; dans tout métier qui ne se rattachait pas à un corps, on était comme oisif et vacant, spécialement destiné au recrutement des autres. C'est ainsi que l'Etat veut assurer son service et celui des municipes, qui est encore le sien. Ainsi, un attaché aux travaux des fabriques impériales vient-il à quitter sa milice, son collége, on le recherche partout, même dans les églises [3]; on frappe d'amende ceux qui l'accueillent [4], et, eût-il cherché un refuge d'un autre genre dans des dignités étrangères, on le ramène aux liens de sa profession ou de son origine [5]. Les *bastagarii*, ces *soldats* employés aux transports du fisc, sont compris dans le même titre pour être assujettis aux mêmes obligations, celles d'un service perpétuel, à moins de produire et de faire agréer un remplaçant qui se substitue aux mêmes charges [6]. Cette faveur du remplacement semble même enlevée aux soldats forgerons. Il faut qu'après s'être épuisés au travail de leurs forges, ils y meurent [7]; il faut qu'ils y meurent au milieu de leur race,

---

[1] *Cod. Theod.*, lib. X, tit xix, *De metallar.*, l. 5 et 6.

[2] *Ibid.*, l. 15 et *Cod. Just.*, lib. XI, tit. vi, *De metall.*, l. 7.

[3] *Cod. Theod.* lib. IX, tit. xlv, *De his qui ad ecclesias*, l. 3.

[4] *Ibid.*, lib. X, tit. xx, *De murilegulis*, l. 5, 7 et 8.

[5] *Ad propriæ artis et originis vincula revocentur.* (L. 14, *eod.*)

[6] L. 11 et 16, *eod.*

[7] *Ut exhausti laboribus immoriantur.* (*Theod. Novell.*, XIII. *Cod. Just.*, XI, 9, l. 5.)

liés à leur condition originaire [1] ; et, pour les reconnaître, s'ils venaient à fuir, on les marque au bras [2]. Les conservateurs des eaux, *aquarii*, étaient pareillement marqués au bras. « Marqués, dit la loi, de l'heureux nom de la piété du prince [3]. »

Leurs biens aussi, et ceux de tous les travailleurs, de tous les soldats incorporés dans une milice ouvrière, dans une jurande, étaient marqués, frappés d'hypothèque perpétuelle, comme gage de leur labeur pendant leur vie, comme garantie des services qui devaient se continuer, pour le bien de l'Etat, après leur mort [4].

Et non-seulement les biens, et non-seulement la personne du membre de la jurande, mais encore sa famille, mais encore les biens de sa famille [5], même de sa famille par alliance [6], répondaient de ses obligations.

C'est ainsi que les pêcheurs de pourpre et les tisserands des fabriques impériales, dont les colléges étaient aussi appelés *familles* [7], les monnayeurs et autres, attachés à leur état, transmettaient leurs obligations à leurs enfants, *nexu sanguinis* [8].

Partout donc, l'homme se trouve lié dans sa personne, dans sa famille et dans ses biens. Il n'est plus maître de

---

[1] *Theod. Novell.*, XIII. *Cod. Just.*, XI, 9, l. 5.

[2] L. 4, *Cod. Theod.*, X, 22, *De fabricensibus.*

[3] *Cod. Just.*, XI, 42, *De aquæduct.*, l. 10.

[4] Wallon, III, 220.

[5] *Id., ibid.*, 212.

[6] Les filles, comme les fils, transmettaient les obligations de leur auteur, non pas seulement à leurs enfants par la force du sang, mais quelquefois à leurs époux par le seul fait de leur alliance, et ce lien subsistait après même que l'alliance était rompue. (*Cod. Theod.*, lib. XIV, tit. iii, *De pistoribus*, l. 3, 14 et 21 ; et tit. iv, *De suariis*, l. 5 et 8 ; — *ibid.*, 211.)

[7] *Cod. Theod.*, lib. X, tit. xx, *De murilegulis*, l. 5 et 7.

[8] L. 16, *eod.*

lui-même ; il appartient, comme l'esclave, à une volonté
étrangère ; il est membre de cet être invisible qu'on appelle collége ou même corps, et dont il doit seconder le
mouvement et l'action. S'il n'y reste pas perpétuellement
attaché, c'est qu'il s'use, et que ce corps, dont il est l'organe, veut être éternel. Il faut donc à cette puissance
nouvelle, non des individus, mais des races pour la servir [1], et, quand elle rejette ou laisse les pères [2], elle re-
tient, avec les biens, les enfants, gages plus sûrs encore
de la continuation de leur travail. Ainsi, les boulangers,
pistores, sont liés à leur état, et non-seulement à leur
état, à leur boutique [3]; nulle dispense, pas même un res-
crit du prince, ne doit les en dégager [4] ; nulle fonction supérieure, pas même la cléricature, ne peut les y soustraire [5], pas même la dignité sénatoriale, à moins qu'ils
n'y laissent, avec leurs biens, un remplaçant [6]. Il faut
qu'ils restent dans leur caste, il faut qu'ils s'y marient ;
leurs filles mêmes ne peuvent se marier au dehors, sans
y attirer ceux qui auraient voulu les épouser [7]; c'est assez dire que les enfants hériteront des mêmes charges,
originis vinculo [8]. Mais, s'ils sont en bas âge? La loi veut
que l'on cherche un homme pour les remplacer durant

---

[1] Wallon, III, 184.

[2] L'ancien droit ne demandait au naviculaire qu'un service personnel de
cinq ans. Valentinien n'en demandait pas davantage au service des relais.
Malheureusement, on n'était libéré d'un emploi que pour passer forcément
dans un autre. (*Id.*, *ibid.*, 185.)

[3] *Cod. Theod.*, lib. XIV, tit. III, *De pistoribus*, l. 8.

[4] L. 6 et 7, *eod.*

[5] Voy. ci-dessus, p. 291.

[6] L. 4, *Cod. Theod.*, *eod.*

[7] L. 2, *eod.*

[8] Wallon, *ubi supra*.

leur minorité : à vingt ans le pupille entrait dans son office, et le remplaçant y restait [1].

Les mêmes obligations s'appliquaient aux collecteurs de porcs, *suarii*, et à tous les autres employés de l'annone : point d'exception, point de refuge. Ils étaient attachés à leurs corps par la nécessité de leur position ; leurs enfants y seront retenus par la nécessité de leur naissance ; — lien double auquel ils tenaient par le sang de leur mère, comme par le sang de leur père [2].

Cette sentence d'immobilité frappait toutes les corporations ; elle s'étendait à tous les colléges de Rome ou des provinces [3]. Elle s'appliquait au corps des armateurs, quoique le plus élevé, comme à tous les autres. La loi même y insistait davantage, afin que le privilége ne leur ôtât pas le sentiment de leurs obligations [4]: Ils étaient esclaves de leurs fonctions [5], esclaves à perpétuité, non-obstant toute dispense surprise à la faveur du prince [6] : point de dignité qui excusât, point de prescription qui libérât [7] ; ils transmettaient leurs charges à leurs fils [8], et elles passaient sans difficulté, avec leurs biens, à leurs héritiers [9].

Fatalité de la naissance ! Telle était la loi commune, la loi suprême de l'empire.

Cette fatalité, cette servitude perpétuelle et héréditaire

---

[1] *Cod. Th.*, lib. XIV, tit. iii, *De pistoribus*, l. 5.

[2] *Ibid.*, tit. iv, *De suariis*, l. 5 et 10.

[3] *Ibid.*, tit. ii, *De privil. corporatorum*, l. 4, — et tit. vii, *De collegiatis*.

[4] Wallon, *ubi supra*.

[5] *Cod. Theod.*, lib. XIII, tit. v, *De naviculariis*, l. 35, — et tit. vi, *De præd. naviculariorum*, l. 1, 16, 22.

[6] *Ibid.*, l. 19.

[7] *Ibid.*, tit. vi, *eod.*, l. 3 ; et lib. XIII, tit. v, *De naviculariis*, l. 11.

[8] *Ibid.*, lib. XIII, tit. v, *eod.*, l. 20 et 22

[9] L. 19, *eod.*

n'était pas attachée seulement aux corporations de mé‑
tiers, elle l'était encore à tous les degrés du service pu‑
blic, à toutes les *milices*, à toutes les fonctions.

Ainsi, la milice administrative était soumise à cette loi, tout aussi bien que la milice ouvrière [1]; et le magistrat de la curie était aussi indissolublement rivé, lui et les siens, à sa charge municipale [2]; que l'était le soldat à sa légion [3], que l'était l'ouvrier à sa corporation, que l'était la corpo‑ ration à l'empire [4]. Tous servaient, tous combattaient [5], et cela à toujours, dans la milice universelle des travail‑ leurs, milice dont tous les soldats étaient mus, chacun dans sa sphère spéciale, par la main directrice du sou‑ verain, dans l'intérêt exclusif de l'Etat [6].

En définitive donc, Rome n'avait traversé la civili‑ sation de la Grèce que pour en venir au système éco‑ nomique des castes de l'Orient.

Ce système, dont j'ai rappelé ci-dessus (page 199) les traits les plus saillants, avait des inconvénients graves, considéré du point de vue de nos idées, de nos nécessi‑

---

[1] La milice administrative comprenait un grand nombre d'agents dont les noms et les attributions sont énumérés dans Wallon (III, p. 126, 127, 133, 134, 138). Les emplois de l'administration centrale, assimilés aux corporations, étaient forcés et héréditaires. (*Ibid.*, p. 149, 153, 161 et suiv., 166 et suiv.)

[2] La curie, ce conseil suprême de la cité, était devenu une corporation comme une autre, avec plus d'obligations. Voy. sur les fonctions forcées et héréditaires de curiales, de décurions, et autres charges municipales, Wallon (III, p. 149, 184, 188, 189 et suiv.).

[3] Voy. Wallon, *ubi supra*, p. 126, 127, 133, 134, 138, 149, 153, 154, 155 et suiv.

[4] Voy. ci-dessus, p. 269.

[5] *Servir* dans l'administration impériale s'appelait *combattre*, comme aujourd'hui, par une sorte de réciprocité, porter les armes s'appelle servir. Le service militaire n'a-t-il pas, en effet, chez nous, sa servitude? Voy. Wallon, *ubi supra*, 133.

[6] Voy. ci-dessus, p. 267.

tés actuelles ; mais, du point de vue des idées, des nécessités d'alors, il présentait des avantages incontestables. N'eût-il offert aux ouvriers incorporés dans les jurandes que la garantie de ne jamais manquer de salaire, de subsister, de s'entretenir toujours, et, en tout état de cause, de vivre aux dépens du fonds social, que cette garantie, née pour eux de la nécessité même de rester attachés à leur corporation toute leur vie, suffirait pour enlever, sinon la tache de servitude dont elle était empreinte, au moins le reproche de barbarie que lui adresse la civilisation moderne ; car, s'il répugne à la civilisation, il ne répugnait nullement à l'humanité de faire de tout ouvrier un fonctionnaire public, et de l'attacher indissolublement, lui et les siens, à la charge qu'il avait choisie, ou de laquelle il avait été obligatoirement investi, charge qui lui garantissait à tout jamais, également pour lui et les siens, toutes les nécessités, et, quelquefois, toutes les commodités de la vie.

Ajoutons que c'est à cette institution, tyrannique sans doute, mais prévoyante à coup sûr, que les classes ouvrières de l'antiquité doivent d'avoir résisté si énergiquement aux causes de dissolution, d'avilissement et de misère, qui travaillent si activement et si profondément les classes ouvrières de nos jours.

Sous ce rapport, il y a plus à prendre qu'à reprendre, peut-être, dans cette organisation du travail sociétaire des jurandes romaines, pour l'organisation du travail libre, dans les sociétés modernes. Nous nous proposons d'exposer, quelque jour, nos vues à ce sujet.

FIN.

APPENDICE.

—

OBSERVATIONS CRITIQUES

DE

M. NAUDET,

Membre de l'Académie des sciences morales et politiques.

———

M. Moreau-Christophe ayant été admis à l'honneur de donner lecture devant l'Académie des sciences morales et politiques (séances des 31 mars, 7 et 14 avril 1849) des principaux chapitres de son manuscrit DU DROIT À L'OISIVETÉ ET DE L'ORGANISATION DU TRAVAIL SERVILE dans les républiques grecques et romaine, M. Naudet, l'un de ses membres, a fait suivre cette lecture des *Observations critiques* ci-après, que nous transcrivons textuellement d'après le compte-rendu du *Moniteur* (N° du 4 juin 1849).

J'ai demandé la parole, a dit M. Naudet, pour soumettre à l'Académie et proposer à l'auteur des savantes lectures que nous avons entendues dans cette séance et dans les deux précédentes, mes remarques sur l'ensemble et sur quelques détails de son ouvrage. Ce sont plutôt des réserves que des critiques. J'aurais d'ailleurs mauvaise grâce à les critiquer, puisqu'il m'a fait l'honneur d'admettre dans sa dissertation une assez grande partie de mon Mémoire sur les secours publics chez les Romains, et de quelques autres écrits relatifs aux antiquités romaines; seulement, les mêmes autorités ne nous conduisent pas aux mêmes affirmations, aux mêmes résultats.

Je ferai deux parts de ces lectures : la première, dans laquelle il a exposé sa thèse : *Le droit à l'oisiveté chez les anciens*, avec les conséquences de ce droit ; la seconde, dans laquelle il développe sa théorie du *travail servile*, ou de l'état du commerce et de l'industrie dévolus aux esclaves, avant les temps modernes.

Il faudrait entrer dans une trop longue et trop minutieuse discussion, qui excéderait la durée de cette séance et la patience de l'Académie, si je voulais examiner une à une les assertions de l'auteur dans cette seconde partie, et les passages dont il les appuie. Je me bornerai à quelques observations sur la méthode et sur l'argumentation.

1. Il me semble que l'auteur a considéré l'antiquité trop en masse, et a trop généralisé certains faits, trop assimilé des temps et des lieux très-divers, des peuples et des usages très-différents. Réunissant sous une même proposition une preuve tirée d'Hésiode, un témoignage de Tacite ou de Xénophon, voyant ou croyant voir le travail servile fonctionner selon les mêmes principes et les mêmes conditions en Grèce, en Italie, chez les Athéniens et les Romains, sous les consuls et sous les empereurs, il a formé de tous ces éléments une synthèse qui ne supporterait pas toujours l'épreuve de l'analyse.

2. On pourrait reconnaître aussi, en regardant de près aux citations, qu'il y en a plusieurs qui ne se prêteraient pas tout à fait aux propositions qu'il veut établir et aux inductions qu'il en a tirées.

3. N'y a-t-il pas de l'exagération à dire que le travail servile, dans l'antiquité, faisait *tout* le commerce et *toute* l'industrie ; que le travail des hommes libres était l'exception, et que c'est par l'admission de l'esclave au partage des profits de l'exploitation, en vertu d'une concession volontaire et d'un

intérêt intelligent du maître, qu'a commencé l'association des
travailleurs avec les capitalistes oisifs? Est-ce qu'il n'y avait
pas des hommes libres, des citoyens d'un rang distingué qui
faisaient le négoce? Qu'on ouvre les lettres de Cicéron, on le
verra soit en correspondance avec des négociants romains, soit
écrivant à ses amis pour les leur recommander (*Epist.* XII, 24;
XIII, 26, 43). Sénécion, ami de Sénèque, faisait valoir ses capitaux dans une multitude d'entreprises (SEN., *Ep.* 101). On
pourrait citer beaucoup d'inscriptions du genre de celle-ci :
Civium romanorum qui Mitylenis negotiantur... patrono
(ORELL., *Inscr. lat.*, 4111). Le bisaïeul de Vespasien était un
entrepreneur de travaux agricoles (SUET., *Vespas.*, 1).

4. Et quant à la classe des artisans, des ouvriers, elle ne
se recrutait pas moins parmi les hommes libres. Ce cordonnier qui se moquait de Caligula (DIO, LIX, 26), les gens de
métier sur lesquels ce même empereur frappait un impôt
(*ibid.*, 28), cet armurier nommé Marius, qui usurpa pendant
quelque temps la pourpre impériale (TREB. POLL., *Trig.*,
Tyr. 8), n'étaient point des esclaves.

5. Ce sont là, dira-t-on, des exemples d'accidents qui ne
prouvent pas péremptoirement une habitude universelle, permanente. Mais les sentences des légistes ne peuvent s'appliquer qu'à la vie commune, et démontrent un état ordinaire de
la société. Feuilletez le *Digeste*, vous verrez des ouvriers de
condition libre, recevant chez eux en apprentissage des enfants nés de parents ingénus (*Sutor... puero discenti ingenuo
filio familias, parum benefacienti quod demonstraverat, forma
calcei cervicem percussit*, etc. L. 5, *Ad leg. Aquil.* IX, 2),
des filles du peuple, couturières, tisserandes, ou s'adonnant
à d'autres professions (*Et ancillarum nomine et* FILIARUM FA-
MILIAS *de peculio actio datur, maxime si qua* SARCINATRIX *aut*
TERTRIX *erit, aut aliquod* ARTIFICIUM VULGARE *exerceat.* L. 27,
de peculio, XV, 1). La location du travail de l'homme libre

(*Qui operas suas locavit*, etc. L. 38, *Locati conducti*, XIX, 2) est consacrée par l'interdiction de toute aliénation de liberté par contrat de location (*Locare servitutem nemo potest. Ibid.* L. 44).

6. Sans doute l'esclave participait en trop grande proportion à l'exercice des professions industrielles; mais ce n'est pas se tenir dans les limites de la vérité historique de dire qu'il l'absorbait *entièrement*, et que le *droit à l'oisiveté* restait l'attribut de l'homme libre. C'est là ce que je ne puis accorder.

7. Jamais dans aucun pays, excepté chez les sauvages, on n'a proclamé le droit à l'oisiveté, jamais on n'a mis la fainéantise en honneur.

8. Selon l'auteur : « de l'orgueil des patriciens et des riches serait né le mépris de la classe réduite à travailler pour vivre ; et de là, chez les hommes libres pauvres, le mépris pour le travail, puis la mendicité, les mauvais métiers de faux témoins, de faussaires, etc., tout cela érigé en *droit à la mendicité, droit au vol*. Le travail utile, productif, aurait été abandonné aux esclaves. Un tel état social aurait pour origine la distinction, la séparation absolue des patriciens et de la plèbe. Le nom de la *plèbe* serait synonyme de *populace*. » Ce sont bien là les propositions de l'auteur et même ses propres termes, à moins que ma mémoire ne me trompe étrangement ; et l'argumentation dans laquelle elles se développent est fondée sur un très-ample appareil d'érudition, mais qui me paraît radicalement ruineux.

9. Il est impossible d'admettre l'interprétation qu'il fait de plusieurs mots, et surtout la signification qu'il donne, dans ses combinaisons, à une foule de passages des auteurs anciens. Je ne saurais dissimuler que j'ai été frappé de quelques discordances entre l'histoire dont il s'autorise et les tableaux qu'il présente ; et, dans plusieurs raisonnements, les conclusions

déduites des faits-cités produisaient sur moi l'effet d'une musique où l'accompagnement serait en dissonance avec le chant, ou bien encore d'un édifice dans lequel les matériaux, pierres et bois, bien taillés, et empruntés à d'autres constructions très-solides, seraient la plupart posés, comme disent les gens du métier, en porte-à-faux. Cela vient, je crois, de ce que l'auteur, séduit par un aperçu piquant, ingénieux, tout nouveau, extraordinaire et tirant même un peu au paradoxe, a négligé un certain ordre de documents, n'a pas assez mesuré la mise en œuvre de ceux qu'il amassait, et enfin a pris d'abord l'effet pour la cause dans sa revue historique du travail servile.

10. Le premier état des races humaines dans la barbarie, c'est la guerre d'extermination des hommes entre eux; le second degré, immense progrès, c'est la guerre d'extermination des cités seulement. Le vainqueur tue la cité vaincue, conserve la vie des hommes captifs, pourquoi? non pas apparemment par générosité, par sensibilité, on n'en est pas encore là, mais par intérêt pour soi. Le captif servira son maître et labourera les champs, fabriquera les objets de première nécessité pour ce maître. Ce n'est donc pas le mépris pour l'activité laborieuse qui a créé le travail servile, c'est le droit du plus fort. Mais le conquérant n'a jamais eu la prétention de mettre l'oisiveté en honneur et de s'en faire honneur à lui-même : il se réserve la guerre et les périls, et les exercices qui l'y préparent.

11. Chez les Romains, ceux des premiers âges, qui me représentent un troisième degré de civilisation, un nouveau progrès : le travail honore, l'oisiveté est une honte. Seulement, on n'estime que le genre de travail qui fait l'homme robuste et qui produit des guerriers : l'agriculture. Tout ce qui est illustre alors chez les Romains habite la campagne, exploite ses terres. Pourquoi avait-on institué ces officiers des consuls qu'on appelle *viatores*? C'est que, pour assembler

le sénat, il fallait aller chercher les sénateurs à la campagne (COLUMELLA, *Præf. lib.* I). La charrue, comme dit Pline, était conduite par des mains triomphales : « *Vomere laureato,* etc. » Dans le sixième siècle, Caton écrivait sur l'agriculture ; il disait que, quand on voulait faire l'éloge de quelqu'un comme d'un homme de bien, on l'appelait *bonum agri-colam.*

12. Ainsi, je le répète, ce n'est pas le mépris pour le travail qui a créé le travail servile ; il est né par nécessité de ce grand mal préexistant, de ce vice organique de l'antiquité qui la sépare si profondément des constitutions modernes, l'esclavage lui-même. Cicéron ne méprise pas les ouvriers de Rome à cause de leurs ouvrages, mais à cause de leur ignorance, de leurs erreurs funestes, des emportements où les entraînaient de mauvaises passions, et parce qu'ils se mettaient comme instruments de désordre entre les mains des intrigants populaires, et se mêlaient alors avec les esclaves dans les fureurs de l'émeute : « *Opifices et tabernarios atque illam omnem fœcem civitatum quid est negotii concitare ?* PRO FLACCO, 8). *Vis absit ; ferrum ac lapides removeantur, operæ facessant, servitia sileant (Ibid.,* 38).

13. Ainsi jamais on n'a érigé l'oisiveté en droit, toujours on l'a frappée de réprobation.

Qu'est-ce que veut dire l'opposition si fréquente, chez les anciens auteurs, de l'*industria* à l'*ignavia ?* l'*industria,* non pas l'industrie, mais l'activité, mais la vie laborieuse.

Ecoutez ce jeune homme d'une comédie de Plaute, qui flotte d'abord entre le vice et la vertu et qui se décide à la fin pour la dernière :

> Certum est ad frugem applicare animum, quanquam ibi animo
> Labos grandis capitur; boni sibi hæc expetunt, rem, fidem,
> Gloriam et gratiam, hoc probis pretium est. (*Trin.,* II, 1.)

Écoutez le voluptueux Catulle lui-même :

Otium et reges prius, et beatas perdidit urbes. (*Carm.*, LI, 15.)

14. Un vrai Romain était un bon *pater familias*, cultivant son patrimoine, faisant valoir ses terres, ses prés, vendant ses blés, ses vins, la laine de ses troupeaux, gouvernant bien sa maison, et tenant tout le monde dans l'ordre et dans une occupation utile, la femme, les enfants, les serviteurs ; soignant les intérêts de ses clients, les recevant dès le point du jour dans son *atrium* pour leur expliquer le droit, et plaidant leurs causes au tribunal des édiles ou du préteur, s'il était besoin, Coruncanius, Appius Claudius, Caton, se mettaient ainsi au service de leur clientèle; et ce n'était pas seulement un mérite exceptionnel des plus grands citoyens : Plaute, dans ses *Ménechmes* (IV, II), montre que c'était la pratique vulgaire de tout homme assez riche pour avoir des clients.

15. Le commerce faisait encore la passion des Romains. Les sénateurs équipaient des vaisseaux, et l'on régla un jaugeage qu'ils ne devaient point dépasser (TIT. LIV., XXI, 63). Les citoyens moins opulents allaient faire le négoce en Italie, en pays étranger. Cette activité industrielle était poussée si loin, que, dans une guerre contre Philippe de Macédoine, le camp romain, pendant un armistice, se dégarnit de soldats, parce qu'on s'était dispersé dans les villes voisines pour commercer. L'ennemi en profita et remporta la victoire.

16. Le droit à l'oisiveté n'est donc pas d'invention romaine, non plus que le droit à la mendicité. « J'aimerais mieux mourir que de réduire ma famille à mendier. *Malim moriri quam meos mendicarier.* (PLAUT., *Vidular.*) Voilà le sentiment commun, c'est la comédie qui en rend témoignage.

17. Encore moins créèrent-ils le droit de voler. Ils con-

damnaient le voleur à payer le double ou même le quadru-
ple de la valeur du larcin.

18. S'il m'est permis encore de porter mes observations
sur quelques-uns des détails que ma mémoire me rappelle,
je ne crois pas que les historiens nous autorisent à penser
que les prolétaires, les *capite censi*, les gens de la sixième
classe, fussent marqués d'ignominie, et qu'aucune loi les
eût exclus du service militaire. Ils étaient exemptés de ce
service, comme de tout tribut, parce qu'ils n'avaient pas assez
de biens pour satisfaire à ces devoirs civiques. Le citoyen
riche s'armait à ses dépens, le pauvre n'avait pas le moyen
d'acheter cuirasse et bouclier; mais, s'il voulait et pouvait
faire la guerre, on se gardait de le repousser. Dans plusieurs
circonstances, la république arma les prolétaires, et quand elle
n'en faisait pas la dépense, elle les reçut dans les troupes lé-
gères, les frondeurs.

19. Bien plus, il n'y avait pas de dignité, après l'an 388
de Rome, qui ne fût accessible à tous les citoyens, même aux
prolétaires. Voici ce que dit Denys d'Halicarnasse : « La république fournit à ceux qui prennent part aux affaires de
l'Etat tout ce qui leur est nécessaire, pourvoyant d'une manière splendide et magnifique à leur entretien; de sorte que,
pour ce qui est de l'aptitude aux honneurs, le plus pauvre
n'a pas moins de droit que le plus riche (μηδ ε ἀτιμόσετον εἶναι),
mais tous les Romains dignes par leurs vertus des charges les
plus illustres sont·égaux entre eux, ἴσους ἀλλήλαις. (DIONYS.,
ed. Reisk., p. 2352.)

Comment pourrait-on dire après cela que les hommes libres
à Rome étaient divisés en deux castes : les patriciens ou la
noblesse, et la plèbe ou la *populace*?

Et Sempronius Gracchus, le vainqueur de l'Espagne, le
père des Gracques, et ces fameux Tiberius et C. Gracchus, et
Pison Frugi, l'un des plus illustres consulaires, qui venait

prendre sa part du secours alimentaire accordé aux plébéiens, pour montrer l'abus, et Marcellus, conquérant de Syracuse, et Flavoleius le pauvre, et Siccius Dentatus, tous deux centurions primipilaires, et les Decius, consuls, et tant d'autres illustres magistrats ou guerriers, n'étaient-ils pas de famille plébéienne?

La plèbe, loin de pouvoir être qualifiée de *populace*, devint le corps privilégié depuis le consulat plébéien. Les exclusions furent pour les patriciens; les plébéiens purent arriver à toutes les magistratures, sans conditions et sans réserve.

Dans la seconde guerre punique il y eut une année où le peuple voulait porter deux grands généraux au consulat; cela fut impossible, la loi s'y opposait : ils étaient tous deux patriciens. Il fallait qu'au moins un plébéien fût consul; il pouvait y en avoir deux à la fois (*Tit. Liv.*, XXVII, 34).

La magistrature plébéienne, au contraire, le tribunat, était incompatible avec le patriciat. Lorsque Clodius, l'ennemi de Cicéron, voulut se faire nommer tribun, il fallut qu'il changeât de famille et se fît adopter par un père plébéien.

20. Ici nous reconnaissons l'inconvénient de confondre les institutions d'époques différentes; il y eut, en effet, un temps, à Rome, où régna une noblesse de race, noblesse théocratique, exclusive; mais ensuite s'éleva la noblesse d'illustration, dans laquelle les hommes nouveaux faisaient souche de grandes familles; leurs descendants acquéraient les avantages de l'antique notabilité. Mais tous, anciens et nouveaux, patriciens comme plébéiens, étaient égaux en droit, et personne d'entre eux ne se prévalait du *droit à l'oisiveté*, quoiqu'il arrivât à quelques-uns de profiter et d'abuser de leur fortune et du nom de leurs ancêtres.

21. La plèbe faisait des lois pour tous, patriciens et plébéiens, *plebiscita;* les patriciens n'en faisaient pas sans le concours de la plèbe.

La plèbe ne cessa donc pas de grandir jusqu'au moment où elle s'abattit, comme dit Montaigne, par l'extravagance de sa force, et tomba sous le joug de ses démagogues. Et alors même on ne proclamait point le *droit à l'oisiveté;* l'opinion publique ne flétrissait point les travailleurs.

22. Faut-il encore ajouter quelques autorités à celles que nous avons empruntées au Digeste? Auguste, on le sait, eut un moment l'envie de supprimer les distributions de blé établies depuis l'an 630 de Rome, et cela en considération des négociants et des agriculteurs (*Ut aratorum et negotiantium rationem duceret.* Suet., *Aug.,* 42). Le nom d'Auguste me rappelle un passage très-notable de Dion Cassius, dans le dis= cours de Mécène sur le gouvernement. Que ce soit la pensée de Mécène ou la pensée de Dion qui le fait parler, ce sera toujours celle d'un homme politique; l'auteur était un sénateur romain. Voici ce qu'il a écrit : « Il faut honorer les artisans, ceux qui exercent un métier utile; il faut détester les gens qui ne font rien ou qui s'occupent à malfaire. » (*Lib.* LII, 37). Il y eut sans doute à Rome des paresseux et des oisifs. Où n'y en a-t-il pas? Mais ils déguisaient leur inutilité sous le nom de services, *officia.* Personne ne s'avoue désœuvré.

23. La véritable sanction du *droit à l'oisiveté,* ce serait la proclamation du *droit au travail.*

RÉPONSE

AUX

OBSERVATIONS CRITIQUES QUI PRÉCÈDENT.

Les observations qui précèdent ne peuvent que me donner un regret, celui de m'être hasardé à les encourir là où je n'avais pas le droit d'y répondre.

Si, en effet, les règlements de l'Académie m'eussent permis de prendre la parole après M. Naudet ; ou mieux, si, au lieu d'appeler je ne dirai pas l'attention, mais l'audition de ce corps savant sur la lecture par fragments d'un manuscrit hérissé de chapitres et de paragraphes, j'eusse provoqué son examen approfondi sur le texte entier du même ouvrage imprimé, nul doute que je n'aurais point encouru, dans les termes et sur les points qu'elle précise, la critique contre laquelle j'ai à me défendre aujourd'hui.

C'est ce que je demande humblement à mon illustre contradicteur la permission de lui prouver.

1. M'étant proposé de démontrer trois choses : l'universalité de l'esclavage, l'universalité du travail par esclaves, l'universalité du mépris pour le travail servile, dans les temps anciens, il m'a fallu recourir à l'universalité des témoignages anciens sur lesquels ma thèse repose. Que si j'ai réuni, sous une même proposition, une preuve tirée d'Hésiode, une autre tirée de Tacite ou de Xénophon, c'est que Tacite et Xénophon concouraient, aussi bien qu'Hésiode, à confirmer cette proposition par leurs textes. Toutefois, comme ma démonstration eût pu souffrir de la trop grande dissemblance de mœurs des différents pays, des différentes époques que j'avais à passer en revue, j'ai eu le soin de la circonscrire dans un

cercle historique donné,—LA RÉPUBLIQUE ROMAINE,—et de n'y
rattacher Sparte, Athènes, etc., que comme élucidation accessoire. Pareillement, je n'ai eu garde de confondre l'époque
des Consuls avec celle des Empereurs ; à tel point, que j'ai
consacré un chapitre spécial, — chapitre dont, malheureusement, on ne m'a pas laissé le temps de donner lecture—à re-
tracer la grande transformation qui s'est opérée dans le travail servile sous l'empire (voy. pag. 264 et suiv.). Ma synthèse
donc comporte tous les éléments et ne redoute aucune des dé-
compositions de l'analyse.

2. Quant à mes citations, j'ai mis plus de vingt ans à les
recueillir. Qu'on veuille bien se donner la peine de les vérifier
et d'en rapprocher le texte des inductions que j'en tire, et
l'on se convaincra que je ne leur prête que le sens qu'elles
portent.

3. Pour ce qui est de l'exagération qui consisterait, de ma
part, à dire que « le travail servile, dans l'antiquité, faisait
tout le commerce et *toute* l'industrie», j'aurais grand'peine
à m'en défendre, ne l'ayant point commise, et ayant précisément dit tout le contraire (voy. pag. 191 et suiv.).

J'ai dit aussi, il est vrai, que le travail libre faisait
l'exception (p. 134) ; mais j'ai fait mieux que de le dire;
je l'ai prouvé (voy. pag. 21, 192, 266).

Ce que je n'ai ni dit ni prouvé, c'est que « l'association
des travailleurs avec les capitalistes oisifs datait de l'admission de l'esclavage au partage des profits de l'exploitation »,
attendu qu'il m'est démontré que l'association des travailleurs
entre eux remonte au berceau même des sociétés primitives.
Mais ce que j'ai dit, c'est que « l'esclavage fut, dans l'ordre
des temps, un premier progrès social, en ce qu'il constitua
entre des hommes de *races diverses* la première forme de l'association (p. 220), » et personne que je sache ne voudrait
me contredire sur ce point.

« N'y avait-il donc pas des hommes libres, des citoyens

d'un rang distingué, qui faisaient le *négoce* ? » Loin de le nier, j'ai écrit un paragraphe spécial pour le démontrer. (v. p. 190, 192 et s.)

4. Pareillement, loin de nier que « la classe des artisans, des ouvriers se recrutât aussi parmi les hommes libres », j'ai réfuté Denys d'Halicarnasse qui a écrit le contraire, (p. 190 et 191) ; me bornant à soutenir, comme je le soutiens encore aujourd'hui, que ces recrues, aux temps où elles eurent lieu, sous les rois comme sous les consuls, étaient l'exception, non la règle (p. 123 et 192).

5. Pour établir que le travail libre était la règle, non l'exception, aux temps dont je parle, M. Naudet invoque « les sentences des légistes et le *Digeste* ». Or, les temps dont je parle sont ceux de la république, et M. Naudet objecte les temps de l'empire. Autre temps, autres mœurs (v. p. 264 et suiv.)

6. Pour ce qui est du reproche d'avoir manqué à la vérité historique, en disant que l'esclave absorbait *entièrement* l'exercice des professions industrielles, ce que j'ai dit ci-dessus, n° 3, suffit pour m'en absoudre.

7. Me voici arrivé au point culminant de l'attaque. « Jamais, dit M. Naudet, et dans aucun pays, excepté chez les sauvages, on n'a proclamé le droit à l'oisiveté ; jamais on n'a mis la fainéantise en honneur ». Je laisserai de côté les sauvages, en faisant observer pourtant que si le droit à l'oisiveté a pu être proclamé quelque part, ce n'est assurément pas chez eux. Les sauvages, en effet, ont plus besoin de travail pour vivre que les civilisés ; aussi, M. Dunoyer nous les montre-t-il très-laborieux (*De la liberté du travail*, ch. VI, 2) ; seulement, le labeur du sauvage est la maraude et le pillage, et celui du civilisé le commerce et les métiers. C'est pourquoi les Romains du vieux temps, — brigands, bandits, héros — (p. 39, 43) étaient fort laborieux, laborieux à leur manière : avec le fer

de la guerre (p. 45); plus tard, avec le fer de la charrue,
(p. 282). En dehors de la charrue et de la guerre, ils étaient
oisifs, nécessairement *oisifs*, car ils ne savaient et ne pouvaient rien autre chose (p. 23, 24, 45). C'étaient les ennemis
vaincus, c'étaient leurs esclaves qui étaient chargés de pourvoir, en temps de paix, aux besoins matériels de leur existence,
et de pratiquer les métiers nécessaires à ces besoins (*Ibid.*, et
141). *Oisifs*, ai-je dit, et non *fainéants;—Otiosi*, non *ignavi*.
La fainéantise, chose honteuse pour tous, n'était tenue à
honneur par personne. Patriciens et plébéiens, libres et esclaves étaient égaux en ce point; mais il n'en était pas de même
de l'oisiveté, *otium*. L'*otium* était un privilége dont le citoyen
romain seul pouvait jouir (p. 13); l'esclave en était exclu; il
n'y avait pas d'*otium*, il n'y avait pas même de repos pour
l'esclave (p. 214). Le *labor* éternel était son partage (p. 131,
214). Un *otium* éternel était-il donc celui du citoyen? Non;
le citoyen pouvait en sortir, il en sortait même souvent, mais
ce n'était point pour le *labor*, partage de l'esclave; c'était pour
le *negotium* (le contraire d'*otium*), son partage à lui. A l'esclave donc le *labor*, c'est-à-dire le travail manuel, le métier matériel, la profession pénible ; à l'homme libre *l'otium*,
c'est-à-dire l'abstention, l'exemption du *labor* servile, rem-
placé pour lui par le *negotium* (*non otium*), c'est-à-dire par
le *négoce*, par les affaires, *negotia*, par les occupations de la
campagne, le noble métier des armes, le barreau, la magistrature, la politique. L'*otium* et le *non otium* (*negotium*)
constituaient donc deux droits corrélatifs en faveur du citoyen romain, du citoyen républicain (je ne parle pas du citoyen de l'empire), droits tellement constants, droits tellement indéniables, que, quand le *negotium* lui manquait,
le *labor* servile ne pouvait lui être imposé, et que l'État intervenait dans ce cas pour lui garantir, à titre de droit, les
secours alimentaires et pécuniaires que son *otium* ne pou-

vait lui fournir. C'est ce que j'ai démontré péremptoirement, ce me semble, p. 13, 14 et suiv., 21, 23, 35, 68, 114, 126, 192 de mon ouvrage. D'où vient donc la divergence qui existe entre l'érudit traducteur de Plaute et moi sur ce point? Uniquement de ce que j'ai traduit *otium* par *oisiveté*. S'il y avait eu un autre mot français à mon service, la divergence ne se fût pas produite, j'imagine; mais je n'en ai pas trouvé d'autre, et je me suis borné, en m'en servant, à donner à celui-là, dans mon Introduction, le sens latin qu'il comporte. Ce mot, d'ailleurs, est-il tant éloigné qu'on le croit de la signification que mon livre lui prête? Que faisons-nous autre chose, en effet, que de l'appliquer nous-mêmes dans le même sens, quand, de nos jours, nous disons la *classe laborieuse?* Il y a donc une classe laborieuse, et une classe qui ne l'est pas. Comment donc s'appelle, alors, la classe qui ne l'est pas? *Non laborieuse*, apparemment, c'est-à-dire *otiosa*, ce qui ne veut pas dire pour cela fainéante et paresseuse. Et voilà précisément l'*otium* des Romains; c'est-à-dire le *droit à l'oisiveté* de mon livre.

8. Rien ne prouve mieux, d'ailleurs, que cet alinéa de la critique, à quel point il est difficile, pour ne pas dire impossible, d'apprécier au juste par l'oreille une œuvre de raisonnement ou d'érudition, alors que cette œuvre, laborieuse et de longue haleine, n'est lue que par parties détachées et à des intervalles éloignés, au milieu d'une assemblée académique.— car je n'ai pas dit un mot des choses qu'on prétend m'avoir entendu textuellement lire; — ce dont le lecteur se convaincra, du reste, facilement, en rapprochant lui-même du passage guillemeté de la critique les propres et seuls termes qui s'y réfèrent dans mon livre (v. p. 1 et suiv., 17 et suiv., 33 et suiv.).

9.—10. Que j'aie pris l'effet pour la cause, ou la cause pour l'effet, dans mon appréciation des textes relatifs au travail servile chez les anciens, — ce que je n'ai point à contredire ici, — toujours est-il, et c'est là le point essentiel à fixer, que le travail manuel, que le métier, ressort, de tous ces textes, comme l'attribut de l'esclave, et, avec lui, le mépris public qui s'attache partout à ceux qui l'exercent (v. p. 1 et suiv.). Maintenant, à quoi cela tient-il ? J'ai donné moi-même de ce fait les raisons que M. Naudet en donne (p. 138). Si donc les assises de mon argumentation lui semblent posées en porte-à-faux, c'est qu'il les voit à travers le prisme trompeur d'idées préconçues, prisme qui lui fait sans cesse confondre deux choses que je n'ai jamais confondues, que j'ai soigneusement distinguées, au contraire ; savoir : la république et l'empire ; l'épée et le métier ; le soc et l'outil ; le *labor* et le *negotium ;* l'*otium* et la paresse.

11. Qu'on lise mon chapitre sur le travail agricole, et l'on verra cette distinction établie de manière à rendre la dissertation de M. Naudet sur ce point sans application aucune aux idées que je défends et qu'il attaque (v. p. 229 et suiv.).

12. Encore une fois, que ce soit le mépris pour le travail qui ait créé le travail servile, ce que je n'ai point écrit, ou que ce soit le travail servile qui ait créé lui-même ce mépris, ce que j'ai soutenu, ou bien que, travail servile et mépris soient nés, l'un et l'autre, de la nécessité de l'esclavage, ce que je ne nie pas, toujours est-il, je le répète, que ce mépris pour le travail des mains ressort indubitable de tous les témoignages de l'antiquité païenne, et qu'à Cicéron, dont on m'oppose un texte équivoque, j'ai à opposer Cicéron lui-même avec un texte qui ne l'est pas (p. 12). Voir, d'ailleurs, à l'appui de ma thèse sur le mépris des anciens pour le travail, l'*Histoire des Romains* de Duruy, t. II, ch. xix, § 1.

13-14. Maintenant, qu'on continue à me dire que «jamais on n'a érigé l'oisiveté en droit, à Rome », et que, ce qui le prouve, « c'est qu'un bón *pater familias* cultivait son patri-

moine, recevait ses clients, leur expliquait le droit, arran-
geait leurs procès, etc., » je continuerai à répondre que le droit
à l'oisiveté, tel que je l'entends, tel que je l'ai défini dans mon
livre, tel enfin que je viens de l'expliquer ci-dessus, n° 7,
n'implique que l'exclusion de l'obligation, pour les citoyens, des travaux matériels, des travaux mercenaires, et
que, dès lors, ce droit est confirmé, loin d'être infirmé, par
les exemples qu'on cite. Le vers cité de Catulle ne prouve
rien contre ma thèse ; au contraire ! ce vers étant précédé de
ces deux-ci :

> *Otium*, Catulle, tibi, molestum est ;
> *Otio* exsultas, nimiumque gestis ;

lesquels n'expriment que la lassitude qu'avait fini par faire
éprouver, à ce jeune et débauché patricien, la vie de dissipa-
tion et de *loisirs* qu'il menait, et à laquelle il avait droit.

> Miser Catulle, desinas ineptire (*Carm.* VIII).

C'est comme s'il eût dit, avec ce *viveur* converti de l'une de
nos pièces de théâtre :

> Oui, c'en est fait, je me marie,
> Je veux vivre comme un Caton ;
> S'il est un temps pour la folie
> Il en est un pour la raison.

Et de fait, après avoir chanté les *loisirs* de l'Amour insensé,
il chante les bienfaits de l'Amour raisonnable, *boni amoris*,
de l'Hymen qui seul peut conférer le droit de propriété et de
famille, etc.

> Io Hymen, Hymeneæ io !... (*Carm.* LXI.)

15. Le commerce n'était point compris dans l'exclusion
que comportait le droit à l'oisiveté citoyenne. J'ai cité, à cet
égard (p. 191), plusieurs exemples qui ne peuvent que confir-

mer ceux qu'on invoque ici. Toutefois, je dois rappeler les réserves de Cicéron à l'égard du petit commerce (p. 12), et celles qui concernent les affranchis (p. 192).

16. Quant au droit à la mendicité, conséquence forcée du droit à l'oisiveté citoyenne (p. 38), le passage de Plaute, où il est dit « qu'il aimerait mieux mourir que de voir les siens mendier », passage que j'ai cité moi-même (p. 54), ne prouve pas que la mendicité ne fût pas un droit, ne fût pas un fait; elle était positivement l'un et l'autre avant l'ère chrétienne; c'est ce dont les textes que je rappelle ne permettent pas de douter (p. 38, 51 et suiv.).

17. Quant au *droit de voler*,—expression que je n'ai point employée, bien que le *vivere rapto* des *Quirites* m'y autorisât (V. *Enéide*, l. IX, v. 609... et Le Gris, *Etude sur Virgile*, t. II, p. 345 et 437),—j'ai trop clairement expliqué en quoi consistait le vol héroïque (p. 39 et suiv.) pour qu'on puisse me faire une sérieuse objection des peines édictées par les empereurs contre le larcin privé, *furtum*.

18. Quant aux *prolétaires*, aux *capite censi*, je n'ai dit nulle part qu'ils fussent frappés d'*ignominie*, qu'ils fussent *exclus* du service militaire (voy. p. 34 et 193); je n'ai fait que rappeler les conséquences historiquement prouvées de l'oisiveté citoyenne à laquelle avait droit « cette *noblesse* gueuse et fière (p. 36, 112, 126). »

19-20-21. Je n'ai point non plus donné du peuple romain la définition qu'on prétend (p. 34); et si j'ai distingué la *plèbe* du peuple, c'est que cette distinction se trouve dans l'histoire : *Populo*, PLEBIQUE *romanæ bene ac feliciter eveniret*, dit Cicéron. Tite-Live, parlant des tribuns du peuple, dit : *Non populi, sed* PLEBIS *magistratum esse. Plebs* était le corps des *plébéiens*, qui n'étaient ni patriciens ni nobles. Qu'ils pussent, par leurs vertus, être promus aux plus hautes charges de l'Etat, je n'ai point à le contester, et j'en ai cité moi-même des exemples (p. 17, note 1). Toutefois, je rappellerai, en passant, ce texte d'Horace : *Si quadringentis sex septem millia desunt, est animus tibi, sunt mores, est lingua, fidesque;* PLEBS *eris!* Ce qui prouve qu'il n'était pas permis à tous les *plébéiens* d'aller à Corinthe. Mais la question n'est pas là; la question est dans le droit qu'avait le *tunicatus popellus*, la *turba forensis*, la *plebecula*, la populace citoyenne, la fange de la ville, *fœce romuleâ*, la canaille romaine, enfin (p. 34, 35), de vivre aux dépens du Trésor public, dont elle était la sangsue affamée, *jejuna hirudo ærarii* (p. 35), et cela, sans qu'on pût la contraindre à faire œuvre de ses dix doigts (p. 104). De là, le *panem* et *circenses*, dont j'ai présenté l'organisation (p. 68, 71 et suiv.); de là, ces 320,000 citoyens oisifs, sur une population libre de 450,000 citoyens de toutes classes (p. 35, 127), dont 2,000 à peine avaient quelque chose (p. 19), — citoyens qu'il fallait nourrir sans travail (p. 71), le travail manuel étant œuvre servile (p. 1 et 15) et «noté d'infamie comme un vice» (Duruy, *ub. sup.*, p. 51.). Ceci peut être, pour d'autres, « un aperçu piquant, ingénieux, tout nouveau, extraordinaire », mais, pour moi, c'est de l'histoire, ou l'histoire n'est qu'un vain mot.

22. A l'égard du passage de Dion Cassius, que M. Naudet ajoute à ceux qu'il a déjà empruntés au *Digeste*, je rappellerai, en finissant, ce que j'ai fait observer déjà (n° 5), savoir : qu'on ne peut valablement se prévaloir d'un texte favorable au travail, sous l'empire, pour prétendre qu'il en était de même sous la république. Sous la république, le travail était asservi; il était affranchi sous l'empire. Ce qui, sous la république, était une œuvre d'esclave, était, sous l'empire, une fonction, *officium*. C'est la distinction fondamentale qu'il faut faire, et que j'ai faite (p. 264 et suiv,). Ne confondons pas.

23. En résumé, la véritable sanction du *droit à l'oisiveté* serait, d'après M. Naudet, la proclamation du *droit au travail*.

C'est là, je le crains bien, la préoccupation qui a dominé toute sa critique. Un seul mot à ce sujet. Le droit à l'oisiveté de l'antiquité païenne ne peut, n'a pu, et ne pourra se transformer qu'en un seul droit, dans les temps modernes. Ce droit est, non le droit *au* travail, tel que le préconise la démagogie du siècle, mais le droit, mais l'obligation *du* travail, tels que le christianisme est venu les enseigner au monde. C'est ce que j'ai entrepris de démontrer dans un second ouvrage, qui paraîtra peu de temps après celui-ci.

Me taire sur les erreurs de critique dont mes lectures à l'Académie ont été l'objet, eût été confirmer ces erreurs ; ce que je ne pouvais ni ne devais faire. Je le devais d'autant moins, que, ne pouvant provenir, dans l'esprit comme sous la plume de leur auteur, que du mode de communication défectueuse et incomplète qui les a amenées, j'ai pu les redresser par mes éclaircissements, sans crainte de manquer, en quoi que ce soit, au respect et à la déférence que m'imposent le caractère et les talents de l'éminent académicien auquel ils s'adressent ; — je pourrais ajouter : à la reconnaissance que je lui dois; car, c'est de sa part m'imposer cette dette, que d'avoir jugé mon œuvre digne des regards de sa science.

C'est pourquoi, j'espère qu'il accueillera avec bienveillance les courtes observations que je lui soumets, et qu'il ne verra, dans les efforts que je fais pour paraître à ses yeux moins en faute, que le désir légitime d'un écolier de ne pas rester trop au-dessous de la hauteur des leçons du maître.

M. C.

TABLE DES MATIÈRES.

Pages.

DEUXIÈME PARTIE.

ORGANISATION DU TRAVAIL SERVILE.

APPENDICE.

FIN DE LA TABLE DES MATIÈRES.

Imprimerie de HENNUYER et C⁰, rue Lemercier, 24. Batignolles.